乡村振兴·农业嘉年华规划
建设与管理实务丛书

U0825571

Operational Management
of Agricultural Carnivals

农业嘉年华运营管理

张天柱 / 主编

中国轻工业出版社

图书在版编目（CIP）数据

农业嘉年华运营管理 / 张天柱主编．—北京：中国轻工业出版社，2020.9
（乡村振兴·农业嘉年华规划建设与管理实务丛书）
ISBN 978-7-5184-3113-7

Ⅰ．①农… Ⅱ．①张… Ⅲ．①观光农业—运营管理—研究—中国 Ⅳ．① F592.3

中国版本图书馆 CIP 数据核字（2020）第 134899 号

责任编辑：罗晓航　　责任终审：劳国强　　整体设计：锋尚设计
策划编辑：伊双双　　责任校对：晋　洁　　责任监印：张　可

出版发行：中国轻工业出版社（北京东长安街6号，邮编：100740）
印　　刷：三河市国英印务有限公司
经　　销：各地新华书店
版　　次：2020年9月第1版第1次印刷
开　　本：720×1000　1/16　印张：19
字　　数：340千字　　插页：1
书　　号：ISBN 978-7-5184-3113-7　定价：58.00元
邮购电话：010-65241695
发行电话：010-85119835　传真：85113293
网　　址：http：//www.chlip.com.cn
Email：club@chlip.com.cn
如发现图书残缺请与我社邮购联系调换
200641K1X101ZBW

本书编写人员

主　编：张天柱

参　编：何小凡　巩艳明　曾祥伟　范振宁
尹宏吉　杨文华　贺红霞　李　睿
马鑫旺　王富强　张海珍　侯　倩

顾　问：翟留栓　王信东　朱立英　曹　华
张　文　刘　林　李建军　赵明军

前言

国外的嘉年华，本是一种节庆狂欢活动，中国将“嘉年华”引入，并强化其农业功能，发展成以农业为基础、以科技为支撑、以文化为纽带、以旅游为特色、以乐活为目标的，实现多效合一的全新“农业嘉年华”，是中国发展现代农业和发挥农业多功能性过程中的创新和提升。经过多年的发展，农业嘉年华的内容越来越丰富，规模越来越大，内涵也在不断提升。

编者所属团队中国农业大学农业规划科学研究所、北京中农富通园艺有限公司致力于农业嘉年华的规划、设计、建设、运营，不断对农业嘉年华进行理论和实践创新，其间出版了《农业嘉年华规划、建设与案例分析》一书，2016—2019年连续4年发布《中国农业嘉年华发展研究报告》，在各类期刊上发表农业嘉年华相关学术论文30余篇……同时，分别在华南、西南、华东、华中、华北设立分支机构，实际参与农业嘉年华的经营管理。

本书将编者团队多年来的实践经验进行整理，旨在解决农业嘉年华及同类园区运营过程中存在的理念问题、技术问题、营销问题、人才问题、融资问题等。本书共分九章，分别阐述了农业嘉年华的概念、发展历程及战略规划思路，通过大量数据总结了农业嘉年华的营销、定价、活动推广策略，并从旅游管理、技术管理、培训管理、人才管理等方面进行了系统介绍，以期对农业嘉年华投资经营者起到指导及建议作用。

在编写中，编者力求避免错误，但由于参编人员较多，水平有限，书中一定存在有不妥之处，敬请各位专家、学者不吝赐教。

编者

2020年7月

目 录

第四章 农业嘉年华旅游管理

第五章 农业嘉年华种植管理

第一章
农业嘉年华理论概述

我国都市农业发展历程

现代农业园区发展概况

农业嘉年华的衍生和发展现状

新时代背景下农业嘉年华的发展方向

农业嘉年华发展理论体系

第一节 现代农业园区发展概况

一、现代农业园区定义与发展理论

现代农业园区是为大力开发、提升农业，如种植业，禽畜、水产养殖业，农产品加工业和物流业等各类与农业有关的产业，对一定区域给予较高的资金投入，引入现代技术和现代设施，采用先进的组织和管理方式，进行高效运作并有一定规模的集约化农业园，从而获得高的经济效益、生态效益和社会效益，以促使本地区农业可持续发展。现代农业园的特点是技术密集，以科技开发、示范、辐射和推广为主要内容，以促进区域农业结构调整和产业升级为目标，对推动现代农业发展有着极为重要的作用。

国外发达国家经过工业化发展，传统的农业生产方式逐渐从传统向现代转变，各国农业园区的建设和发展根据国情、经济文化发展水平等呈现出各自的特色，在基础发展理论方面，国外主要提出了农业区位理论、技术创新理论、发展极理论、技术诱导变革理论、复合生态农业理论、系统工程理论等几个具有创见性的论说。

农业区位理论由德国农业经济学家约翰·冯·屠能于1826年提出。该理论着重分析了土地位置差别引起的农产品生产成本差别，指出在城市周围应根据距离城市的远近不同来划分不同的农业类型区，才能保证合理利用土地资源，并使农业经营者处于有利的经营地位。目前该理论对于农业生产基地布局、现代农业园区空间布局仍然具有重要的理论指导意义。

技术创新理论由美国经济学家熊彼特于1926年提出。其主张现代农业园区应是一个技术创新的平台，并指出，现代农业园区本身就是一种创新，其使农业生产要素、生产条件、生产组织等重新组合，以建立效益更好、生产率更高的新的农业生产体系，这些又促进了农业高新技术的应用、农业新品种的引进，以及先进的管理方法和经营组织形式的广泛采用。

发展极理论由法国学者佩鲁于1950年提出，该理论认为，经济在地理空间上的增长不是均匀地发生的，它以不同强度呈点状分布，通过各种渠道影响区域经济。也就是说具有优势的地区将会随着产业聚集日益成为发展极，通过这些发展极产生的扩散效应又将带动邻近地区共同发展。

技术诱导变革理论由美国学者费农拉坦和日本学者速水雄次郎于1985年提出。其主张农业园区在技术选择上必须以当地的资源供给为依托，与此同时，在选择技术结构和进行科技投入时，应充分考虑当地的农村体制结构，并对其进行适应性调整。其对现代农业园区规划布局、运营管理和功能定位，有着极大的指导作用。

复合生态农业理论是罗杰斯蒂于1986年提出的，其认为现代农业园区应以促进复合生态农业发展为核心，以合理利用资源和可持续发展为目标，以合理增加农业科技投入为手段，使园区持续、稳定、高效、协调地发展。

系统工程理论要求把现代农业园区看成是一个开放的动态的系统，强调园区系统内部各要素之间，内部要素与系统外部环境之间相互协调发展，从而充分合理地利用一切自然资源和社会资源，使园区获得最佳的生物产量和最好的经济效益。

二、国外现代农业园区发展概况

随着工业化的发展，国外部分发达国家农业的发展经历了由传统向现代化转变的过程，生产方式也经历了巨大的更替，其中德国、荷兰、美国及日本等国家的农业现代化起步较早，其现代农业园区建设是伴随着农业现代化而发展起来的，到今天已经建成了一大批集农业科技推广、技术示范、生态旅游及农业教育等功能为一体的现代农业园区，实现了农业现代化与农业园区发展之间的良性互动。

（一）德国模式：生态化、产业化的现代农业园区

德国位于中欧西部，濒临北海和波罗的海，是欧洲的心脏地带。德国贯彻可持续发展理念，发展生态农业，其现代农业园区建设也是围绕生态农业展开，在生态农业的基础上推进农业园区的产业化。

1924年，德国提出把有机农业作为可持续发展的生产方式，使农业生产和自然环境高度协调，在遵循和利用自然规律的基础上从事农业生产。德国通过一套较为完善的法律法规加强生态保护，根据欧盟规定分别于1991年和1994年公布了种植业和养殖业的生态农业管理规定，2002年颁布了《有机农业法》，对有机农业制定了更严格的标准和规定。由于有机农业相对来说产出较低，成本较高，为了保障从事生态农业的生产实体的经济收入，鼓励从事生态农业，德国采取多形式、多方面、多渠道的经济政策扶持，保障了生态农业的发展。

德国现代农业园区以市场为导向调整农业产业结构及农业贸易政策，形成农产品

现代化生产体系之后，进一步推进生产体系的专业化、自动化、标准化，形成一套特色的生态产业化发展链。在生产链的基础上构建强大的农产品市场营销体系，实现种植、养殖、加工、流通、贸易等环节链式发展，注重农工商一体化。

（二）荷兰模式：集约化、标准化的设施农业园区

荷兰是重要的欧盟成员国，荷兰的农业在欧盟占有十分重要的地位。同时，荷兰作为农产品出口大国，在国际农产品贸易中占有举足轻重的地位。这样一个耕地面积小、农业人口少的国家，能在国际农产品贸易中取得如此大的成就，与其世界一流的设施农业水平密不可分。

荷兰的设施农业园区内主要依靠大型的连栋玻璃温室进行生产，这些温室设施齐备，生产过程包括供暖、通风、降温、灌溉、施肥、喷药、土壤消毒等，全部用计算机调控，机械化和自动化程度非常高。园区内90%以上采取的是无土栽培模式，普遍采用岩棉作为栽培基质，循环灌溉技术先进，岩棉中营养液回流量一般保持在40%左右；针对不同作物研究出适宜其生长周期的供水管理模型，精准化供水；雨水收集系统发达，设施农业园中普遍建立雨水收集系统，雨水灌溉占供水灌溉量的50%左右。

在荷兰的设施农业园区中，农业生产方式实现了高度的程序化、标准化和自动化，农作物从种到收就是一条生产流水线，一栋温室就是一座农产品工厂。高度集约化、专业化、工厂化的农业生产方式，大大提高了农业生产效率，同时，荷兰已成为世界上最大的温室农业技术输出国，其温室建造已占世界市场80%。

（三）美国模式：科技化、规模化的示范性农业园区

美国是当今世界农业现代化程度最高的国家之一，其先进的农业技术和农业机械化技术的应用，引领世界农业的发展。美国政府重视农业科技创新和技术推广，投入大量资金进行农业技术研发和推广工作，建立了完备的农业技术研发和推广体系。美国有部分现代农业科技园区是由政府扶持、大学或科研机构承办，目的是进行农业高新技术的展示、示范和产业孵化等。如美国康奈尔大学建立的农业与食品科技园，是由联邦、州、县各级政府支持，康奈尔大学农业与生命科学学院、纽约农业试验站主办的农业科技园，一方面作为康奈尔大学农业高新技术的展示基地，另一方面为从事食品、农业或生物技术的企业提供产品孵化的平台，集中进行农业高新技术的产业开发。

美国的现代农业园区是以家庭农场为基础，实施农业园区的科技化和规模化，一

个面积180hm^2的农业园区，只需要2人就可以进行生产、管理和经营。美国农业园区的建设、经营、管理是一个综合性的体系，既包括与气象、地理、生物等相关的综合知识，又包括农业生产、加工、流通、金融服务一体化的产业体系，是多学科、多部门的综合体。正因如此，美国农业园区以科技含量高、高产出为主要特征，形成了规模化、产业化、社会化与国际化的综合农业形态，形成了农工商一体化的产业链。美国气候条件丰富，农业园区的发展少有同质化的竞争，依靠不同的产业带建立了专业化、特色化的农业园区体系。例如，在东部地区建立了大量的牧草、乳牛科技园区；在中、北部地区建立了谷物科技农业园区。此外，还有五大湖区的玉米综合科技园区、南方的棉花综合农业园区等。美国农业园区重视农业教育功能的发挥，其农业教育的主导力量是集中在实用型人才的培养上，强调农业技术的运用，并重视学员实践能力的养成。

（四）日本模式：体验性、示范性的综合功能型农业园区

日本是一个人多地少、农业资源较为匮乏的山地岛国，平原面积狭小，仅沿海平原地区适宜农耕。日本国土面积37.78万km^2，耕地面积约500万hm^2，占国土面积的13%左右，耕地资源十分有限，是世界上耕地率最低的国家之一，其农业发展是小农生产方式，实施的是差别化、精耕化的农业发展战略，重点开发农业的绿色、环保、体验、休闲和示范功能，因此，除了一些专业化的农业园区，日本的综合型休闲农业园区发展较快。这类农业园区将观光旅游、农业生产、农业体验融为一体，既能够让游客在观赏中体会到农耕的乐趣，又能吃到安全放心的农产品，同时获得愉悦的心情。尤其在大城市周边，集粮食生产、渔业养殖、果蔬种植为一体的有机农业综合园区得到了较好的发展，这些园区一般面积较大，综合性强，是日本农业产业化发展的重要载体与标志。日本政府将休闲观光农业园区视为农业改革的一个方向，鼓励有经济实力的私人中小企业进入农业生产领域，推进农业企业化发展的进程，保证日本农业发展的持续性。

三、国内现代农业园区发展现状及完善对策

（一）我国现代农业园区发展历程

20世纪90年代以来，我国高度重视各类农业园区发展，坚持把建设现代农业园区作为推动农业农村经济发展的重要载体和抓手，加大财政投入，整合各类资源，强化

设施条件，优化规划布局，创新管理机制，涌现了大量现代农业产业园区、现代农业示范园区、休闲农业观光园区、设施农业产业集群等各类园区。我国现代农业园区的建设与发展，至今大致经历了三个阶段，即：起步探索阶段（1993—2000年）、规范与发展阶段（2001—2009年）、创新提升阶段（2010年至今）。

1993年起，是我国现代农业园区的起步探索阶段，最早出现的农业园区是以引进国外技术为主的农业科技园区。1993年，北京首先建立了展示以色列设施农业和节水技术为主体的示范农场；1994年，上海创建了以引进荷兰全套玻璃温室和工厂化生产技术为主要特征的孙桥现代农业示范区。在这些园区内进行园艺设施设备、优良品种、栽培技术以及计算机管理等全方位的展示和示范。此后，在全国各地形成了一股以展示和应用世界先进农业设施和农业高新技术为主要内容的高新技术试验示范园、高效种植园等各种现代农业园区建设热潮。1997年，国务院进行重大工程立项，与地方政府共同投资创办了我国第一个国家农业科技园区——陕西杨凌农业高新技术产业示范区。同时在湖南长沙马坡岭建立了国家农业高新科技园“隆平高科技园”。1998年，国家科技部立项建立了15个持续高效农业示范区，1999年，国家农业综合开发办公室设立了17个农业高新技术示范区。据不完全统计，1996—1997年，动工和投资1亿元以上的观光农业项目在7个以上。

2001年起，我国现代农业园区进入了规范与发展阶段。2001年7月，科技部颁布了《农业科技园区指南》和《农业科技园区管理办法（试行）》，通过总体定位、理顺关系、创新以及加强指导等措施，引导园区正常的发展，分别于2001年和2003年启动第一、第二批共36个国家农业科技园区试点建设工作，其中东部地区12个，中部地区11个，西部地区13个。获批园区按照“政府指导、企业运作、中介参与、农民受益”的原则，逐渐形成政府主办、企业主办、科研单位和政府、企业合办等多种园区建设与管理模式。经过多年发展，国家农业科技园区（试点）建设工作取得了重大成效，尤其在农业技术组装集成、科技成果转化、现代农业生产及新型产业培育等方面取得显著成效。2008年，科技部根据《国家农业科技园区综合评价指标体系》对第一、第二批的38个国家农业科技园区试点进行了验收，并正式授牌。

2010年起，农业部关于创建国家现代农业示范区的意见指出，从2010年开始，用五年的时间，在全国范围内创建一批具有区域特色的国家现代农业示范区，使之成为现代农业生产与新型农业产业培育的样板区、农业科技成果和现代农业装备应用的展示区、农业功能拓展的先行区和农民接受新知识新技术的培训基地，引领区域现代农业发展，加速中国特色农业现代化进程。这期间，其他园区如观光农业园、果蔬采摘园、畜牧养殖园、农副产品加工园、休闲农业园、度假村、民俗观光村、生态农庄、农产品物流园等也大量出现，将我国现代农业园区发展推向了一个新的阶段。

（二）我国现代农业园区发展存在的问题及完善对策

近年来，我国现代农业园区已逐渐发展成为农业科技集成示范的平台、农业科技企业的孵化基地、农业技术培训的推广平台及现代农业要素的集成载体，其社会影响正在不断扩大。在研究方面也初步构建了农业园区建设的理论体系框架。但当前我国园区建设还存在一定的不足，如覆盖面不足、科技集成转化能力弱、科技产业规模较小、园区内产业关联度不高、尚未形成产业集群、吸引企业和农民创新创业的能力有限、推动区域现代农业产业发展能力不强等问题。借鉴发达国家现代农业园区的发展经验，以及中国自身的国情，我国现代农业园区的后续发展应重点关注以下问题：

（1）创新园区建设体制、机制 推动以政府为主导的投资主体的多元化，进一步探索园区在经营管理、金融、人才培养、政策服务、产品和技术研发等方面的机制和体制创新，推动园区的健康高新发展。

（2）建设园区的技术孵化和转化体系 创新人才观念，探索构建园区技术创新体系的产、学、研高效联动机制及推进源头创新的策略。

（3）注重农业园区产业集群的发展及其辐射能力的提升 研究和探索建立孵化器及技术孵化产业，延长园区农业产业链及促进园区产业集群形成，完善社会化服务系统等策略的实现方式和途径，进一步促进和发挥我国农业园区产业的带动能力。

（4）园区竞争力培育 探讨构建园区的核心竞争力的策略和措施，深入考察产业结构调整、转变经济增长方式、完善管理工作机制等在促进园区竞争力培育上的作用，逐渐摸索和总结有效的方式和方法。

（5）推动农业园区的综合性及多功能发展 现代农业园区建设并不是单一生产功能，还应在生产功能的基础上，发挥观光、娱乐、休闲及教育等多功能。探索优化配置农业科技园区的各种生态、经济资源，实现经济效益、生态效益和社会效益协调发展的高效园区发展模式。

（6）综合评价指标体系构建 研究如何构建科学的园区评价指标体系，要从多侧面探讨园区建设的评审和考核标准，进一步深入研究园区内污染处理和资源的多次循环使用问题、城镇化与农业园区建设问题、发展县域经济与农业园区建设问题、推进农村“三化”（工业化、城镇化、农业产业化）与园区可持续发展问题，在农村城镇化过程中合理布局与统筹一二三产业协调发展等问题。

第二节 我国都市农业发展历程

一、都市农业的概念和特征

（一）都市农业的概念

“都市农业”这一词的英文本意是指都市圈中的农地作业。日本地理经济学家青鹿四郎（1935年）在《农业经济地理》一书中对“都市农业”定义为：都市农业是分布在都市内工商业区、住宅区等的区域内，或者是分布在都市外围的特殊形态的农业。即在这些区域内的农业组织依附于都市经济，直接受都市经济势力的影响，主要经营乳、鸡、鱼、鲜菜、果树等，集约化、专业化生产程度很高，同时又包括稻、麦、水产、畜牧等的复合经营活动。

联合国粮农组织（FAO）在1997年将“都市农业”定义为：都市农业是在大都市内或都市圈周围，利用城市间的间隙，包括耕地、山地、水面，从事种植养殖业等经济活动，为城市提供鲜活农产品、生态、旅游、休闲农产品的现代农业。1996年在多国组织和政府的支持下，国际都市农业促进小组在荷兰成立，并于2001年发展成为国际都市农业基金会。

我国引入“都市农业”这一概念是在20世纪90年代后期，以上海、深圳、北京等地开展较早。都市农业比较公认的理解是“地处城市郊区（或者近郊）的农业以及由于市区扩展而划入市区的农业”，它以都市社会经济发展及市场需求为导向，以构建城乡和谐发展融合生产、生活、生态于一体的多功能农业体系为目标，以现代的科学技术、经营管理为支撑，建设依托城市并服务城市的集约、优质、高效和可持续发展的现代农业体系。

（二）都市农业的特征

（1）**都市农业处在大城市边缘及间隙地带** 都市农业接近城市市场，一般在市郊和交通要道两侧，地价较高，交通便捷，运输距离短，人流量大，可最经济地利用其地理优势开发城市资源，填充农产品市场，给城市居民提供优美的生态生活环境。

（2）**都市农业依托城市** 都市农业在经济上依附于大城市，大城市的科技、人才、资金、市场为其提供了优势。都市农业是在城市化高度发展、城市社会经济快速发展和人们经济收入不断增加的条件下发展起来的。只有城市的规模化、现代化和生态化发展，进而对城市郊区的农业提出更高的要求，才能促进郊区农业向都市农业转变。

（3）**都市农业服务城市** 都市农业从城市的需求出发，可以满足饭店、宾馆等一些特殊高档场所对农副产品的需求，都市农业贴近城市消费者，可以随时了解市民的消费心理和消费需求，引领生产新潮流。发展都市农业的目的是把农产品卖出去，取得较高的效益，而城市市民的需求正是都市农业的市场。

（4）**都市农业发展的可持续性** 都市农业本身的功能决定了其发展的根本是追求经济效益、社会效益、生态效益的和谐统一，而高新技术的广泛应用，使无污染和少污染的生产方式成为可能和必然，都市农业必须强调保护资源环境，实现可持续发展。随着城市化发展和人们生活水平的提高，人们对没有污染、安全、健康的农产品要求越来越高。所以，都市农业一定要保护好资源环境，最大限度地减少化肥、农药的污染，更多地生产绿色无公害食品。

二、都市农业的主要类型

都市农业按其功能可分为农业公园、观光农园、市民农园、休闲农场、教育农园、高科技农业园区、森林公园、民俗观光园、民宿农庄等类型，其地理位置选择、规模及主要特征，如表1-1所示。

表 1-1 都市农业类型

类型	地理位置	规模	特色
农业公园	依山傍水，有林草的地方	面积比较大	公园与农业生产场所、消费场所和休闲场所结合起来建设，利用农业生产基地吸引市民游览，主要供观赏和旅游
观光农园	大城市的边缘区或近郊	几十亩①到几百亩不等	主要是供观赏农村景观或生产过程，开放农业园地，让市民观赏、采摘或购买
市民农园	一般设在距离市区较近，交通、停车都便利的地方	比较小的地块	让没有土地所有权的市民承租农地，直接参与农业植栽，亲身体验农业劳动过程。农园经营者把整个园地划分若干块，分别租给不同的市民，供他们进行耕作体验
休闲农场	大城市的边缘区或近郊	几十亩到几百亩不等	农场以生产果、菜、茶等农作物为主，充分利用农场原有的多种自然景观资源，以吸引旅客住宿为特点。赏景观、采摘果实、体验耕作、住宿餐饮和娱乐等多种活动结合在一起，满足他们度假游乐的需要

① 1亩=666.67m^2。

续表

类型	地理位置	规模	特色
教育农园	城市内或城市边缘	较大	兼顾农业生产与科普教育功能的农业经营形态，即利用农园中所栽植的作物、饲养的动物以及配备的设施，进行农业科技示范、生态农业示范，普及农业知识
高科技农业园区	城市内或城市边缘	较大	这是采用新技术生产手段和管理方式，形成集生产加工、营销、科研、推广等功能于一体，高投入、高产出、高效益的农业种植区或养殖区。这些园区有的对外开放，接待游人的观赏，有的属于封闭型，不接待游客
森林公园	地形多变、开阔的林地	较大	以森林风光与其他自然景观为主体，在适当位置建设狩猎场、游泳池、垂钓区、露营地、野炊区等，是人们回归自然、休闲、度假、旅游、野营、避暑、科学考察和进行森林浴的理想场所
民俗观光园	村庄、农舍	较小	选择具有地方或民族特色的村庄，稍加整修提供可过夜的农舍或乡村旅店之类的游憩场所，让游客充分享受农村浓郁的乡土风情和浓重的泥土气息，以及别具一格的民间文化和地方习俗
民宿农庄	城郊	较小	主要是为已退休或将退休的城市居民提供租住农村房屋，迁居农家

三、都市农业的发展趋势

（一）都市农业发展理念

产村相融：是指每一个或几个新农村社区的主导产业，发展特色种植庄园、加工庄园、观光庄园等，成立一批专业合作社，引导和鼓励农业高等院校、农业科研院所、农业公司通过合作共建等形式参与园区建设，加强农业生产要素的集聚。按标准强化基础配套设施，完善公共服务功能，推进新村全面小康建设和农业现代化，探索出一条产村相融的新路子。

产业链组织：都市农业产业链被广泛地扩展和延伸，向前延伸到种子、苗木以及农业机械的生产和供给，向后则延伸至产后的农副产品一次、二次及深加工和开放型的内外营销。横向拓展到育苗、育苗业，可有效地带动农用物资加工、设施农业及相关产业的发展。生产中，紧密结合当地自然资源，在作物生产全过程中，利用休闲农业的生产性、观赏性、娱乐性、参与性、文化性、教育性、市场性等开发旅游观光农业。

（二）现代都市农业发展方向

发展现代都市农业，必须坚持以新发展理念为引领，努力走出一条符合国情、农情和时代要求的发展道路。

第一，都市化。服务于城市，发挥距离城区近、运输半径短的优势，满足、丰富、提升城市居民的食品需求，创造以城市和居民为服务对象的“生产、生活、生态”三生功能底座，发挥现代都市农业作为城乡统筹的链接纽带和要素交流的对接载体作用。

第二，生态化。发挥农业的生态涵养和绿色屏障功能，推动生态宜居城区建设和“绿色前厅”的功能定位转变。

第三，国际化。紧抓中国全面对外开放的重大机遇，发挥农业吸引国外资本注入和出口创汇的功能，培育和提升现代都市农业的国际竞争地位。

第四，精品化。挖掘国内外都市居民高端消费需求潜力，塑造精品农业的高质量、高功效、高价值功能，提升现代都市农业的品牌影响力和知名度。

第五，特色化。基于国内外都市居民消费多元化、时尚化特征，发挥特色农业的选择性和展示性功能，创造现代都市农业的差异比较优势。

第三节　农业嘉年华的衍生和发展现状

一、农业嘉年华的概念和衍生

（一）嘉年华名字来源

“嘉年华”是一个舶来词，源自英语Carnival。嘉年华起源于古埃及，后来欧美乃至全世界多个城市热衷举办的嘉年华会，是通过大型游乐设施，辅以各种文化艺术活动形式，来吸引公众的娱乐盛会。“嘉年华”一词无论听起来还是看起来都比较优雅文气，有着典型的中国味道，是既懂英文又深谙中文的中国香港知识分子的杰作，具有音义双关之妙，然而却失去了西方“Carnival”那种狂欢的劲儿。也有专家学者认为“嘉年华”在中国本土的对应形式为“庙会”。然而，庙会也好，在中国举行的所谓“Carnival”也好，由于中外文化的差异，与西方的Carnival殊途异趣、大不相同。“嘉年华”一词，在迅速变革的中国新时代逐渐成为一种潮流，被加上各种前缀之后，衍生出其他多个具有中国特色的名词，并具有了新的意义。

（二）世界各国嘉年华

从世界范围来看，嘉年华的形态主要表现为以下四个类型。

1. 狂欢节型

狂欢节是一个与基督教神学有着密切联系的节日。从词源上看，狂欢节拉丁原文是“*Carnisprivium*”，意思是“封斋期的开始”，又有“斋前节”的说法，指大斋期（从圣灰星期三开始）之前丰饶的三天。由于封斋节期间不得吃肉喝酒，不得聚会玩乐，所以在狂欢节期间，人们尽情玩乐，带着假面具，举办宴会、彩车游行以及搞怪的化装舞会来庆祝此节。

虽然狂欢节在世界上不少国家都有，但当今最隆重、狂欢人数最多的是有“世界四大狂欢节”之称的里约热内卢狂欢节、法国尼斯狂欢节、意大利威尼斯狂欢节和魁北克冬季狂欢节。

2. 感恩节型

感恩节的来源同样具有宗教背景。1920年，著名的“五月花”号载着在英国遭受迫害的清教徒到达美洲，在那里，他们得到了当地土著的帮助，获得食物，并平安度过寒冷的冬季。土著印第安人甚至教会他们种植玉米等粮食。为了感谢美洲土著印第安人，英国移民们在玉米丰收的季节，把自己种植的玉米做成丰盛的糕点来招待答谢印第安人，还用自己饲养的火鸡做成美食来款待曾经帮助过他们的印第安人；印第安人也分别带着自产的玉米、南瓜制作的食物和采摘来的野葡萄以及玉米酒参加晚会，人们载歌载舞，通宵达旦，玩得非常尽兴。经过长时间的积累和坚持，这种以感恩为主题的庆祝晚会就变成了一个节日，并延续至今，甚至传统的活动和食物也被延续。

目前感恩节主要在美国、英国、加拿大等国举办，世界上还有一些国家有自己独特的感恩节，如希腊、埃及等。

3. 丰收节型

在世界各地的节日中有一种是在农作物成熟和丰收的时候举办的节日，称作“丰收节”，它是各地人民根据当地农作物的成熟时间来确定的，因此各地丰收节庆祝的时间各不相同。丰收节盛宴的独特性在于所用食物全部来自当季成熟的作物。在这个节日里有充足的食物，人们通过吃饭、娱乐、竞赛、音乐和浪漫展现自由，这是全世界丰收节共同的特征。

崇尚丰收节的国家主要有中国、印度和赞比亚等。以中国台湾少数民族为例，在台湾花莲的少数民族将每年的农历七至八月，也就是粮食收获的季节定为他们的丰收节，也称为“丰年祭”。当地各个少数民族的内心中最隆重的节日当属这个传统节日丰收节，每当节日到来的那一天，人们都身着华丽的民族盛装，载歌载舞来欢庆节日并且祭祀祖先，祈求明年风调雨顺、五谷丰登。

4．环球嘉年华

“环球嘉年华”（World Carnival）是一项巡回游乐活动。2001年，William和在商界具有丰富经验的Hanslodders与香港金海岸有限公司一起，合作成立了香港汇翔有限公司，注册商标“环球嘉年华”，专业经营巡回式游乐场。

环球嘉年华是世界知名的娱乐品牌，与迪士尼主题公园、环球影城并驾齐驱，但它具有自己独特的“移动+整合”的运营形式。环球嘉年华本着“给游客带来全面的快乐体验”的目标，每到一处都以快乐体验为卖点，给游客留下快乐时光的回忆。近年来，嘉年华在更多的城市受到了人们的追捧，天津、上海、杭州、福州、广州、南宁等城市都出现了嘉年华的身影。“环球嘉年华”引发了中国嘉年华热潮。

（三）中国一般农业嘉年华

农业嘉年华是“嘉年华”一词加上前缀“农业”之后，近几年在国人视线范围内出现频率最高的、具有中国特色的新名词之一。自首届北京农业嘉年华开幕以来，对于农业嘉年华的理论探讨日益兴盛。2013年，徐成响将农业嘉年华定义为是以农业生产活动为主题，以狂欢活动为平台的一种农业休闲体验模式。它以市民对农业的多元化需求为导向，以农业科技为支撑，以农产品为道具，充分挖掘和展示都市型现代农业的全景功能，从而达到全民关注都市农业发展与健康生活方式的目的。

本书在如上定义的基础上，结合近年来国内农业嘉年华发展的实践，进一步提出农业嘉年华的具体内涵及定义为：农业嘉年华是“以农业为基础、以科技为支撑、以文化为纽带、以旅游为特色、以乐活为目标”的多功能农旅综合体项目，它融合农业、水利、环境、动植物、历史、地理、文化、宗教等资源，汇聚国内外数百项先进农业科技，搭建“科技展示、产业孵化、科普教育、文化传承、会议会展、农民培训”等平台，通过品牌化、专业化、国际化、市场化运作，打造区域农业科技制高点和农业农村经济引爆点，农业嘉年华项目主要建设在农业可持续发展园区、现代农业产业区、农高区及田园综合体内，是超大型或大型农业园区建设的重要抓手。也正因为它的多功能性，现阶段国内的农业嘉年华既有传统意义上狂欢活动、节庆盛会的基本属性，也有平台载体的综合功能属性，同时在建设和运营上与园区的高度结合，又让它有了综合性现代农业园区的空间属性，所以它的内涵和外延更加丰富多元，是国内现代都市农业发展的一种新业态、新模式。

二、农业嘉年华的主要构成要素和表现形式

（一）农业要素

农业嘉年华是以农业生产为背景，以娱乐狂欢作为载体，展示现代农业科技发展新成果的一种农业休闲体验活动，是休闲农业的一种表现形式，符合都市农业发展方向。农业嘉年华的根本目的是推动都市农业的创新发展，促进农业科技进步，带动区域现代农业发展，同时引导全民关注都市农业发展和健康生活方式。农业嘉年华必然不能脱离农业，农业元素是农业嘉年华的主题性、基础性要素。

农业嘉年华应与当地的农业主导产业与农业特色产业相结合。农业嘉年华的主题场馆设计要基于产业，做好产业资料的搜集与分析，对主导产业或特色产业进行深挖，包括起源与发展、品种、栽培技术、栽培设施设备、采收与加工、商品与流通等。嘉年华不仅是农业科技展示推广的平台，同时也是当地农业发展展示的缩影和窗口。

农业嘉年华将艺术创意与农业相结合。通过艺术景观的表现形式，将农业变得新奇好玩，用姜堆砌成的宏伟雄壮的江山、用不同颜色的芽苗菜种植出的画卷、利用几十个不同品种向日葵不同的生长性状在小区域内打造出一片花海的既视感、用微喷技术营造仙境、将管道栽培设计出各种各样的造型等，使农业嘉年华各具特色，不会千篇一律。

（二）科技要素

科技示范是农业嘉年华的重要功能之一，农业科技是农业嘉年华可持续发展的重要支撑。农业嘉年华一般包含现代农业展示区、循环农业示范区、设施农业生产区、农业休闲养生区、农副产品加工区等。通过科技展示、农业技术培训、科普教育、农业技术服务等进行农业科技的输出。农业嘉年华引进国内外优质高效的蔬菜、花卉、观赏苗木等新品种、新技术，利用组培技术实现种苗快速繁殖和工厂化生产，成为园区周边地区规模最大的蔬菜、花卉苗木的种苗供应基地；建立设施蔬菜生产管理、检测认证、加工包装、销售服务标准化管理体系，示范带动周边群众加快设施农业的发展；还大量应用国内外先进的设施设备，如水肥一体施肥设备、声波助长仪、二氧化

碳发生器、硫黄熏蒸器、营养液消毒设备、植物静电发生器、微纳米气泡发生器、灌溉水处理设备、温室调控仪、补光灯、电生功能水等，可以说农业嘉年华是中国现代农业最高标准的展示平台之一。

农业科技不仅促进农业产业优化，也能够增添人们的乐趣，丰富人们的生活。例如果菜一株多果技术，一棵植株上同时结有番茄、辣椒和茄子，或一棵植株上同时结有多种形状和颜色的茄子（或辣椒）；番茄树技术，通过控制番茄各生长阶段的营养，将番茄培养成高2m以上、冠幅达20m^{2}左右的番茄树，在番茄树下休憩，别有一番风味。另外，红薯在空中结果，牛蒡不再埋在地下，菊花不再只开放在秋季，北方也能观赏到热带植物等，都是农业科技通过农业嘉年华向人们传递的科技的奇妙、农业的进步。

（三）文化要素

农业是支撑国民经济建设与发展的基础产业，是推进一二三产业融合发展，深化农业供给侧结构性改革、推动乡村振兴的重要抓手，是促进农民持续增收、决胜全面建成小康社会的有效途径。我国具有悠久的农耕文明史，农耕文化包含农耕物质文化与农耕精神文化两层内容，农耕物质文化有耕作技术、生产工具、特色饮食、民族服饰等生产生活方式和物质形态，农耕精神文化包含农耕语言、民歌、谚语以及乡村文明等精神层面的内容。农业嘉年华用创意的表现手法将农耕文化进行传承、保护、弘扬和开发，通过创意把文化艺术活动、农业技术、农副产品和农耕活动与市场需求有机结合起来，形成彼此良性互动的产业价值体系，为游客提供精神服务和精神享受。

（四）旅游要素

农业嘉年华充分发挥农业多功能性中的休闲功能，以旅游休闲为导向之一进行综合开发，以农业生产和农业科技展示为背景，设置体验互动项目，为游客提供可以休闲游玩、旅游观光、参与农事的综合性农业园，推进了我国旅游产业从传统业态单一功能向多种业态综合开发，成为推动旅游消费、景区发展和地产开发等模式不断升级的重要引擎。

农业嘉年华按照旅游景区的规范进行配套设施的规划设计和建设，除基础设施之外，还配套有游客服务中心、停车场、生态餐厅、酒店或民宿、旅游购物设施、娱乐设施、医疗救护设施等。游客中心内设置售票处、园区导览宣传资料、游程线路图、游客休息设施、储物服务，还可以为游客提供导游服务；餐饮方面，正餐与特色小吃相结合，满足不同游客的饮食需求，园区所在的城郊或乡村随着农业嘉年华的开业会迅速发展出一批民宿、农家菜馆、当地特产商店等，促进了农村的就地城镇化。农业嘉年华有较为完善的标识系统，包括导游全景图、导览图、引导标识牌、景物介绍牌等，同时考虑特殊人群，设有残疾人轮椅、盲道、无障碍设施、童车等。随着农业嘉年华的不断发展，农业嘉年华的旅游服务也愈加规范，新建的农业嘉年华园区在规划阶段便引入了4A级景区的设计标准，已经建成的农业嘉年华也逐步参照4A级景区标准进行改造提升。

三、农业嘉年华承载的功能

经过十余年的发展，各地农业嘉年华的形态多样、优势各异，专家学者关于其功能不断有着新的解释，蒋和平提出农业嘉年华是以农业生产活动为背景，以城乡需求为导向，以农业高新技术为支撑，以农业创意成果为载体，以吃、喝、玩、乐、娱、体验等活动为要素，以充满“农”味的素材为特色，融生产功能、生活功能、生态功能于一体的都市休闲观光中会展农业的一种高级形态。王有年认为，农业嘉年华是一种农业休闲体验的模式，结合了生产活动、狂欢活动为背景，考虑了市民需求，内容上以农业科技和农产品进行表现，是表达农业多功能性的优质案例。农业嘉年华作为都市农业发展的新业态，其主要功能主要体现在富民兴业、品牌建设、科技示范、创意娱乐等方面，既有经济、生态、旅游功能等，又具备文化教育功能，有利于促进社会交流，帮助农民就业，实现科技成果转化和推广。

根据国家相关政策的引导及社会、行业的发展需求，农业嘉年华的功能也在不断强化和完善，逐步发展形成了高效生产模式示范平台、科技栽培示范平台、国际交流合作平台、种苗业示范平台、乡村文化创新平台、新型职业农民培训平台、农业物联网示范推广平台、农产品产销对接平台、农事体验平台、科普教育平台、会议会展交流平台和校地合作示范平台等多元化平台，实现多维发展。

四、农业嘉年华发展历程

近年来，随着国家政策对于农业的大力支持，越来越多的政府、企业投资农业，农业嘉年华活动作为现代都市农业的一种新业态，已在我国多地成功举办，并在表现形式、发展模式上不断拓展和创新。

农业嘉年华在我国的发展可以简单划分为四个阶段，即萌芽发展阶段、成长发展阶段、全面发展阶段和创新发展阶段。

（一）萌芽发展阶段

2005年9月，借鉴“嘉年华”形式，中国大陆地区成功地打造了第一个以农业为主题的都市型现代农业盛会——“南京农业嘉年华”。2010年之前，南京农业嘉年华以农庄、农特产、农家菜、农村绝活为主，包括对南京农业休闲园区和名牌农产品的推介、农业美食现场制作、民间绝技现场展示四大内容，即围绕休闲农业基本要素吃、住、行、游、购、娱展开。后来，南京农业嘉年华活动的举办开始向农业的展、娱、商、演、学、研全方位扩展。2010年之后，在原来的基础上还增添了农业科普、招商引资的内容。这一发展阶段即为农业嘉年华的萌芽发展阶段。

（二）成长发展阶段

继南京农业嘉年华之后，2013年北京市政府为了充分利用第七届世界草莓大会的原有设施，更好地发挥世界草莓大会的引领带动作用，决定在世界草莓博览园开展农业科技嘉年华项目。北京首届农业嘉年华项目为期51d，以农业科技展示、创意农业、京郊休闲农业融合为特点，共接待游客量100余万人次。北京农业嘉年华的举办在全国引起了巨大反响，于是以其为模板的各地嘉年华项目迅速出现，如河南郑州中牟国家农业公园嘉年华、安徽和县农业嘉年华。农业嘉年华的举办时间从原来的一周拓展到50～60d。这一阶段是农业嘉年华在全国的快速成长阶段。

（三）全面发展阶段

2015年广西玉林“五彩田园”农业嘉年华开园运营，农业嘉年华首次实现了全年运营。项目通过科技园+嘉年华主场馆的举办模式，以农业为基础、科技为支撑、文化为纽带、旅游为特色，同时每个场馆主题代表一个主导产业，通过农业科技高度集成展示，为当地农业产业发展提供持续动力。此外农业嘉年华也将农民培训与美丽乡村建设进行了统筹考虑，开启了农业嘉年华在地方的真正扎根发展，代表着农业嘉年华全面发展阶段的开始。其后，贵州贵阳农业嘉年华、辽宁辽阳农业嘉年华、湖北武汉农业嘉年华、河北邢台农业嘉年华、山东莘县农业嘉年华、江苏洋河农业嘉年华、山西大同农业嘉年华等相继建成开放，体现了各地对农业嘉年华发展的迫切需求。

（四）创新发展阶段

农业嘉年华发展至今，共有10余个省份完成30余个农业嘉年华的建设，有超过千万游客加入到这个趣味盎然的农业盛会。通过农业嘉年华的平台，创新了农业科技的推广模式，取得了良好的经济效益和社会效益。围绕农业嘉年华的可持续发展、助力乡村振兴、助推地方经济的发展，农业嘉年华在不断创新。“中国农业嘉年华产业联盟”（简称“联盟”）于2017年成立，旨在促进农业嘉年华的可持续发展，保持其创新性、引领性和带动性。联盟成立后，在完善理论体系、制定科学的农业嘉年华星级分级体系方面，做了大量探索；不断丰富农业嘉年华内涵，将农业与多种元素充分融合；提出“农业项目的资产化”，大大降低运营压力；在农业嘉年华专业化运营方面大胆创新，形成水漾年华、花漾年华、农业奥特莱斯等各类衍生的“农业嘉年华”项目。2019年，江苏金湖水漾年华、山西沁源水漾年华陆续对外开放，农业嘉年华进入了创新发展阶段。

第四节　农业嘉年华发展理论体系

一、农业嘉年华发展理论基础

（一）发展极理论

农业嘉年华发展极理论是根据区域增长极理论衍生而来的，强调自上而下的过程，是将“农业嘉年华”作为农业综合体的核心，通过产业联动诱发区域经济整体增长的引爆点，吸引和带动周边农业以及相关产业经济快速增长的经济理论。中国农业大学农业规划科学研究所运用此理论来研究农业嘉年华对区域经济增长产生诱导作用过程中相关产业的特征。其特征为：

（1）位于大都市周边正在不断扩大的具有关联性的一系列农业及其相关产业，通过对区域周边的影响带动周边区域经济的增长。

（2）其核心是通过农业嘉年华项目的建设作为核心引爆点，影响并带动周边农业园区、科技园区、物流、资金流、人才流、旅游业、房地产、养老、餐饮、休闲、娱乐等相关产业的发展。由于嘉年华的举办集聚了各种资源因素，拓展了集聚区域经济在不同领域的发展，因此农业嘉年华的极化效应同时也涉及区域发展、产业集聚、产业融合、创新发展、经济发展、资源集聚、产业升级等相关理论。

（二）农业区域优势导向理论

农业区域优势导向理论认为优势导向演变的顺序可依次为以下四个阶段：

（1）自然资源优势导向阶段 这一阶段农业产业的发展受人类干预比较少，自然资源的多寡是影响农业发展的主要因素。

（2）区位优势导向阶段 随着城市人口的速增以及城市化进程的加快，城郊农业开始出现，交通线周边农业开始发展，这一时期农业的发展产生了明显依托于城市周边的结构特点。

（3）农业区域规模化优势导向阶段 当农业科技开始被广泛地利用，农机设备使用率大幅度提升，交通运输能力不断提高，这一阶段的农业生产为了取得更大的市场份额和产业利润，就必须扩大自己的规模。农业嘉年华项目的规划也注重规模效应，使生产力不断扩大，规模经济效应导致生产成本的下降和收益的增长，并向核心地区聚集，增强核心地区的竞争优势。农业嘉年华项目通过对资源、经济、产品的聚集，进而对经济增长、产业融合、产业升级、调整产业结构产生积极的作用。

（4）农业区域产业一体化优势导向阶段 发展现代农业，农业产业链的规模化有助于农业效益水平的提高，产业链的延伸和发展可以促使产品的销量大幅增长；区域产业一体化促使农业专业化的提升，可进一步降低农业产品成本，扩大市场空间。农业嘉年华建设模式中产业园模块的置入，就是为打造区域农业产业集群和实现农业区域产业一体化奠定基础。

（三）生态位理论

生态位是生物与环境之间关系的某种定性和定量的表述。一方面对生物个体来说，生态位是其生存所必需的或可被其利用的各种生态因子和关系的集合；二是对生物实际生活的环境来说，生态位是其中各种生态因子或生态关系对该种生物的适宜程度。每一种生物在多维生态空间中都有其理想的生态位；而每一种环境因素都给生物提供了现实生态位。理想生态位与现实生态位之差产生了生态位势。这种位势一方面促使生物去寻求、占领和竞争良好的生态位，能动地改造环境；另一方面也迫使生物不断地适应环境，调节自己的理想生态位，并通过自然选择，实现生物和环境关系的世代平衡，使现实生态位与理想生态位之差最小。

农业嘉年华是指将项目内部可以利用的优势资源和项目所在地具有的优势条件相

结合所构成的一种关系集合；另一方面，是指该项目所在地为嘉年华内部某一项目的发展，提供各种可以利用的资源，如土地、水、环境等生态因子和环境质量、资源储备量等生态关系的集合。这种生态位的提供，可以让嘉年华内部的产业能够在市场中寻求并占领良好的竞争地位，不断地调整自己的产业发展方向，使得产业自身能够适应周围市场环境的变化而持续发展。

（四）产业演进理论

产业演进理论是对产业的动态变化进行分析和描述，与农业发展相关的理论主要包括以下两种：

（1）**梯度推进理论**　农业产业和其他产业一样，不同的经济发展水平带存在着社会经济发展水平的差异，每一个经济带下的产业结构都与该地区的经济水平存在着密切的联系。随着经济的发展，经济发展好的地区产业结构也必然升级，原来优势的产业会随着经济发展梯度向相邻的经济带推进。农业嘉年华的建设，带动当地农业产业结构的升级，也必定对相邻地区的农业产业发展起到推进作用。

（2）**跨越式发展理论**　在经济落后的地区率先引进先进的科学技术，实现该地域的跨越式发展，这样的情况在工业产业中很常见，对于农业嘉年华项目的建设，也可以借鉴这种方式，引进国外的理念和技术，实现区域性农业的跨越式发展。

二、农业嘉年华的分类分级

经过多年的发展，目前农业嘉年华已经有一套行业内默认的建设思路，但没有相应的文件、方法予以规范化、制度化。国内外园区、项目区等级划分的相关研究在农业、科技、文化、旅游、会展方面都有涉及，国外的相关研究起步较早，主要的研究集中在科技园和国家公园等方面，我国相关研究则相对较晚，集中在产业园、科技园、旅游景区等方面。此外，目前相关的研究多聚焦于项目区某一具体特性或某一特定时期特征，对项目区的共有和专有的综合评价研究较少，如项目从规划到运营、从设计到游客反馈、从单一功能到复合功能等。而农业嘉年华作为一种新兴业态，研究其等级的划分要充分考虑其功能的复合性，在目前的研究范畴内，农业嘉年华还有较大的发展空间。在乡村振兴战略的背景下，农业嘉年华势必将成为区域农业现代化的一大引爆点，让农业嘉年华的表现形式走向规范化，引导其健康良性、可持续地发展，有非常重要的意义。

通过整理与农业嘉年华主要功能较为相近的20种园区、项目区的决策主体及分级类型发现，当园区创建的审批单位均由行政机构构成时，其等级分类方式多采用行政分类，即国家级、省级、市级、县级；当园区创建的审批单位不全由行政机构构成的情况下，如社会团体、事业单位、政府行政机构下设不具备行政权力的委员会等，等级划分的形式多采用星级（一星到五星）和A级（1A～5A）。

目前，处于运营状态的农业嘉年华，建设主导方多为地方政府，运营模式多为政府引导、企业介入。农业嘉年华由于受到国家政策的多次鼓励，地方政策均有倾斜，由此，农业嘉年华具备一定的官方背景；同时，成立于2017年底的“中国农业嘉年华产业联盟”，现归靠于北京市农村专业技术协会，联盟计划整合我国农业嘉年华资源，为行业提供信息互通、互利共赢的平台，据此，农业嘉年华也具备一定的行业社会背景。而现今农业嘉年华尚未有上级主管部门介入监管。综合考虑以上情况，农业嘉年华现阶段的等级分类形式宜采用星级或A级。农业嘉年华等级划分指标体系如表1-2所示。

表 1-2　农业嘉年华等级划分指标体系

指标层		指标含义	最高分值	得分
产出水平	单位面积纯收益	园区单位面积营业总收入>30万元/hm^2，得13分；10万元/hm^2≤园区单位面积营业总收入≤30万元/hm^2，得8分；园区单位面积营业总收入<10万元/hm^2，得4分 注：单位面积纯收益=园区总收益/园区总面积	13	
	农产品加工水平	农产品可进行精深加工，得13分；农产品可进行初步加工，得6分	13	
	农产品营销水平	农产品营销渠道包含4种及4种以上、2～3种、1种，分别得8、5、2分 注：营销渠道包括游客采摘、送货直销、自营专卖店、超市配送、网络销售等	16	
		农产品供求关系为供求平衡得8分；农产品供求关系为供不应求得5分；农产品供求关系为有库存得2分		
	农产品品牌建设水平	驰名商标、著名商标、地理标志性认证等，在跨地区具有一定知名度，得40分；获知名商标，在本地区有较好知名度，得25分；园区农产品已注册商标，在本地区有一定知名度，得12分	40	

续表

指标层		指标含义	最高分值	得分
规划合理性	资源条件	自然资源：项目地周边地形具有变化，包含山地、丘陵或平原，有湖泊，得10分；项目地周边地形富有变化，至少包含山地、丘陵或平原两种，得6分；项目地周边地形为单一山地、丘陵或平原，得3分	10	
		农业资源：项目地特色农业资源包含3种及3种以上，得10分；项目地特色农业资源包含2种，得6分；项目地特色农业资源单一，得3分	10	
		人文资源（非遗、节日）：农业、民俗文化丰富，地域特色鲜明，得10分；农业、民俗文化较为丰富，具有一定地域特色，得6分；具有一定的农业、民俗文化，得3分	10	
		区位资源：项目地位于特超大城市1h旅游圈内，得10分；项目地位于省会或特超大城市郊区，得6分；项目地位于大中型城市郊区，得3分 注：大中型城市（常住人口50万～500万），特超大型城市（常住人口500万以上）	10	
	项目前瞻性	项目区已制定1～5年近期修建性详细规划、10年长期控制性详细规划和20年总体规划，规划完善可行，得50分；项目区已制定1～5年修建性详细规划、10年长期控制性详细规划，规划较为完善，得34分；项目区已制定1～5年修建性详细规划，得17分	50	
	主题丰富度	特色主题场馆≥8种，得48分；7种≥特色主题场馆≥5种，得32分；4种≥特色主题场馆≥2种，得16分 园区主体与细部设计与当地产业、文化结合紧密，表现丰富，得48分；园区设计能在一定程度上与当地产业、文化相结合，得32分；园区主体与细部的设计在个别地方能与当地产业、文化结合，得16分	96	
	客源市场	园区的年均接待人数>60万人，得87分；接待人数>20万人，得58分；接待人数≤20万人，得29分	87	
科研水平	科研平台搭建	园区建立有可进行独立科技研发的平台，得6分	6	
	人才水平	园区内本科学历以上员工：比例>20%，得14分；比例>10%，得9分；比例≤10%，得4分	14	
	科研投入水平	年均科研投入资金占年产值的比例>5%，得15分；年均科研投入资金占年产值的比例>3%，得10分；年均科研投入资金占年产值的比例≤3%，得5分	15	
	科研院所支撑	园区与三家及以上省级及其以上科研单位或高校建立合作，得10分；园区与2家省级及其以上科研单位或高校建立合作，得6分；园区与1家省级及其以上科研单位或高校建立合作，得3分	10	
	科技研发成果数	每年研发或引进名特优新农业品种，得2分；每年引进或开发先进适用技术（省级以上），得2分；每年获得专利或发表文章，得1分	5	
	科研成果转化能力	每年开展新技术和新品种等农业科技成果示范应用，得7分	7	

续表

指标层		指标含义	最高分值	得分
绿色发展水平	主要农业投入品减量化水平	园区采取绿色防控等方式降低农药施用量，得8分 园区是否采用测土配方、施有机肥等方式降低化肥施用量，得7分 园区是否建设节水灌溉设施降低农业用水使用量，得8分	23	
	废弃物综合处理水平	园区对农业废弃物进行综合利用处理（秸秆等地上残留物、农膜，肥料化、饲料化、燃料化、基料化、原料化处理），得6分 园区对固体废弃物进行有效处理（垃圾分类处理、日产日清），得6分 园区设置废水收集设施（达标排放、回收利用），得6分	18	
	清洁能源利用水平	利用清洁能源进行生产经营活动：利用3种及3种以上、2种、1种，分别得18、12、6分 注：清洁能源包含风能、太阳能、地热能、生物质能等	18	
社会效益	农户增收水平	园区就业农户收入同比周边地区：收入提升＞10%；5%≤收入提升≤10%；收入提升≤5%，分别得21、14、7分	21	
	农村劳动力吸纳率	园区员工中周边农村劳动力占园区员工总数比例＞50%，得28分；30%≤比例≤50%以上，得18分；比例≤10%，得9分	28	
	培训人次	进行农民培训、新兴职业农民培训、青少年研学培训年总人次＞4000人，得26分；500人＜人次≤4000人，得17分；人次≤500人，得8分	26	
旅游条件	餐饮服务水平	园区内餐饮场所位置合理，环境良好，配套齐全，分别得3、3、2分 游客对餐饮便捷性、价格、卫生、特色总体满意度，优、中、差分别得8、5、2分	16	
	住宿服务水平	园区内部或周边地区能提供一定的住宿设施，干净卫生，安全稳固，分别得2、1、1分 游客对住宿便捷、价格、舒适、特色总体满意度，优、中、差分别得5、3、1分	9	
	交通服务水平	所依托的城市到园区之间的交通方式有公交车、长途汽车、旅游专车，分别得14、9、4分 游客对交通便捷、安全、停车的总体满意度，优、中、差分别得15、10、5分	29	
	游览服务水平	配备游客服务中心，配备导游，配备观光车，分别得8、8、6分 游客对游览农业文化景观性、引导标识、门票价格的总体满意度，优、中、差分别得20、13、6分	40	
	购物服务水平	园区销售特色农产品和自产文创手工艺品，得6分；园区销售特色农产品或自产文创手工艺品，得4分；园区销售普通旅游产品，得2分 游客对购物的便捷、种类、特色、价格、质量的总体满意度，优、中、差分别得7、4、2分	13	
	娱乐服务水平	举办活动（节庆、比赛、会展等）频次≥4次/月；频次≥2次/月；频次≥1次/月，分别得18、12、6分 游客对娱乐的丰富性、特色性、趣味性的总体满意度，优、中、差分别得19、12、6分	37	

续表

指标层		指标含义	最高分值	得分
设施条件	农业智能化水平	应用物联网对园区生产进行管理，得14分	14	
	卫生设施条件	厕所数量充足、考虑特殊人群、有专人维护，分别得8、6、6分	38	
		垃圾箱数量充足、分类回收、日常维护及时，分别得6、6、6分		
	安全防灾设施条件	农业灾害监测预警设施、地震防灾设施、消防安全设施、监控设施、交通安全设施、安全警示标牌设施，分别得8分	48	
经营管理水平	制度保障能力	园区各类制度保障能力：组织构架、资金保障、政策保障、人才保障、技术保障、农产品质量安全、绩效考核、应急预案，分别得12、12、10、10、10、10、10、10分	84	
	开放周期	园区的开放时间为全年；季节性；短期（一个月之内），分别得21、14、7分	21	
	宣传推广水平	利用3种及3种以上、2种、1种渠道进行宣传推广，分别得48、32、16分 注：宣传渠道如新媒体、报纸、电视、广播、杂志等	48	
	会展举办能力	每年举办国际性、全国性、地区性会议会展，分别得40、25、12分	40	
	合作水平	园区与国内外涉农企业进行对接合作，国际合作、国内合作分别得17、12分	17	

注1：一票否决：①发生土地违规事故；②发生重大农产品安全事故。

注2：先决条件：参评五星级需达到占地规模大于50hm^2、单位面积投资大于600万元/hm^2、农作物品种集成数大于1500个、农业技术集成数大于200个；参评四星级需达到占地规模大于35hm^2、单位面积投资大于500万元/hm^2、农作物品种集成数大于1000个、农业技术集成数大于100个；参评三星级需达到占地规模大于20hm^2、单位面积投资大于400万元/hm^2、农作物品种集成数大于800个、农业技术集成数大于50个；参评二星级需达到占地规模大于10hm^2、单位面积投资大于300万元/hm^2；参评一星级需达到占地规模大于5hm^2、单位面积投资大于200万元/hm^2。

注3：满分为1000分，共分为8个大项，产出水平82分，规划合理性273分，科研水平57分，绿色发展59分，社会效益75分，旅游条件144分，设施条件100分，经营管理水平210分。当农业嘉年华满足星级先决条件之后，通过对各项评分值加和计算综合得分，得分分值取整数。

由于缺乏同类项目对比分析，一星级到五星级的分值的确定需要结合具体案例进行拟定。

第五节　新时代背景下农业嘉年华的发展方向

党的十八大以来，我国取得全方位、开创性的巨大成就，经济实力、科技实力、国防实力、综合国力进入世界前列，中国特色社会主义进入了新时代，我国发展处于新的历史方位。党的十九大明确提出乡村振兴战略，并作为七大战略之一写入党章。中央经济工作会议、中央农村工作会议对实施乡村振兴做出了全面部署，强调要落实高质量发展的要求，坚持农业农村优先发展，坚持质量兴农、绿色兴农，加快推进农业由增产导向转向提质导向，加快推进农业农村现代化，走中国特色社会主义乡村振兴道路。农业嘉年华作为都市农业新业态，在新时代背景下需不断探索其发展路径，保证可持续发展，助力乡村振兴。

1．深化经营理念及业态创新，加强科技对农业嘉年华内涵的支撑

农业嘉年华应重点在农业新品种、新技术、新设施、新设备等方面开展相关的研发、集成创新和引进消化，通过建设品牌项目的形式，全面创新农业科技推广模式，逐步在全国建成农业嘉年华产业联盟；依托高科技，注重资金、智力、信息等生产要素的投入，注重引进工业生产管理技术、生物技术（现代育种、基因工程）和信息技术，发展集高科技农业、特色农产品产业、高效生态农业、都市生态观光农业为一体的现代农业综合体；加强农业社会化服务的延伸，产业整合，从示范、引领、推广到生产、加工、销售、物流等综合发展；在优化以互动性、体验性为主的业态创新的同时，更加深化园区自身经营，不断提升科普技术的应用，重点提升农业嘉年华解说系统。

2．借鉴景区升级管理理念，走内涵式园区管理路径

目前，农业嘉年华的建设虽然已有一部分约定俗成的表现形式，但因园区建设规模、投资体量、运营模式等方面的不同导致各地农业嘉年华的发展程度存在较大差异，目前尚无统一的园区管理评价体系。在这一方面，可借鉴景区的管理理念和细则，例如，5A标准与4A相比不仅是从细节上、质量上要求更高更明确，而最本质的差别主要体现在文化性和特色性的要求上——“以人为本”的服务宗旨贯穿于5A准则的主线，5A级景区更注重景区的人性化和细节化，围绕为游客营造舒适优美的旅游环境，标准制订了许多细则。

3．项目策划差异化，不断融合新领域

农业嘉年华的可持续发展，需要在新领域的融合上不断创新。在项目策划上，除了考虑农业的食品供给这一传统功能以外，还要考虑农业的生态功能和社会文化功能等。例如，以水科技为主要元素的“水漾年华”，以花卉为主要元素的“花漾年华”，以农商和农服为特色的“农业奥特莱斯”和以蔬菜、果树、种业、乡村文化、非物质文化遗产等为元素的各类农业嘉年华项目，通过这种新的特色的农业多功能表现形式，推动相关产业的发展。

第二章

农业嘉年华战略规划

农业嘉年华的规划建设

农业嘉年华开发的意义

农业嘉年华的商业模式

农业嘉年华的投资形式

第一节　农业嘉年华开发的意义

农业嘉年华活动是随着我国经济发展和产业转型而出现的都市农业新业态，农业嘉年华的发展顺应了时代的发展，契合了政府、企业、市民、农民、专业人士的需求，它不仅有利于市场优势产业资源的聚集，也有利于农业专业化及农业产业升级，发展农业嘉年华是时代的需要。

一、农业嘉年华推动现代农业发展

国务院关于印发《全国农业现代化规划（2016—2020年）》的通知（2016年10月17日）提出要按照“五位一体”总体布局和“四个全面”战略布局，牢固树立创新、协调、绿色、开放、共享的发展理念，认真落实党中央、国务院决策部署，以提高质量效益和竞争力为中心，以推进农业供给侧结构性改革为主线，以多种形式适度规模经营为引领，加快转变农业发展方式，构建现代农业产业体系、生产体系、经营体系，保障农产品有效供给、农民持续增收和农业可持续发展，走产出高效、产品安全、资源节约、环境友好的农业现代化发展道路，为实现“四化”同步发展和如期全面建成小康社会奠定坚实基础。

现代农业的特征是科学化、市场化、产业化、效益化、标准化，是对传统农业发展模式的改造和创新，是农业发展的根本方向。目前，在现代农业发展过程中，支撑现代农业发展的科技创新能力不足，科技成果转化和推广应用水平仍然不高，农业科技人才队伍建设相对滞后，农业科技投入严重不足，农业科技资源配置效率不高，农业企业技术创新能力整体不强。

农业嘉年华项目是现代农业技术集成展示的标志性工程，高度集成国内外现代农业最前沿技术和创意农业相关概念。它围绕农业科技展示，将农业新理念、新模式、新工艺、新设施、新设备、新品种进行深入挖掘、系统展示。同时农业嘉年华项目逐步创新，围绕当地重要农业产业领域发展，整合现有国内外涉农科研院所、政府、企业的资源，立足于农业供给侧结构性需求，形成农业产学研推为一体的综合创新模式。在一些农业嘉年华项目的周边，已经推动并建立一批由企业、科研院所和高校共同参与的农业产业创新发展联合体。农业嘉年华促进了当地一二三产业的深度融合，从而带动区域农业产业升级和农业产业转型，推动区域现代农业的发展。

农业嘉年华项目通过“嘉年华+科技园”的形式，通过对新科技、新技术、新产品及新生产方式的展示，推广农业先进技术，全面创新农业科技推广模式。以城市近郊区为主要根据地，通过品牌影响力，进一步促进城乡结合及三产融合发展，高度契合2017年中央一号文件中提到的“壮大新产业新业态，拓展农业产业链价值链”。

二、农业嘉年华助力美丽乡村建设

美丽中国建设离不开美丽乡村建设，党的十九大提出实施乡村振兴战略，明确美丽乡村应按照产业兴旺、生态宜居、乡风文明、治理有效、生活富裕的总要求进行建设，农村居民生活水平提高、精神需求得到更大的满足，建设宜农宜居的幸福家园，是实现美丽乡村的重要保障。然而在美丽乡村建设中还面临着很多的困难，如传统农业向现代化转型过程中造成的农村生态环境污染问题，传统乡村在向现代化新村转型过程中造成的乡土乡情失真、人居环境失衡问题，以及传统农民向现代化农民转型过程中产生的认知偏差和行为冒进等问题。因此，全面推进我国美丽乡村建设，要坚持做好统筹规划，一方面在县域整体规划上有所侧重，做到功能完善、布局合理、分工明确、宜农宜居；另一方面利用各地不同的资源条件和服务环境，发展休闲农业和绿色农业，对接城镇化发展需求。日本“一村一品”发起人平松守彦曾说过，一个乡村、一个地区最值得珍惜和炫耀的资源，就是它的文化印记，这也是乡村建设最应该守护和发扬的优势资源。

农业嘉年华是集现代农业、休闲旅游为一体的综合发展模式，在总体策划和实施上充分利用农业景观资源和农业生产条件，发展观光、休闲、旅游，贯穿农村一二三产业，融合生产、生活和生态功能，一方面解决人民休闲旅游的需求，另一方面发展农村经济，引进国内外新型及实用农业技术，组织农民技能培训，提高农民农业技术水平，增加农民农业生产收益，促进当地农业产业转型升级，为农村剩余劳动力提供就业岗位，是紧密连结农业、农产品加工业、服务业的新型农业产业形态和新型消费业态。

三、农业嘉年华促进地方经济发展

农业嘉年华以设施农业生产为载体，通过挖掘农业相关产业文化内涵，以活动体验的方式，使游客清晰地了解、认知特色农产品的故事和生产背景，使嘉年华真正成为当地名特优农产品的展示平台。同时通过科技展示、技术培训、企业孵化、政策激励等模式，培育地方农业企业、促进地方能人创新以及外地务工人员返乡创业。农业嘉年华在引领都市型现代农业的产品类型、发展方式、运行模式上做了大量卓有成效的探索和创新，同时带动了相关农产品加工业、农业衍生产品、旅游服务行业等的发展。农业嘉年华提升了当地政府的公共形象，强化了地方农产品品牌，带动了区域农业经济发展。

以北京农业嘉年华带动北京市昌平区农业经济发展为例，北京农业嘉年华2013—2019年，共举办7届，累计接待园区游客量超800万人次，累计带动周边地区草莓园接待游客约1789万人次，直接销售收入超过3.35亿元，带动周边草莓产业超10亿元，带动民俗旅游超7亿元，对区域总体带动超20亿元。在产业规模上，截至2019年4月，昌平草莓日光温室已发展到10000栋以上，昌平全区已有12个镇、71个村、3500多户农民发展草莓种植，建成草莓专业合作社46个，上万人通过种植草莓实现了就业增收。历届北京农业嘉年华举办效果见表2-1。

通过农业嘉年华的举办，发挥会展效应，展会活动及关联项目为周边村民提供大量就业岗位，部分参展企业及场馆运维单位，租住园区周边房屋，村民获得租房收入。这充分发挥了农业嘉年华拉动地方经济、产业融合和结构升级的功效。

表 2-1　北京农业嘉年华举办效果汇总表

项目	首届	第二届	第三届	第四届	第五届	第六届	第七届
举办时间	2013年3月23日—5月12日	2014年3月15日—5月4日	2015年3月14日—5月3日	2016年3月12日—5月8日	2017年3月11日—5月7日	2018年3月17日—5月15日	2019年3月16日—5月12日
会期时长	51d	51d	51d	58d	58d	58d	58d
举办地点	北京市昌平区草莓博览园						
活动模式	三馆、两园	一展、两区、三乐园	三馆、两园、一带	三馆、两园、一带、一谷	三馆、两园、一带	三馆、两园、一带、一谷、一线	三馆、三园、一谷、一线
游客数量	101.7万次	98.5万人次	118.8万人次	133.6万人次	136.9万人次	112.9万人次	110.7万人次
直接产值	3300万元	3510万元	5196万元	6070万元	6610万元	4500万元	4333万元

续表

项目	首届	第二届	第三届	第四届	第五届	第六届	第七届
产业带动	①草莓价格比同期增长20%；实现草莓销售收入1.80亿元；②周边草莓采摘园接待游客240万人次；③带动周边的民俗旅游收入达到1.17亿元	①草莓价格比同期增长20%；实现草莓销售收入1.63亿元；②周边草莓采摘园接待游客256万人次	①实现草莓销售收入1.58亿元；②周边草莓采摘园接待游客257万人次；③带动周边的民俗旅游收入达到0.93亿元	①实现草莓销售收入1.63亿元；②周边草莓采摘园接待游客260万人次；③带动周边的民俗旅游收入达到0.95亿元	①实现草莓销售收入1.66亿元；②周边草莓采摘园接待游客267万人次；③带动周边的民俗旅游收入达到1.09亿元	①实现草莓销售收入1.23亿元；②周边草莓采摘园接待游客256万人次；③带动周边的民俗旅游收入达到1.16亿元	①实现草莓销售收入1.00亿元；②周边草莓采摘园接待游客253万人次；③带动周边的民俗旅游收入达到1.03亿元

第二节 农业嘉年华的规划建设

一、农业嘉年华的规划原则

规划原则是在进行农业嘉年华规划过程中需要遵循的最基本的法则，体现农业嘉年华规划设计的基本理念和方法，从宏观上体现整个规划的定位，确定规划的方法和思路，规划完成之后衡量规划的合理性、完善程度等。制定规划原则的主要作用有：①确定基本思路，在整个规划设计工作中贯穿始终；②体现规划定位，展示规划的基本思想和项目发展方向；③评价规划的尺度，衡量规划是否合理、是否完善、是否达到预期效果。

农业嘉年华的重点在于突出打造一个农业主题元素的都市型现代农业盛会，并通过不断探索和实践来持续拓展都市型现代农业的实现、发展和运行，同时将娱乐元素融入农业节庆活动中，使其成为具有鲜明特色和影响力的农业会展品牌。农业嘉年华的建设有很强的任务性和目标性。任务性体现为集中展示都市型现代农业的新形象、凸显都市型现代农业的新亮点和创造都市型现代农业的新辉煌，目标性可以总结概括为“惠民、兴业、创品牌”。

（一）科技引领、服务农业原则

农业是农业嘉年华的基础，农业嘉年华的规划应以服务农业为最终目标，建立具有完善的产业布局、资源高效利用、环境持续改善的现代生态循环农业发展体系，依靠农业科技创新、成果转化、推广示范，构建“技术领先、形式多样、设施先进、管理科学”的实用型技术体系，推进区域现代农业转型升级。打造科技集成、技术集成的现代化园区，辐射带动周边农业产业以及管理技术的提升，引领地域现代农业的发展。

（二）统筹兼顾、突出特色原则

将农业生产和旅游功能统筹考虑，结合交通、区位、产业基础、资源分布等因素，合理布局农业产业项目和旅游项目。创新农业嘉年华的举办形式、盈利模式，寻求农业嘉年华与当地文化资源及特色产业的结合点，促进具有当地特色的农业新业态孵化。

（三）因地制宜、综合利用原则

依托区域资源禀赋，充分发挥农业嘉年华的生产、旅游、生态、科普、教育、休闲、文化传承等多功能性，因地制宜、综合利用，进行合理布局，充分利用土地资源，并达到规划方案的前瞻性、包容性、和谐性的有机统一。充分挖掘当地资源优势和文化特色资源，布局具有地域特色的农耕体验、科普教育、文化传承等特色和亮点项目，形成竞争优势，增加社会及经济效益。

（四）整合资源、持续发展原则

坚持经济效益、社会效益和环境效益并重，整合资源，发挥资源优势，同时配合周边物流加工、产品销售等功能区，形成科技研发、生产示范、技术推广、加工物流等各环节完善的产业化生产流通体系。以农业嘉年华为核心引爆点，带动周边环境和基础设施的提升改造，有规划地开发休闲农庄、乡村酒店、特色民宿、自驾露营、户外运动等乡村休闲度假产品，满足长远可持续的发展。

二、农业嘉年华规划建设的指导思想

以全面贯彻党的十九大精神和新时代中国特色社会主义思想为指导，牢固树立和贯彻落实新发展理念，以实施创新驱动发展战略和乡村振兴战略为引领，以深入推进农业供给侧结构性改革为主线，以提高农业综合效益和竞争力为目标，以培育和壮大新型农业经营主体为抓手，着力促进园区向高端化、集聚化、融合化、绿色化方向发展，发展农业高新技术产业，提高农业产业竞争力，推动农业全面升级；着力促进产城产镇产村融合，促进城乡融合发展，建设美丽乡村，推动农村全面进步；着力促进一二三产业融合，积极探索农民分享二三产业利益的机制，大幅度增加农民收入，推动农民全面发展。

围绕发展都市农业、科技创新为中心，紧跟现代国际农业发展趋势，坚持以区域发展为导向，以先进的农业科技装备和技术为支撑，以服务群众、推动现代农业发展为宗旨，以“惠民、兴业、创品牌”为目标，以产业融合为特色，秉承“以现代科技改造农业”的发展理念，积极打造“智慧农业”与“创意农业”，充分发挥都市农业多功能性，秉承农业服务于市民，丰富城市居民观光休闲活动内容，大力推动资源节约型都市农业前进，全面协调区域的协同发展，服务三农，促进农民增收，使农业更好地服务都市、更好地满足广大消费者的生活需求，打造都市农业品牌制高点。

三、农业嘉年华功能布局

农业嘉年华的总体功能一般包括：聚人气，办科技、文化、艺术、产品荟萃的展会，引领城郊现代农业旅游产业及乡村旅游的发展；融产业，与当地特色农业产业深度融合，一二三产业融合发展，打造区域现代农业发展的新典范；带农民，将周边乡村建设及产业发展融入到园区建设中，调动农民积极性参与园区建设与运营，改善居住环境，带动农民增收；促振兴，创建农业优质品牌，辐射整个地区，引领当地特色农业转型升级，促进乡村振兴。

农业嘉年华的功能布局根据项目区位、周边配套、产业发展方向、地区经济水平、项目投资力度的不同而有所不同，功能完备的农业嘉年华一般包括以下几个功能区：

（一）综合服务区

位于园区入口处，作为整个农业嘉年华的组织运营管理中心，承担着园区综合管理、运维、服务、游客接待、信息咨询等功能，并承担与科研院校合作及科技研发推广任务。结合农业教育理念，为周边农户、返乡人员、毕业大学生、艺术家等提供就业创业平台，同时为游客提供配套完善的购物、餐饮、休闲、休憩等。

入口广场的设计融于当地文化，是园区的形象门户，同时也为园区举办各类活动，如文艺表演、主题节庆活动、农业展会、农业新品发布会、儿童嬉水互动等提供场所。

生态餐厅内部利用植物景观营造宜人的就餐环境，选用绿色生态蔬菜，带给游客生态、放松的餐饮体验，平时与婚庆、高端宴饮结合起来，是农业嘉年华盈利项目之一。

教育培训中心通过与农业科研院所合作成立教学实训基地，为专家学者提供科技推广平台，进行农业技术引进、推广、各类农业技术培训等，形成现代农业教育培训体系。

（二）农业创意体验馆区

农业创意体验馆区与综合服务区共同组成农业嘉年华的核心区，是游客参观和行业考察的主要区域，位置应该位于农业嘉年华项目交通资源条件最佳的中心区域，起到最大的辐射带动作用。创意主题场馆利用连栋温室及各种栽培设施设备集中展示农业科技、农业创意、农耕文化等，一般6～8栋，紧密围绕高科技手段展现现代农业的理念，结合当地主导产业及特色产业，融合当地历史文脉，将蔬菜、农耕、花卉、中草药、林果、民俗、水科技、沙漠植物等农业主题贯通到场馆内容设计中，将该区打造成当地现代农业发展的引擎、现代农业展示中心、农业休闲旅游吸引和聚集人气的引爆点。配套的智能育苗温室为体验馆苗木的更迭提供保障，同时为周边农业生产者提供优质种苗资源，增加园区收入。

（三）农业科技生产区

农业科技生产区承担园区生产功能，是园区农产品的主要生产区域。农业科技生产区的建设要考虑科技园的技术优势与当地农业经营项目之间的关联耦合程度，配置科技园建设项目，使科技园的宏观布局更合理。其中果蔬采摘区作为农业创意体验馆的补充，丰富园区体验项目类型，延长游客停留时间，弱化旅游淡旺季界限，同时农业科技生产区是农民培训的实操基地。

（四）农业产业示范区

农业嘉年华产业示范区的规划必须通过对当地主导农业产业进行选择与分析，确定园区的产业发展内容，实现园区产业化发展，以此获得较好的经济效益和社会效益。它决定着农业嘉年华项目的战略发展方向，其功能定位要立足于当地社会经济等的实际条件，因地制宜，选择恰当的建设内容和技术路线，根据农业嘉年华项目规划的指导思想和发展目标，全面协调，突出重点，指导农业嘉年华产业园的规划建设，使其发挥其应有的作用和影响。

嘉年华产业园发展主要包含两个方向：一是基于同种产品产业链的完善和延伸；二是将产业链单一或若干个节点做深做强，最终的目的是要形成产业集群。

农业嘉年华产业园的规划应当立足规划区域农业经济发展的现状基础资料，以先进的现代农业科技为依托，结合当地农业资源开发和产业发展的需求，按照农业产业化生产经营体系、配置要素和科学管理，建立农业科技成果的转化和生产示范基地。产业园要基本实现农业产品标准化、经营企业化、管理信息化、技术服务网络化，实现农业的结构优化和产业升级。在此基础上，辐射带动周边地区农业和农村经济的全面、持续、高效发展。

第三节　农业嘉年华的商业模式

商业模式源自于20世纪60年代的美国，它的英文名称为Business Model。关于商业模式的定义目前采用比较多的是：商业模式是一种包含了一系列要素及其关系的工具，用以阐明某个特定实体的商业逻辑。它描述了公司所能为客户提供的价值以及公司的内部结构、合作伙伴网络和关系资本（Relationship Capital）等，用以实现（创造、推销和交付）这一价值并产生可持续盈利收入的要素。

盛景商业研究院商业模式研究中心为商业模式做出了更为详尽的定义：商业模式就是企业通过创造“与众不同”的客户价值，设计独特的盈利方式颠覆了行业传统规则，实现了自我可复制。突破扩张瓶颈，通过掌控核心资源建立了高竞争门槛，最终成功构建了系统的价值链体系或和谐的生态系统。

一、农业嘉年华的商业模式画布

商业模式画布（Canvas）由Alexander Osterwalder与Yves Pigneur合作提出。商业模式画布可以展示出一家公司或一个项目创造利润的逻辑过程，由客户细分、价值主张、渠道通路、客户关系、收入来源、核心资源、关键业务、重要合作、成本结构9个方格模块构成。Alexander Osterwalder在其著作《商业模式新生代》（*Business Model Generation*）中详细介绍了商业画布模型，这是一种能够帮助创业者催生创意、降低猜测、确保他们找对了目标用户、合理解决问题的工具。

农业嘉年华一般由综合服务区、农业创意体验馆区、农业科技生产区、农业产业示范区组成。园区在农业生产的基础上，提供观光游览、科普教育、休闲体验、购物消费、餐饮美食、度假住宿、会议会展等服务，商业模式画布如表2-2所示。

表 2-2 农业嘉年华商业模式画布模型

<table>
<tr>
<td rowspan="2">重要合作（KP）
农民、合作社、涉农企业；
高校、科研院所；
旅游活动举办商；
餐饮、农产品等各类供应商；
渠道商</td>
<td>关键业务（KA）
乡村旅游服务；
农产品生产、加工、销售；教育培训；农业会议会展；新品种推广、资材销售；
农业科技服务</td>
<td rowspan="2">价值主张（VP）
满足游客乡村旅游需求；满足农民产销对接需求；满足地方产业升级、农业科技示范推广需求</td>
<td>客户关系（CR）
通过活动设置提高游客参与度；教育培训及农业技术的定制化服务</td>
<td rowspan="2">客户细分（CS）
游客（团体游客、亲子家庭、城市居民）；农民；涉农企业、合作社；学生；
政府农口部门</td>
</tr>
<tr>
<td>核心资源（KR）
农业科技；农业创意；农耕文化；民俗文化</td>
<td>渠道通路（CH）
线上（如官网、微信、微博等）、线下硬广（如高速路广告、车体广告等）；
媒体报道及软文；
口碑</td>
</tr>
<tr>
<td colspan="3">成本结构（CS）
农业嘉年华建设、运营、管理服务成本；农产品生产成本</td>
<td colspan="2">收入来源（RS）
旅游服务（门票、农事体验、餐饮、住宿）；农产品、农资、农机销售；教育培训（农民培训、学生研学）；农业科技服务（农业技术服务、农业设施工程）；农业项目政府补贴及研发奖励；租赁收入</td>
</tr>
</table>

（1）客户细分　农业嘉年华的客户细分为三大类：①旅游游客，人们对节假日旅游目的地的选择更加倾向于回归自然，并且注重回味乡愁和亲身体验。旅游游客又可以细分为城市居民、亲子家庭、团建的团体游客。②农民、涉农企业和政府农口单位，依托农业新理念和高科技的展示和推广，为农民、涉农企业和政府农口单位提供定制化的咨询、培训和农业技术服务。③学生，为学生团体提供科普教育、研学旅游、实习实践基地。

（2）价值主张　价值主张是根据目标客户的需求而制定，明确地了解客户亟待完成的任务或者最为强烈的需求，并提供相应的解决方案。农业嘉年华的基本价值主张从旅游服务和农业科技服务两条价值链出发，包括满足区域对现代农业发展的需要、满足地方经济发展的需要、满足城市居民对农业旅游和优质特色农产品的需要。

（3）**渠道通路**　农业嘉年华通过线上、线下等多渠道与客户群体达成沟通并建立联系。线上部分主要包括农业嘉年华官方网站、微信公众号、微博、抖音、网红自媒体等，线下部分主要围绕距离园区200～300km的区位市场，通过高速路高炮广告、高铁广告、公交车车体广告、楼宇广告等扩大园区知名度。另外，将园区重大活动或新品种、新技术的推广通过媒体以报道或软文的形式传播，以扩大园区影响力。口碑营销同样是非常重要且直接的渠道通路，吸引顾客到农业嘉年华进行参与体验，通过最优质的服务使顾客口碑相传，实现客户群体规模裂变。

（4）**客户关系**　客户关系是指农业嘉年华与客户群体之间的交流互动，主要包括体验服务产品和定制化服务。例如对应场馆主题设置体验活动：五谷贴画、盆栽组合、树叶画、手工石磨豆浆、手工玉米脱离、通过增强现实（AR）设备体验植物生长过程等。农业嘉年华还可以为客户提供定制化服务，如定制化的新型职业农民培训、定制化的学生研学游、定制化的规划设计咨询、工程建设及生产技术服务等。

（5）**收入来源**　收入来源是农业嘉年华通过价值主张的创造和交付而实现的经济价值的收获。农业嘉年华的收入主要包括：旅游服务收入，即门票、农事体验、餐饮、住宿等；产品销售收入，即农产品、种子种苗、农资、农机销售等；教育培训收入，即职业农民培训、学生研学；农业会议会展收入，即承办各类农业相关的展会、高层论坛等取得的收入；农业科技服务收入，即农业规划设计咨询、农业技术服务、农业设施工程等；政府补贴及研发奖励，即通过申报政府农业项目、科研项目而获得的奖励，以及政府对企业科研投入的奖励（各地政策稍有不同）；租赁收入，即场地、设施等出租收入。

（6）**核心资源**　农业科技、农业创意及文化是农业嘉年华的核心资源。农业嘉年华是将国内外先进及实用的农业技术和装备高度集成，通过艺术创意的形式呈现出来。例如，广西玉林“五彩田园”农业嘉年华集中展示国内外先进技术及栽培模式约110项，展示各类植物总计超过800余种，养殖蜜蜂及蚕近50种，并且运营期间还在持续引进和研发。同时，呼应展示馆主题，独创的农业创意景观也是核心资源之一。农业嘉年华在农业文化及当地民俗文化方面也进行深度挖掘和展示，并设计体验活动增加游客参与度，主要包括农耕文化、乡土文化、饮食文化、节庆文化、民族文化等。

（7）**关键业务**　农业嘉年华作为乡村振兴的重要抓手，发力点在于带动乡村旅游和产业兴旺。农业嘉年华的基础产业是农业，延伸到农产品加工业、旅游及农业科技服务业，一二三产业高度融合。业务类型主要包括农产品生产、加工、销售，乡村旅游服务，教育培训，农业会议会展，农业高科技服务等。业务发展侧重随项目运营阶段而发生变化，前期主要以乡村旅游为主，吸引顾客到农业嘉年华参与体验，塑造品牌，进而推广农产品销售及农业科技服务等相关业务。

（8）**重要合作** 从旅游层面看，农业嘉年华一般每个月都会举办一次大型活动，专业的旅游活动举办商拥有成熟的活动策划案、活动道具、营销渠道，农业嘉年华提供场地和基础设施，二者合作举办主题活动，如河北南和农业嘉年华灯光节、风车节、蝴蝶展，江苏洋河农业嘉年华水幕电影节、动漫展、巨型大南瓜节等。农业嘉年华设有美食展位、农业奥特莱斯农产品展位，为餐饮业主及农产品业主提供销售平台。从农业生产及科技层面看，农业嘉年华需要与农业院校及科研院所保持紧密的联系与合作，持续开展农业科技的研发及引进以保证其农业科技的领先性，这是农业嘉年华可持续发展的根本，同时也为科研机构提供了科技研发中试平台。农业嘉年华与当地农民及合作社合作形成合作联合社或产业联盟，为农民提供统一的生产技术规程及产品标准，由农业嘉年华进行统一销售。

（9）**成本结构** 农业嘉年华的成本结构主要包括农业嘉年华建设、运营、管理服务成本，农产品生产成本。具体包括宣传推广产生的营销费用、活动举办产生的物料费用、冬季加温夏季降温产生的能源费用、场馆植物养护及农产品生产产生的生产物料费用、互动活动产生的材料费用、开展工作所必需的办公设备等固定资产购置费用、员工及劳务工人工资、科研研发投入等。

二、农业嘉年华的商品体系

农业嘉年华是一个系统工程，它的产品组合主要包括三个方面：农业项目组合、服务项目组合、设施设备组合。在进行产品及服务体系项目安排时，既要根据农业季节性、地域性等特点，搞好农业项目本身的品种搭配、高矮搭配，种养结合，使之具有科学性、立体性、生态性、常年性和艺术性，又要根据游客吃、住、行、玩、购、娱等需求，搞好服务项目、服务设施的设计，使之具有综合性、配套性。从产品中充分挖掘其商品价值是盈利和发展的关键。

（一）基于创意的农业休闲商品类型

充分挖掘传统的农业生产过程（如采茶、制茶的整个过程）、传统的农业设备与设施（如石磨、水车、牛车）、传统的农村手工艺制作（如编制、印染、陶瓷、剪纸）和民俗风情（如对山歌、坐花轿）等，融入推陈出新的创意和精益求精的规划设计，以修饰过的、美化过的乡土气息，引起人们情感共鸣，碰撞出更加有吸引力的农业休闲产品。

1．产品创新类

奇特而又富有新意的农产品生产是创意农业之“创意”的典型代表与主要体现，因而也是新型农业经营者比较常用的经营手法，如带有吉祥或祝福图案、字样的苹果，方形西瓜，寿星头大桃等。

2．过程体验类

过程体验也是一种主要的创意农业类型。与第一种类型不同的是，产品创新类农业的卖点是欣赏或者食用，而过程体验类农业给消费者的不仅有视觉、味觉等感官刺激，还能让消费者参与到实景的生产、采摘过程中来，从而给消费者带来更加立体、全面的体验，将农业生产销售过程中有趣的、有感官刺激的或者有教育意义的功能内涵展示出来。

3．景观观赏类

利用当地独特的自然生态景观或者农业生产实地景观，为消费者提供游玩、欣赏乃至休闲度假服务。如果该农业景观具有长期性与稳定性，则可以发展成农业旅游类。这种服务也比较受大城市市民欢迎。

4．生活体验类

主要针对居住在城市中却又厌倦了城市交通的拥堵、生活的快节奏、职场的高压力的市民群体，让消费者通过住进农家，自主选择干农活、逛农村大集、参加民俗婚礼等农家独有的活动，体验农家悠闲、自由而又宽松的生活氛围，纾解压力，放松心情。

5．功用转化类

传统的农产品主要功能是食用，利用创意将农产品进行功能的挖掘、转化，可更大程度地提高农产品的附加值。农产品用途转化的目的是在尊重农产品传统功能的基础上，挖掘它的多重特性与其他功能，以提高其经济价值。

如适应时尚的需求，通常用来食用的各种豆类，可以用来制作手机链等生活用品、小饰品；适应城市家庭种植的需求，通常在大田耕作的果树或蔬菜，可以将其微型化，做成观食两用的盆果、盆菜，如盆栽草莓、彩色番茄等；适应艺术的需求，可以对农产品进行加工，如麦秸画、葫芦烫画等。此类创意农业完全可以通过产业化的方式，形成规模、降低成本、创建品牌，在适应不同市场需求、提高农业综合价值的同时，还可以解决农村富余劳动力的就业问题。

6. 文化节庆类

农业文化节庆作为一种新的农业产业形态和新型消费业态，近年来发展迅速，已成为拓展农业功能、促进农产品销售、带动农民增收和壮大地方经济的新手段。农业文化节庆在开发中除了活动参与和产品展示外，传统文化是挖掘的重点。

如北京昌平在传统文化的基础上，通过扩展外围的文化基础设施以及相关边缘文化，打造了多种多样的“草莓庙会”“苹果文化节”“温泉文化节”等农业文化节庆活动，吸引了大量的城市居民前来体验，有效地带动了当地农业产业、旅游业的发展以及地方经济增长。

（二）基于服务的商品类型

农业嘉年华不是一个独立的存在，它通常能够带动所处农业集群、产业园、区域甚至地区的现代农业发展，因其自身的高科技含量，具有极强的带动、示范作用和农业人才、农业资源凝聚力。因其这一平台属性，成为了农业展会、科普教育和农业职业培训等农业服务产品的重要供应者。

1. 展会

农业会展是农业产业发展的风向标，是农业产业信息交流的桥梁纽带。会展的举办，一方面，带动了当地农业及相关产业的发展，同时提高了其所处项目整体和地区的知名度，并以此扩大形象宣传和积累资源，实现了“因节而兴、因会而旺”的效果；另一方面，展会不只为参展企业提供了展示产品、获取商机的平台，也为自身发展开发更多的思路与途径。

以第三届北京农业嘉年华为例，在农业部的支持下，嘉年华引入了“第三届全国休闲农业创意精品展”，来自全国29个省、市、自治区的近千种创意产品，近200种景观创意精品集中亮相，450多家农业企业参展，进一步提升了活动的层次。“优质农产品展销活动”吸引地标产品生产企业18家，食品生产企业48家，京郊特色农产品生产企业14家，实现了游客在园区“有得看、有得买”。

2. 科普教育

生活在城市中的人们，与农业和自然接触的机会本就不多，平时生活节奏快，无暇顾及生活细节，导致如今很多孩子“五谷不分”，而近些年来学校和家长已逐渐意识到问题的严重性，开始重视孩子的自然、农业素质教育。

《教育部 共青团中央 全国少工委关于加强中小学劳动教育的意见》指出：“通过劳动教育，提高广大中小学生的劳动素养，促进他们形成良好的劳动习惯和积极的劳动态度，使他们明白‘生活靠劳动创造，人生也靠劳动创造’的道理，培养他们勤奋学习、自觉劳动、勇于创造的精神，为他们终身发展和人生幸福奠定基础。用3～5年时间，统筹资源，构建模式，推动建立课程完善、资源丰富、模式多样、机制健全的劳动教育体系，形成普遍重视劳动教育的氛围。推动在全国创建一批国家级劳动教育实验区，推动地方创建一批省级劳动教育实践基地和劳动教育特色学校，带动全国中小学劳动教育深入开展。”

通过园区参观、农事亲身体验和各类农业进校园的农业科普教育，让少年儿童更了解农业、更亲近自然，从孩子抓起，提高我国人口综合素质，是以农业嘉年华为代表的各类现代农业项目的重要职责，同样也是商机。

以广西玉林“五彩田园”现代特色农业示范区为例：广西玉林“五彩田园”现代特色农业示范区自建成以来，非常重视科普教育工作，因此，其核心部分高科技农业展示馆（农业嘉年华）被国家评定为“全国青少年农业科普示范基地”“玉林市青少年科技教育基地”。在吸引青少年参观的同时，基地科技人员也多次配合当地政府进行“科普进校园”系列活动，为孩子讲解农业知识，培养孩子对农业的兴趣。

3. 职业培训

2018年中央一号文件要求：大力培育新型职业农民。全面建立职业农民制度。完善配套政策体系。创新培训机制，支持农民专业合作社、专业技术协会、龙头企业等主体承担培训。

2017年农业部印发的《“十三五”全国新型职业农民培育发展规划》中设想，到2020年，新型职业农民队伍不断壮大，总量超过2000万人，务农农民职业化程度明显提高；新型职业农民队伍总体文化素质、技能水平和经营能力显著改善；农业职业培训普遍开展，线上线下培训融合发展，基本实现新型农业经营主体带头人轮训一遍。

而完成这一目标，“一主多元”的新型职业农民培育体系是关键，即党委政府主导，农业部门牵头，相关部门密切配合，各类教育培训机构和社会力量广泛参与的新型职业农民培育工作格局。发挥农广校、涉农院校、科研院所、农技推广机构在培训中的作用，鼓励和支持农业企业、农业园区、农民合作社等市场主体建立实训基地和农民田间学校，支持农技推广机构对接跟踪服务。广西玉林农业嘉年华在2017年也相继被评定为“全国新型职业农民培育示范基地”“广西新型职业农民培育实训基地”。

大型农业综合体项目的服务项目也包含农业职业培训，与普通培训机构相比，这里具备多项优势，如实地操作机会多、讲师实操经验更丰富、技术和设备更先进、市场信息资源更丰富等。

4．老年康养

现阶段中国社会加速步入老龄化，就现阶段该群体实际需求来看，中老年康养不仅包含养老产业，还包含医疗旅游、慢病管理、健康检测、营养膳食、老年文化等相关及周边产业。田园养老是中国近年兴起的一种新型养老模式。田园养老让老年人在亲近自然环境中得到美的享受，从而实现老年人身体健康，是一种积极的养老方式。

农业嘉年华将休闲农业与养老产业相融合，提供的产品和服务主要以健康农产品、农业风光为基础和元素。可自营或与养老机构合作，作为养生基地，为老人提供养生、度假的场所，提供土地供老人种植作物，体验归田耕种的乐趣，在一定程度上增加活动量，强身健体，满足中老年消费群体有关生态康养产品和体验的需要。

（三）基于产业的商品类型

先进农业技术、设备的应用和创新是现代农业综合项目的重要配置和亮点，丰富的种质资源也是特色。以农业嘉年华为核心的各类示范区，均集高效生产、观光休闲、展示示范等多项功能于一身，其吸引力和商业性也是多元化的，其中产业模式和农资的展示销售也是重要一环。

首先，此类项目的建设一般应用较先进技术、品种资源和设备等，对周边的农户、农企以及相关从业者具有带头示范作用，通过应用的直观展示，真实体验到提高生产效率、产品品质增加收入的技术设备，更易推广、销售。

其次，先进的、规模化、标准的生产方式以及完备的生产、加工、销售产业链，能够更好地适应市场竞争和抵御风险，这对于农户和小型农业企业等极具吸引力。利用自身优势带动地区农户、农民合作社、小型农业企业等，共同打造统一标准化、产业化、品牌化、体量化新模式，达到企业壮大、合作社发展、农户增收的共赢局面。

（四）基于资产的商品类型

以农业嘉年华为核心的农业综合体，通过发挥农业多功能性，快速聚集人气，提高园区知名度，塑造科技、高效的企业品牌形象和绿色、安全的农产品品牌形象。利用品牌溢价效应，最大限度地提高园区资产的附加值。

农业嘉年华一般选址于城郊，脱离城市又不远离城市，可以充分利用城市交通；客群多元化，能够吸引普通的家庭游客、企事业单位团建游客、学生团体游客、涉农企业或个人考察、科研院所考察等，客源稳定、客流量大；再结合农业嘉年华自身品牌影响力，使其成为颇具价值的商业推广平台，为各类商家和科研院所提供有偿场地合作机会。一般包括嘉年华场馆内外的餐饮摊位、旅游纪念品展销位、农产品展销位、游乐项目区位；各类广告位；开阔的广场为发布会、大型团体活动提供场地服务；科研楼内的实验室和办公室，可为有资质的农产品检测机构等提供检测场所；嘉年华配套科技园为科研单位提供科研场地；按照园区具体规划可开发的场地合作区域等，从而获得资产性收益。

三、农业嘉年华的盈利模式

农业嘉年华利用创意的手法将农业生产、农业技术、农产品销售、农耕活动体验、民俗文化以及市场需求等要素有机地结合起来，形成彼此良性互动的产业价值体系，为农业和农村的发展开辟全新的空间，并实现产业价值的最大化，实现“商流、物流、信息流、人才流、资金流”的“五流合一”。农业嘉年华的内容涵盖特色产业、科技展示、技术推广、农业培训、品牌输出、商贸物流、社会化服务等多种业态，其盈利方式主要分为以下几种：

（一）“农业+旅游”的盈利模式

农业嘉年华是创意农业的典型模式，这种“以农业为基础、以科技为支撑、以文化为纽带、以旅游为特色、以乐活为目标”的农业新业态，大幅增加了传统农业的附加值，具体表现为“从农业入、从旅游出”，把农业生产场所变成了旅游景区和科普体验课堂，把生产技术员变成了表演者，把农产品变成了旅游商品。在实际的运营过程中，可以通过门票、休闲娱乐、活动体验、餐饮、住宿、创意农产品销售等方式实现利润的转化。

以广西玉林“五彩田园”农业嘉年华为例，在2017年国庆和中秋“双节”期间共接待游客4.65万人次，实现门票收入186.08万元，园区的生态餐厅结合景区的莲藕、铁皮石斛和人工饲养的中华鳖等，为客人提供绿色健康的美食，共接待游客5326人次，销售额33.5万元。此外，生态餐厅聘请了高级点心师傅制作推出特制手工月饼，销售额达91.1万元，同时带动周边农家旅店盈利，58家农家旅馆营业额达到330.5万元。

（二）“展示+平台”的盈利模式

农业嘉年华是一个区域农业开发的引领项目，在短时间内集聚大量的人气，其目的在于“展科技、建平台、聚人气”，是农业新理念、新思想、新资讯的汇聚平台，是新品种、新技术、新设施等的展示和输出平台，是农业人才的集聚平台。由于嘉年华具有重要的平台作用，其商业合作潜力也非常巨大，如利用人流量优势开展广告投放、商铺入驻、旅游合作等常规商业合作模式，利用人气与技术资源、信息资源优势举办农业展会，利用其科技平台等进行农业新品种、新技术的发布等。

（三）“科技+输出”的盈利模式

农业嘉年华的本质决定了其必须时刻保持农业科技的先进性，同时结合其农业景观、体验活动、旅游人气等，是一个天然的科技输出和农业培训的平台，也是一个新品种、新技术的中试平台和输出平台。

2018年中央一号文件要求大力培育新型职业农民。2017年农业部编制的《“十三五”全国新型职业农民培育发展规划》更是指出，到2020年，新型职业农民总量超过2000万人的目标，各地职业农民培训市场广阔。而农业嘉年华以农业为支撑，不仅汇聚现代农业技术资源，更拥有资深实战农业技术团队，在职业农民培训市场中拥有先天优势。另外，其科技的优势更是区域农业发展的制高点，以此为基础对外开展一些农业技术服务和承接对外的项目，进行技术的输出。

近年来，广西玉林“五彩田园”农业嘉年华响应国家政策，积极开展农业培训活动，已被农业部评为“全国新型职业农民培育示范基地”，多次举办职业农民培训班，还与当地农业院校合作，进行在校学生实践教学等活动。

另外，在广西玉林“五彩田园”农业嘉年华、河北南和农业嘉年华、山东莘县中原现代农业嘉年华、四川眉山农业嘉年华、贵州修文农业嘉年华等项目中均设有工厂化育苗体系，配备工厂化育苗温室、果树无毒苗木繁育中心等，不仅提供园区所需苗木，也为当地农民提供育苗服务，均以当地主导产业为出发点，服务于广大农户及生产企业，带来社会效益的同时也有显著的经济效益。

（四）“津贴+奖励”的盈利模式

近年来，国家不断加大对农业的扶持力度，各地政府也纷纷出台适应当地需求的相关政策，以奖代补，涉及农业产业链多环节。农业嘉年华往往兼具科技园区、休闲旅游园区、农业产业化园区等多重属性，可享受多重国家政策扶持与奖励。如广西玉林“五彩田园”农业嘉年华获得农业部“全国新型职业农民培育示范基地”、农业部和共青团中央授予的“全国青少年农业科普示范基地”等十几项荣誉和认证，同时享受相关政策的奖励，并以此为基础，和当地的政府部门举办一些专项活动，获取政府的专项资金的支持。

（五）“休闲+地产”的盈利模式

农业嘉年华项目带有休闲农业属性，发展休闲农业地产，是当前房地产企业产品多元化的形式之一，是在房地产产品开发形式上的一种创新模式，在不违背土地国有属性的基础上，将农业与二三产业有机融合，提高土地附加值，并将其转化成可消费的旅游产品和景观环境，随之发展、盘活区域经济，进而衍生出休闲地产、养老地产和休闲娱乐项目。这种新模式不仅使农业嘉年华本身获利，更能促进当地经济的持续繁荣。

（六）“文化+品牌”的盈利模式

农业嘉年华是以当地文化为纽带，拥有农业节庆属性，以区域特色农产品为依托，挖掘、弘扬与品牌相关的历史、风俗仪式、农事习俗等文化，植入衍生品，以农业文创主题产业园的形式形成具有产业链收入结构的休闲观光目的地，提升农产品附加值和打造区域农业的特色品牌，即农事文化体验+衍生品+商业配套+IP增值。

（七）“三产+金融”的盈利模式

农业嘉年华充分发挥农业多功能性，集农业生产、休闲旅游、农产品展销、会展交流、教育培训于一体，一二三产业融合发展，是优质农产品产销对接平台及农业社会化服务平台。生产端，可提供农资农具融资租赁服务；服务端，可开展消费金融服务，如拼团、预售、众筹、积分返利等；利用农业嘉年华的平台属性、规模优势和渠道优势，发展类金融模式。

农业嘉年华作为一个新兴的农业业态，拥有农业、科技、文化、旅游等多重属性，其盈利模式也是多种多样的，但每一种也不是独立存在的，都是相互交叉、相互渗透的，具有较强的综合性盈利能力。

第四节　农业嘉年华的投资形式

一、农业嘉年华投资主体

随着社会经济的不断变革，中国农业投资主体结构也在不断地演化。总体来看，中华人民共和国成立以来中国农业投资主体结构的演化过程可以分为三个阶段：

为了提高农民的积极性，1950年中央政府颁布施行了《中华人民共和国土地改革法》，使千万农民取得了大面积的土地、大量的农具和牲畜等生产资料，激发了农户农业投资的主动性、积极性和创造性。同时，政府集中控制资源的制度和体制，决定了当时政府是农业的主要投资主体。总体来看，国家投资为主、农户投资为辅的“政府+农户”的二元农业投资主体结构是这一时期中国农业投资主体结构的特点。

1953—1978年：“政府+农村集体”的二元农业投资主体结构。1953年以后，土地逐渐被各类农业合作社所拥有，农业投资主体结构也随之发生重大变化。1956年颁布施行的《高级农业生产合作社示范章程》，使中国的个体农户经营逐渐过渡为集体经营，集体经济在农村中明显占据了主导性地位，农村最终形成了高度集中统一的农业经济管理体制，农业资金的筹措、分配被政府或农村集体高度控制。农村集体经济组织代替农户成为农业的主要投资主体，“政府+农村集体”的二元投资主体结构代替了“政府+农户”的二元投资主体结构。

1978年至今：“政府+农户+集体+企业”的多元农业投资主体结构。党的十一届三中全会以后，中国实行了家庭联产承包责任制，农户再次得到了自己独立耕种的土地，为农户对农业进行独立投资，提供了重要的制度条件和经济基础。这一时期在农户成为农业投资的主体的同时，政府和农村集体仍然是农业投资主体。另一方面，包括乡镇企业和外资企业在内的各类企业逐步加大对农业的投资力度，成为农业投资中的重要投资主体。

目前来看，中国农业投资主体的基本格局是政府、农户、集体和企业四大农业投资主体并存，并在农业投资过程中相互补充，共同促进中国农业发展，为实现农业现代化和建设社会主义新农村发挥“合力协同”效应。农业嘉年华是实施乡村振兴战略的重要抓手，通过农业嘉年华的示范带动作用，促进农业经营增效，实现乡村的就地城镇化，打造美丽家园。由于农业嘉年华承担了很大的农业技术示范与推广、农民职业教育、青少年科普、地方文化保护及传承等社会功能，因此，从某种程度来讲，农业嘉年华具有一定的公益属性；另外，农业嘉年华具有工程体量大、建设周期短、相较工业投资回收期长等特点，对资金保障的要求较高。因此，农业嘉年华一般由政府或资金实力雄厚的大型企业投资。

二、农业嘉年华建设资金来源

（一）财政拨款

政府财政拨款的来源主要由本级政府财政收入和各类涉农资金所组成。除有特殊用途的救灾资金和国家规定补助农民的资金外，中央、省、市、县级财政安排用于农业生产发展和农村基础设施建设方面的资金均可作为农业嘉年华项目的财政资金。

由于财政涉农资金的整合需要考虑各部门资金的使用计划和情况，很难实现大量资金的统一调配，如果要保证项目落地的时效性，往往仅依靠财政资金的支持是不够的。

（二）自有资金

国有平台企业的自有资金主要来源于政府财政和政府平台的融资。

其他企业单位的自有资金主要包括股东注资、企业自身积累的流动资金和固定资产、政府的各种扶持和补贴资金以及各种形式的社会集资等。

企业资金需要政府以政策引导来进行对项目的投入，这类资金虽然可以适度化解财政资金不足和政府融资难的问题，但往往易受到企业自身资金实力和市场波动等因素的制约，所以对于农业嘉年华项目的启动落地仍然不能起到足够的保障作用。

（三）招商引资

以政府为主导，将农业嘉年华项目纳入地方政府的招商引资项目库，利用政府的招商引资平台来吸引具备资金实力的一个或多个企业参与项目的投资，化解资金来源的难题，但是招商引资的效果往往受到多种因素影响，难以预测，难度相对较大，引资成功的时间一般情况下也会比较长。

（四）贷款

农业嘉年华项目的贷款渠道首选涉农类银行，如中国农业发展银行、中国农业银行、国家开发银行、农村信用合作社、农村商业银行、中国邮政储蓄银行等。

在2018年的中央一号文件中，明确提出“加大中国农业银行、中国邮政储蓄银行‘三农’金融事业部对乡村振兴支持力度。明确国家开发银行、中国农业发展银行在乡村振兴中的职责定位，强化金融服务方式创新，加大对乡村振兴中长期信贷支持。推动农村信用社省联社改革，保持农村信用社县域法人地位和数量总体稳定，完善村镇银行准入条件，地方法人金融机构要服务好乡村振兴。”所以选择涉农类银行作为贷款渠道具有政策性优先的优势。

另外，涉农类银行自身对农业项目的贷款也具有倾向性优势。例如，中国农业发展银行本身就是直属国务院领导的中国唯一的农业政策性银行，而且财政部、国家税务总局还发布了《关于中国农业发展银行涉农贷款营业税优惠政策的通知》，政策优先性表现明显；农业部和国家开发银行于2017年签订了《共同推进全国农业现代化合作协议》，明确到“十三五”期末，力争开发性金融投放现代农业的融资总量达到1000亿元，可以为农业嘉年华项目的实施提供充足的资金保障。

贷款的方式主要有贴息贷款和担保贷款。

贴息贷款：是指用于指定用途并由国家或银行补贴其利息支出的一种银行专项贷款。它是一种优惠贷款，以鼓励某种事业或项目的建设。从政策上，农业嘉年华项目契合了国家乡村振兴战略的发展要求；从历史经验上，农业嘉年华项目已经被证明是一个区域农业开发的引领项目，具备多种功能和综合效应，是农业园区和区域农业开发的核心区的首选。所以非常适合申请贴息贷款的支持。贴息贷款的申请程序一般是由项目建设单位向项目所在地中国农业发展银行（简称农发行）县级支行和县（市）农发机构申报，然后由农发行县级支行会同县（市）农发机构向上逐级推荐到农发行省级分行和省级农发机构，农发行省级分行会同省级农发机构组织专家初审，初审通过后纳入贷款项目库，再由农发行组织独立审贷，批复后报农发行总行和国家农业综合开发办公室（简称国家农发办）备案。经国家农发办审定后，贴息资金按规定逐级拨付到贷款单位在农发行开立的账户上。该贷款方式虽然有优惠的利好优势，但是审批流程多，周期较长。

担保贷款：这种贷款方式是通过贷款人抵押、质押或者第三方的保证来获取贷款。由于农业嘉年华项目需要的资金量较大，一般情况下需要多种担保贷款方式相结合，甚至辅以信用贷款（以借款人的信誉发放的贷款，借款人不需要提供担保）。所以具体操作上，在提交贷款申请时，需要提交包括但不限于贷款人及保证人基本情况，财务部门核准的上年度财政报告以及申请贷款前一期财政报告，抵押物、质物清单和有处分权人的同意质押证明，项目建议书或可行性研究报告等资料。这种贷款方式操作起来最为灵活，审批时间短，成本低，而且在担保人的选择上面，国家也提供了一定的政策性支持，2016年5月，经过国务院批准，国家农业信贷担保联盟有限责任公司（简称国家农担公司）正式成立，这是在国家层面组建的国家农业信贷担保联盟实体机构。自2015年7月财农［2015］121号文件下发以来至2020年3月末，全国农业信贷担保体系已累计为74万个项目提供贷款担保，担保额2540.3亿元，33家省级农担公司及其分支机构可以作为项目贷款的担保人首选之一。另外，2018年发布的中央一号文件也明确提出，"切实发挥全国农业信贷担保体系作用"，"加快设立国家融资担保基金，强化担保融资增信功能，引导更多金融资源支持乡村振兴"，"明确国家开发银行、中国农业发展银行在乡村振兴中的职责定位"，"加大对乡村振兴中长期信贷支持"。所以担保贷款是值得推荐的农业嘉年华项目的贷款方式。

（五）产业基金

产业基金是由各级政府或企业主导设立的，以基金形式运作，投资于国家重大基础设施建设、城市发展和优势产业升级等方向的基金。目前涉农产业基金多采用政企共赢模式，即政府牵头、企业唱戏的方式组建产业基金，目的在于做大当地相关产业。农业嘉年华项目具有农业产业孵化功能，十分适合组建相关涉农产业基金来解决资金来源的问题。

目前，在国家提出乡村振兴战略的新形势下，2018年3月，随着总规模达100亿元的宜宾五粮液乡村振兴发展基金通过中国证券投资基金业协会审核，标志着全国首只乡村振兴基金在川成立并投运，同时国内也迅速涌现出了许多其他的涉农产业基金和乡村振兴基金。

江苏省与新希望双方将共同发起设立江苏省乡村振兴产业发展基金，基金规模100亿，主要投向江苏省内规模化、智能化、生态化畜禽养殖业发展，畜禽产品产地初加工、精深加工和副产物综合全值利用，农产品冷链物流发展，农村金融和农业大数据服务平台，美丽休闲乡村、农业特色小镇、田园综合体以及现代农业产业园等一二三产业融合发展项目。

2018年1月10日，国务院正式批复关于山东新旧动能转换综合试验区建设总体方案；1月12日，山东省召开新旧动能转换基金推介会，推出6000亿元总规模基金。基金突出支持新技术、新产业、新模式、新业态为代表的“四新”项目，重点支持新一代信息技术产业、高端装备产业、新能源新材料产业、智慧海洋产业、医养健康产业五大新兴产业，以及绿色化工产业、现代高效农业、文化创意产业、精品旅游产业、现代金融业五大优势产业项目，大力支持交通等基础设施项目和国家“一带一路”发展战略等项目，培育壮大新动能，改造提升传统动能。另外，潍坊也大力实施乡村振兴战略，设立了总规模100亿元的乡村振兴产业基金，重点支持乡村振兴项目建设，另外整合各类资金、人才、技术、管理等投入乡村振兴，对优秀人才和重点项目给予奖励。

这些都是目前较为有代表性的产业基金和乡村振兴基金，都为以产业基金的形式解决农业嘉年华项目资金来源问题提供了现实基础和可行经验。

涉农产业基金的组建或申请在时间和可获得资金规模上都具有一定的不确定性，在实施农业嘉年华项目的过程中需要根据实际情况来酌情选择。

（六）融资租赁

涉农的融资租赁一般指“农机融资租赁”，是融资（金融）租赁公司以租赁综合服务商的角色将承租人、银行、供应商以及政府的各种资源实施链接和整合。该模式让购买人由“直接购买”变为“先租后买”，大幅度减轻一次性投入压力，缓解初始投资难题。

对于农业嘉年华项目来说，可以把项目整体打包作为农业设施产品，由融资（金融）租赁机构依靠雄厚的资金实力或融资能力来对项目进行初始投资，建设单位（政府或当地企业）再向融资（金融）租赁机构分期承租回购，这样既解决了项目的资金来源问题，又大大减轻了政府或企业短时间筹集大量资金的困难。

这种融资模式十分依赖于融资租赁平台的资金实力，所以对于融资租赁平台的选择尤为重要，最好选择开展了融资租赁业务的涉农类银行机构作为融资租赁平台。另外，这种模式与贷款的最大区别就是融资租赁一般仍然需要建设单位筹集项目总投资一定比例的初始资金。

（七）发行债券

财政部印发《2015年地方政府一般债券预算管理办法》的通知：地方政府一般债券是指省、自治区、直辖市政府（含经省级政府批准自办债券发行的计划单列市政府）为没有收益的公益性项目发行的、约定一定期限内主要以一般公共预算收入还本付息的政府债券。

2018年中央一号文件明确指出，“支持地方政府发行一般债券用于支持乡村振兴、脱贫攻坚领域的公益性项目。稳步推进地方政府专项债券管理改革，鼓励地方政府试点发行项目融资和收益自平衡的专项债券，支持符合条件、有一定收益的乡村公益性项目建设。”

农业嘉年华项目作为一个集经济、社会、生态三效合一的市场化项目，具有公益性项目的属性，可以在政府主导或引导的情况下以发行一般债券的方式来作为一个项目的资金来源渠道。

目前，我国的债券市场规模和交易量都比较小，还不够完善和成熟，所以以此种方式融资的时效性尚不好预测。

（八）PPP模式

政府和社会资本合作（Public-Private-Partnership，PPP）模式将部分政府责任以特许经营权方式转移给企业，政府与企业建立起“利益共享、风险共担、全程合作”的共同体关系，政府的财政负担减轻，企业的投资风险减小。

这种模式可以使得政府通过给予企业长期的特许经营权和收益权来换取农业嘉年华项目加快建设及有效运营。

实际操作大体可分为策划咨询服务、磋商采购服务、基金运作服务三个步骤，部分步骤可同时进行操作，根据过往经验来看，预计完成项目标准化PPP模式运作策划、项目融资及落地操作，需要3个月左右的时间。

这种融资方式目前得到了国家政策的大力支持和推行，可以充分调动和发挥社会资本的作用，但是由于需要引入PPP合作企业，因此项目落地时间与引入投资企业的进度密切相关。

根据各地方的实际情况不同，不同的融资方式在各地的优劣势情况也有区别，可以在充分对项目地所在地区的政策、资源条件进行综合考量后，来考虑采取何种融资渠道最为合适，解决方案可以是单一的融资模式，也可以是多种融资模式相结合。

（九）收益信托模式

农业嘉年华建设主体委托信托公司向社会发行信托计划，募集信托资金，然后统一投资于特定的项目，以项目的运营收益、政府补贴、收费等形成委托人收益。金融机构由于对项目提供资金而获得资金收益。

第三章 农业嘉年华营销管理

农业嘉年华 IP 建设

农业嘉年华市场分析与定位

农业嘉年华推广策略

第一节　农业嘉年华市场分析与定位

目标市场分析与定位是一个市场细分与目标市场选择的过程，即明白为谁服务。在市场分化的今天，任何一家公司和任何一种产品的目标顾客都不可能是所有的人，对于选择目标顾客的过程，需要确定细分市场的标准，对整体市场进行细分，对细分后的市场进行评估，最终确定所选择的目标市场。因为产品概念的接受和理解程度再高，如果没有对产品的需求，如果产品的功能不是恰恰满足了消费者某方面的需求，或者消费者的这种需求有很多的产品给予了很好的满足，这一产品概念仍然很难有好的市场前景。农业嘉年华市场分析与定位着眼于文旅板块和科技辐射板块，通过分析农业嘉年华的核心优势和功能，分析其目标客群定位、品牌定位，并根据定位，给出农业嘉年华相关的品牌内涵设计，从而为导出IP体系提供框架。

一、农业嘉年华优势分析

农业嘉年华的优势主要体现在两个方面：

（1）**农业嘉年华代表着一种田园的、文化的休闲理念**　农业嘉年华是以狂欢活动作为载体的一种农业休闲体验模式。农业嘉年华的表现形式以吃、喝、玩、乐、娱、购、体验等内容为要素，以创意的手段包装，以人们喜闻乐见的方式呈现，以充满“农”味的素材为特色，打造一个融新、融美、融经济和社会效益于一体的富有内涵的农业盛会，达到“农耕天下，欢乐大家”的目的。

农业嘉年华作为高度聚集人气项目，通过实地运作经验和创新活动运营模式，不断与地方三农需求相结合，建立沟通农民生产和市民消费的桥梁。实践证明展开农业嘉年华项目对拉动区域经济发展、兴旺地方农业具有强大推动作用。

农业嘉年华根据农业产业为主题进行创意设计，形成了每个场馆各具特色又相互支撑，并与当地农业主导产业或特色产业紧密联系的设计体系。

（2）**农业嘉年华是科技集成和转化平台**　农业嘉年华是产业、资源、城乡融合的平台。具体指国际农业科技集聚平台、高新农业技术推广平台、优质农产品展销平台、科技会议培训服务平台、休闲农业模式创新平台、高新农业企业孵化平台、新商业模式合作平台。

综上分析，农业嘉年华是一个全新的生活理念体验目的地，是农业科技成果集聚和转化平台。

二、农业嘉年华功能定位

（一）科研实验，示范推广

保障和完善农业科技研发试验，加强与科研院所和高等院校的合作，坚持科研示范与农业技术展示相结合，通过引进消化吸收国内外现代农业新技术、先进设施和科学管理模式进行先进农业科技成果的集成试验，形成适合项目地区及周边不同农业生产区域先进的现代农业技术组装模式与经营管理模式，推动农业技术产品创新与示范推广。

（二）企业孵化，教育培训

通过落实优惠政策，提供系统孵化服务，帮助周边地区的企业或研究开发机构、科研人才进入市场，积极扶持入园高新技术企业，促进国内外企业间科技交流与合作；在项目区内建设农业创新产业与科研成果转化实验基地。结合农业科技、园艺展示示范等项目建设、科普教育的需要，将项目区建成大中小学生科普教育、企业人文拓展、农业从业人员培训的基地，努力培育新型农民，提高农民学习、运用科技的能力和积极性。

（三）特色加工，品牌培育

依托周边丰富的农业资源，引进高新加工技术和新兴工艺，扩大加工企业的规模，开展农产品精深加工，健全农产品质量、安全体系，培育壮大高效、竞争能力更强和带动能力更大的龙头企业；引进国内特色产业资源及智力资本，加强对外交流，实现品牌培育与孵化，搭建产学研一体化平台，推进核心区产业集聚、科技成果转化和品牌建设。

（四）文化传承，休闲体验

依托当地丰富的原生态文化、古村镇文化、红色文化、宗教文化等底蕴，现代农业不仅仅是一种生产方式，也是一种生活方式，更是当地文化形成和存续的基础，促进了多样性的文化得以传承和保护。利用农业和乡村优美的自然环境和田园景观，以及农业生产与经营、农业设施、农耕文化、农家生活等资源，通过合理的规划和开发，满足游客观光、休闲、度假、娱乐、健身等多种需求。

三、农业嘉年华客群定位

确定目标顾客非常重要，这是因为不同的消费者可能拥有不同的品牌知识结构，从而具有不同的品牌感知和品牌偏好。如果不理解这一点，就很难判断哪些品牌联想是深入人心的、受到偏好的而且是独特的。应先定义市场、市场细分和选择细分市场。

所谓市场，是指所有拥有购买欲望、具有购买能力并且能够买到产品的现实和潜在的购买者的组合。所谓市场细分，是指将市场按消费者的相似性划分为若干不同的购买群体，使得每一群体中的消费者具有相似的需求和消费者行为，从而适用相似的营销组合。确定市场细分计划，需要在成本和收益之间进行权衡。市场越细分，公司就越有可能完成营销计划，并更好地满足每一细分市场中消费者的需求。

客群定位主要针对农业嘉年华文旅板块和科技辐射板块，从嘉年华优势分析入手，基于农业嘉年华的核心优势和功能定位，梳理出客群定位框架，最后给出客群画像的具体描述。

农业嘉年华市场分析基于这一基本概念，从农业嘉年华的优势和功能出发，将其目标市场细分为两个部分，进行客群定位。

（一）休闲体验板块目标市场

农业嘉年华作为一种新兴事物，与之体验、产品内容比较相近的当属乡村旅游产品了，因此以乡村旅游市场作为对照和参考，给出农业嘉年华客群的定位。

1. 乡村旅游客群基本情况分析

（1）游客年龄 途牛《2017乡村旅游分析报告》从乡村旅游游客的年龄看，“80后”“90后”出游游客居多，占比分别高达38%、32%；“00后”近几年的出游人数呈上升趋势，采风、写生、春游、体验生活等通常是“00后”去往乡村的主要原因。25～45岁的青壮年群体为乡村旅游的主要人群，占比达到64.5%。家庭出行的比例高，如图3-1所示。

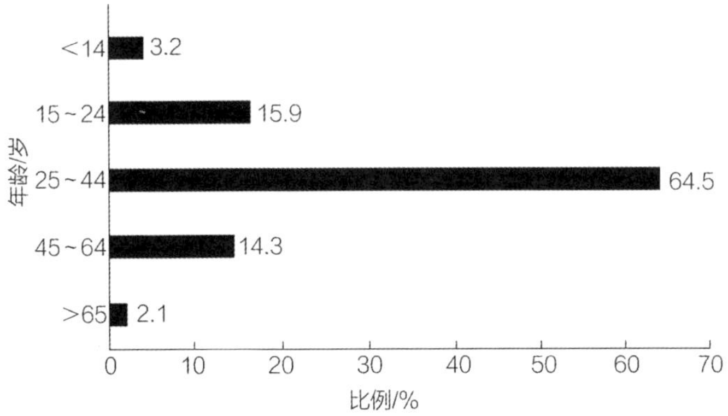

图 3-1 乡村旅游客群年龄分析

（2）**出行频次** 13%的游客每月都要进行一次乡村旅游，采摘、农家乐、居游、诗意栖居等是较受欢迎的游玩形式；73%的游客每年至少一次乡村旅游（图3-2）。

（3）**消费相对低** 目前周边旅游人均消费比较低，51%的游客消费300~900元。额外消费项目部分，除观赏外，66.30%的游客参加了娱乐活动，60.10%的游客在游览中进行了饮食消费（图3-3、图3-4）。

（4）**时间** 车程以3~5h为主，总出游时间通常控制在3d以内，据调查显示，56%的周边旅游产品为2日游。

（5）**出游半径** “五一”小长假期间全国乡村旅游平均出游距离为91km。

（6）**空间尺度** “五一”小长假乡村旅游跨省、跨市的比例达到43.40%，我国南方跨省、跨市乡村旅游规模占比64%，北方省份占比36%。

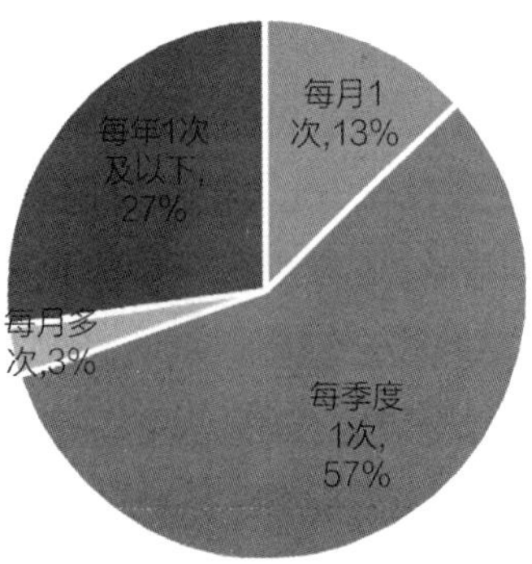

图 3-2 周边乡村旅游出行频次

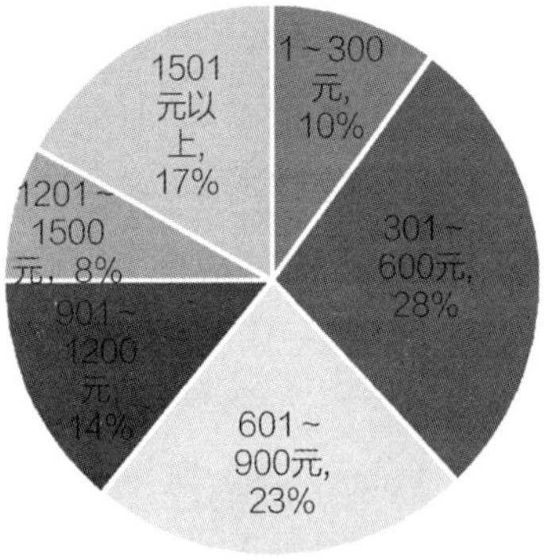

图 3-3 周边乡村旅游消费情况

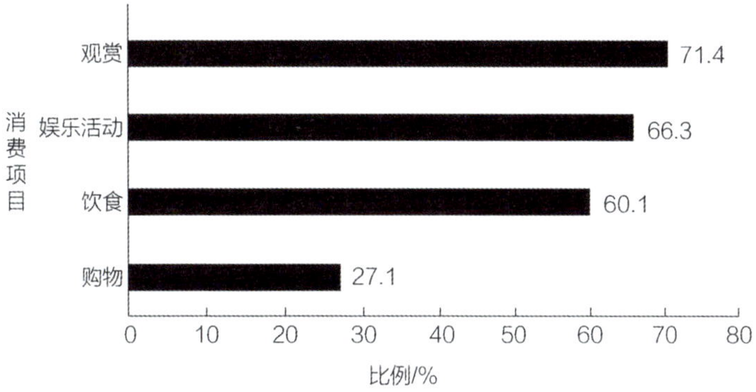

图 3-4 乡村旅游额外消费项目

（7）**出游形式** 在诸多乡村游的客群中，39%的游客会选择自助游，36%的游客倾向于自驾游，25%的游客跟团出游。

农业嘉年华客群定位参照周边乡村旅游游客基本信息，描述框架主要包含以下内容：①行为角度：使用者情况、使用率、使用情境、品牌忠诚度、寻求的利益、人口统计角度、收入年龄、性别种族；②心理角度：价值观、意见和态度、行为和生活方式；③地理角度：国际地区、产品性质、种类、使用地点等。

2．客群定位及画像

总体描述：对外物敏感，内心世界丰富并且向往诗意、时尚的简约生活的18～40岁的“年轻家庭”：

（1）**行为习惯** 网络媒体亲和者，主要从朋友推荐和网络获取信息，搜索引擎，自我表达欲强烈，乐于分享，社交媒体依赖度高。

（2）**出行偏好** 注重休闲、心灵解放和亲近自然，喜欢自助游，多以火车、汽车为主要出行方式，自驾游兴起，多集中在周末、节假日和寒暑假，消费能力多集中在200～1000元，以景观特色、特色小吃和个性化参与的活动为主要吸引力，注重体验。

（3）**消费习惯** 旅游消费内容主要围绕吃、住、行、游、购、娱，消费水平较低，注重游的因素，消费行为具有高频低额的特点，网络支付普及率高，超前消费，冲动消费。

（4）**生活方式** 向往简约的诗意生活、时尚生活，注重生活品质，感性生活，对外物比较敏感。

（5）**地理范围** 园区周边200km内居住人口。

（二）科技服务市场客群定位

核心人群为合作社、农户、涉农企业等。

（三）农产品市场

体验式营销，健康、生态、安全农产品，基本与休闲文旅板块重合，主要以家庭为单位进行营销。

四、农业嘉年华品牌定位

品牌定位（Brand Positioning）是市场营销策略的核心问题。它是指“设计公司的产品服务以及形象，从而在目标顾客的印象中占据独特的价值地位”。顾名思义，定位就是在顾客群的心智或者细分市场中找到合适的“位置”，从而使顾客能以合适的、理想的方式联想起某种产品或者服务。品牌定位就是确定本品牌在顾客印象中的最佳位置（相对于竞争对手在顾客印象中的位置），以实现公司潜在利益的最大化。合适的品牌定位可以阐明品牌的内涵、独特性，以及消费者购买并使用本品牌产品的必要性，这些都有助于指导营销策略的进行。

农业嘉年华品牌定位需要确定一个参照结构（通过确立目标市场和竞品的性质）以及最优的品牌联想的异同点。也就是说，有必要确定：①主要竞争对手；②本品牌和竞争品牌的相似性；③本品牌和竞争品牌的差异性。

（一）竞品分析

许多营销策略家都曾强调一个教训，即在定义竞争时不要过于狭窄。有关无比较选择的研究表明，即使个别品牌在其品类中没有面临直接的竞争，也不和其他品牌共享与产品有关的品质属性，它仍然会和其他品牌共享抽象的品牌联想，并在广义的品类中面临间接竞争。

通常，竞争会发生在利益层次，而不是属性层次。因此，提供享乐利益的奢侈品（如立体声音响设备）不仅与其他耐用品（如家具）之间存在竞争，还可能与“度假活动”发生竞争。许多公司对竞争的定义过于狭窄，没有意识到最大的竞争威胁以及潜在机会。

农业嘉年华的竞品：以洋河农业嘉年华为例，除了农业休闲类园区外，相关性最强的利益层次竞品为传播类似生活理念的其他自然生态类园区。

1．休闲文化板块竞品

表 3-1　　　　休闲文化板块竞品分析

分类	名称	定位	功能分区	发展战略	核心亮点	活动举办	门票	级别
自然休闲度假区	泗洪洪泽湖湿地森林公园	观光旅游、生态休闲、科普教育、度假养生	湿地核心区、生态游览区、生态养殖区、生态农业区、生态林业区，核心区面积近15万亩，集观光、休闲、体验于一体，融研究、科普、文化于一区的国家级“湖滨生态特区”	建成国家4A级旅游风景区、国家级生态农业综合示范区、国家级示范保护区、国际重要湿地	湿地博物馆、水族馆、千荷园等一批生态景点景区	桃缘陶笛音乐节；篝火露营节；美食节;采菱节	50~60元	国家级自然保护区3A景区
	宿迁三台山森林公园	最美的生态，永远的时尚	“森林游赏区”“森林休闲区”“森林度假区”三个区域。主要景点有：衲田、果林谧境、镜湖、自然山林、相思湖、晴翠湖和梅园。春有衲田花海，夏有曲水风荷，秋有红叶迎宾，冬有梅村煮雪	打造成生态休闲养生为一体的国家级森林公园，5A景区	森林公园	水上演艺；户外音乐节；其他节庆主题活动	50元	4A
	宿迁市湖滨公园景区	七个旅游功能团组成的集观光、休闲、体验为一体的大型主题公园	湖滨带状湿地公园、中德汉堡度假村、渔文化商贸风情街、滨湖特色餐饮、沙滩娱乐设施以及特产购物场所		中心水景区，高199.6m的音乐喷泉通过吉尼斯世界纪录认证，世界最高音乐喷泉	灯展等游乐活动		4A
休闲农业园区	苏北花卉园	生态农业旅游整体规划，观光、旅游、休闲、健身、餐饮、娱乐为一体的花乡旅游区	占地1600多亩。园内分为东西两个大区，分布着常绿乔木种植区、落叶乔木种植区、花灌木种植区、乡土树种种植区等10多个种植区近百个品种，以及文正亭、状元桥、汤圆桥等历史文化景点		瓜果采摘、盆景制作，特色烧烤		免门票	3A

续表

分类	名称	定位	功能分区	发展战略	核心亮点	活动举办	门票	级别
休闲农业园区	泗阳平原森林景区	开发了森林生态观光、休闲度假和乡村体验等旅游产品	杨树文化园、古黄河栈道、中国杨树博物馆、森林氧吧、农夫庄园、林海渔村、云渡桃源景区		林间生态休闲和自驾车旅游	中国意杨林文化旅游节	免门票	国家“全国工农业旅游示范点”
	梨园湾景区	观光、休闲度假、体验、娱乐和购物为一体的生态旅游景区	万株千亩梨园、百亩有机葡萄园、彩林园、银杏林、牡丹园、樱花园、山楂园、樱桃园、草莓园、桑葚园等10个生态观光点，形成“春赏花，夏观绿，秋品果，冬看树”的四季风光，赏花台、许愿岛、网络创业服务中心、汽车影院、游乐中心、梨韵山庄等人文景观		梨文化为点，以梨为代表的种植产业为线，以植物多样化、原生态型、游乐休闲	举办六届“梨花节”，包含演艺、戏剧、美食		国家5星级休闲农业和乡村旅游点，中国美丽乡村

根据表3–1内容，其竞品基本情况为：

发展战略：将自身优势和休闲度假紧密结合。

功能：产业园区除了生产、示范功能外，基本涉及游览观光、会议、餐饮、采摘垂钓等，休闲度假园区基本涵盖观光、餐饮、农产品等。

盈利点：弱化门票占比甚至免票，基本上都开发了采摘、特色的餐饮和特色农产品等衍生产品。

活动：除了平时的游览体验活动之外，基本上都形成了特色的主题性品牌活动，活动基本包含美食展、文化演艺、摄影活动、艺术节等。

客群：主要是面向周末假日休闲需求的周边游人群。

2. 农业产业带动板块竞品

如图3–5～图3–7所示，截至2018年3月，宿迁市共有省级现代农业（渔业）产业园区7个，分别是沭阳县2个：沭阳现代农业产业园区、沭阳汤涧现代农业产业园区；泗阳县2个：泗阳现代农业产业园区（今年入围国家现代农业产业园创建名单）、泗阳成子湖现代农业产业园区（正在合并创建国家现代农业产业园）；泗洪县2个：泗洪现代农业产业园区、泗洪现代渔业园区；宿豫区及宿城区各1个：宿豫现代农业产业园区、宿城现代农业产业园区。

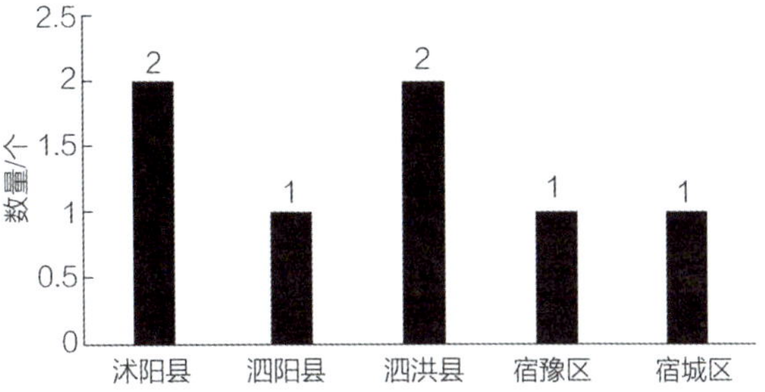

图 3-5　宿迁市省级现代农业（渔业）产业园区各区县数量分布

园区功能定位以农业生产、示范展示及辐射带动为主，经营项目覆盖农林牧渔业及农业休闲。近三年，宿迁市7个园区实现主营业务收入较快增长。其中2016年园区共实现主营业务收入31.25亿元，比上年增长54.9%；服务业收入3.44亿元，比上年增长一倍。2017年1～10月，园区主营业务收入及其中服务业收入均已超过上年全年水平，呈现良好的发展态势。

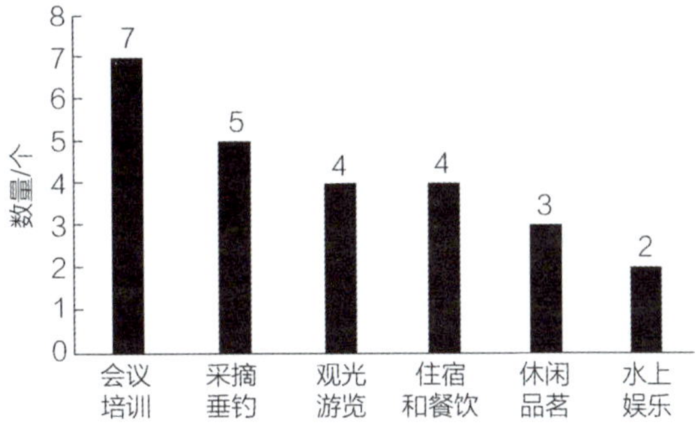

图 3-6　宿迁市省级现代农业（渔业）产业园区功能分布

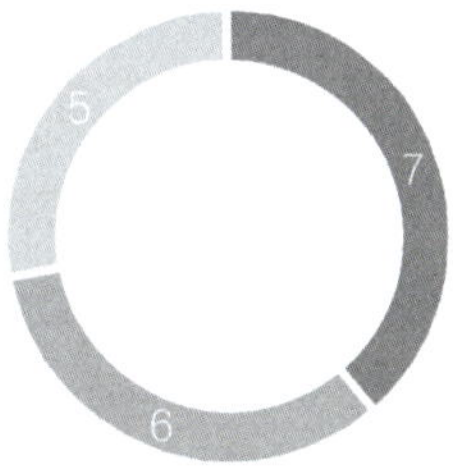

图 3-7　宿迁市省级现代农业（渔业）产业园区核心功能

■农业生产　■示范展示　■辐射带动

注：图中数字表示列举的 7 个宿迁市省级现代农业（渔业）产业园区均具有农业生产功能，6 个园区兼具示范展示功能，5 个园区兼具辐射带动功能。

（二）本品牌和竞争品牌的相似性

目标市场及竞争参照框架的选择，将决定品牌认知的广度以及品牌暗示的情境。接下来，完成恰当的品牌定位还需要确立适当的共同点与核心优势相关的差异点。

共同点（Points of Parity Associations，POP）是那些不一定为品牌所独有而实际上可能与其他品牌共享的联想。这种类型的联想有三种基本形式：品类、竞争性和相关性。

第一种是品类共同点联想（Category Points of Parity），即那些在某特定产品大类中消费者认为任何一个合理的、可信任的产品所必须具有的联想，也就是说，它们代表了品牌选择的必要但非充分条件。这些属性联想至少应存在于一般产品层次，最有可能存在于期望产品层次。因此，农业嘉年华首先要能提供农业园区的基本服务功能，农业观光、休闲、生产等。随着行业的发展，农业嘉年华作为综合性平台的作用愈发明显，业态随之不断丰富，具备了国家4A园区要求的休闲、体验要素，近几年，嘉年华在设计过程中，通过主导产业延伸新的功能模块，包含宠物乐园、生态餐厅、拓展基地、农产品加工基地、展销中心等深受群众喜爱的休闲体验功能。

运营方面，在完善吃、住、行、游、购、娱各项基本指标基础上，园区实行全区物联网智慧运营，包含农业应用技术的“智能化”，园区农业应用技术上要凸显现代智慧农业的高科技内涵，将代表我国部分先进的高科技农业成果进行集成展示，努力打造一种“惊叹式观摩体验”的参观效果。园区运营管理的“智能化”，通过园区智能化管理平台，有效地实现各功能组团的日常生产管理（园区管理部门可及时了解各个组团的设备、植物生长等情况，合理安排维护计划）和游客旅游活动管理的智能化，提供及时、有效的游览服务。

第二种是竞争性共同点联想（Competitive Points of Parity），即那些用以抵消竞争对手差异点的联想。换句话说，如果某一品牌能在其竞争对手企图建立优势的地方与之打个平手，而同时又能够在其他地方取得优势，那么该品牌就会处于一个稳固的同时也可能是不败的竞争地位。

农业嘉年华在基本的景观性、游览环境控制和美食体验方面，与其他景区形成正面竞争，在体验性和科技性方面，成为超出游客期望值的竞争力。在农业嘉年华的每一个场馆中，都根据场馆主题设置相关的主题活动，供亲子活动和研学旅行，在科技推广方面，每个嘉年华项目都是富通公司专利的集成和转化区，通过农民培训、农产品开发，在科技方面对竞品形成领先。

第三种是相关性共同点联想（Correlational Points of Parity），是指源于品牌的其他潜在负面联想，以及更多的正面联想。营销者面临的挑战之一，是构成共同点或差异点的许多属性或利益具有相反的关系。换言之，在消费者看来，如果品牌在某一方面突出，那么就不会在其他方面也表现良好。例如，品牌“廉价”的同时，就很难保证质量最优。在农业嘉年华产品定价时，就要充分考虑相关性共同点联想，票面价格的制定既要反映出农业嘉年华的游览价值，还要符合游客心理，低价往往被认为层次低、游览项目单一等。

（三）本品牌和竞争品牌的差异性

差异点（Points of Difference，POD）的正式定义是消费者与品牌相关联的属性和利益，消费者对这些属性和利益具有积极、正面的评价，并且相信竞争者品牌无法达到相同的程度。不同类型的品牌联想都可能是差异点，品牌联想可以从产品或服务的功能、为消费者带来的利益或者其他抽象的品牌形象的角度进行大致分类。

差异点包括性能属性或性能利益（具有消费者友好的性能特征），差异点通常是基于消费者利益进行定义的。这些利益点具有多种形式：可以是功能设计方面的考虑（如独特的剃须系统设计，使之带来电动剃须刀的便利）；可以是关键属性（如独特的胎面花纹设计，使之具有更高的安全性能）；可以是关键成分（如含氟牙膏，可以防治蛀牙）；还可以是重要的背书担保（如更多的音响工程师推荐，能带来更佳音乐保真的好处）。具有不可抗拒的利益点和信服的理由，对于差异点的传递至关重要。

农业嘉年华差异点是与核心优势紧密相关的，相较于一般性休闲体验园区，农业嘉年华通过生态高效的种植方式、传统文化的体验和在生活场景中的应用，倡导农业科技融合传统文化形成的现代田园生活理念；并利用技术、品种资源聚集优势进行产业带动，带动周边技术脱贫和产业升级。

（四）农业嘉年华的品牌定位

根据上述竞争性框架分析，归纳出农业嘉年华的品牌定位：

（1）专业、高端的农业科技服务推广平台 以自身拥有的千余项品种、百余项技术及设施设备、持续研发及引进国内外新技术及实用技术的能力、实战经验丰富的技术人才为依托，以农业嘉年华所在地为核心，对外辐射进行农业科技服务推广。

（2）健康、地道的田园生活体验目的地 农业嘉年华的基础是农业，农业具有田园、生态的天然属性；同时农业嘉年华将农业与文化、艺术相结合，以植物为素材打造文创景观，营造舒适的休闲环境，倡导绿色、健康、乐活的生活态度。

五、嘉年华品牌内涵设计

品牌内涵是指品牌给拥有者带来溢价、产生增值的一种无形的资产，它的载体是用于和其他竞争者的产品或劳务相区分的名称、术语、象征、记号或者设计及其组合，增值的源泉来自于消费者心智中形成的关于其载体的印象。

品牌承载的更多是一部分人对其产品以及服务的认可，是一种品牌商与顾客购买行为间相互磨合衍生出的产物。

（一）品牌主张

品牌主张是指企业向消费者所传达的核心认同和价值观。品牌是一种市场承诺，表现出品牌的一贯立场，表明品牌极力满足人们的某种需要，让人们看到了它存在的价值及其精神内涵。可以说，品牌主张在品牌的塑造过程中有着十分重要的地位，是把静态品牌活化与人格化的一种关键策略。品牌主张一经确立，企业的一切传播和营销活动便必须围绕其展开。

农业嘉年华的品牌主张是引领回归田园的生态、淳朴的生活理念，并以科技带动区域农业产业升级。

（二）品牌联想

品牌联想（Brand Association）是指消费者对品牌或产品的联想。通常它是象征性的和抽象的。它也是指品牌形象联想。Keller以不同的品牌联想构面来衡量品牌形象，将品牌联想的内涵分为三种形态：

1. 属性（attributes）联想

属性的联想是有关于产品或服务的描述性特征。属性联想又分为与产品有关以及与产品无关两类。与产品有关的属性定义是执行该产品或服务功能的必备要素。而与产品无关的属性是有关于产品或服务的购买或消费的外在方面。与产品无关的属性主要分为四项：

（1）**价格信息** 农业嘉年华已形成完善的票务体系；

（2）**包装或产品外观** 农业嘉年华衍生产品体系的包装基于基本的品牌定位进行设计，以生态、绿色的生活理念为表达方向，应用新材料；

（3）**使用者形态（例如，何种形态的人会使用此产品或服务）** 农业嘉年华针对主要客群年轻家庭，代表一种新的活力，对年轻人普及农业科技知识，传播现代农业理念；

（4）**使用情境（例如，在何处以及何种情境下，此产品或服务会被使用）** 根据淡旺季，开发周末经济游和平时发展研学、科技辐射板块，不同人群形成不同的针对性使用情景。

2．利益联想

此为消费者给予产品或服务属性的个人价值，也就是消费者心目中认为此产品或服务能够为他们做些什么。利益联想可进一步分为三类：

（1）**功能利益**　是指产品或服务的内在优势，农业嘉年华满足各主体对农业新理念、新技术、新品种的需求，满足城市居民近郊出游的需求；

（2）**经验利益**　是有关使用产品或服务的感觉，其通常与产品属性有关。例如，感官乐趣、多样化，以及认知刺激。农业嘉年华着重打造五感体验，从各个角度与游客产生活动；

（3）**象征利益**　是指产品或服务的外在优势，其通常与产品属性无关，而是有关社会认同的需求或是个人表现以及自尊，农业嘉年华开发生态、安全农产品，形成安全、地道的形象，当人们联想到健康、生态的生活理念时，脑海中自然浮现出农业嘉年华的形象。

3．态度联想

品牌态度是消费者对品牌的整体评价，其为形成消费者行为的基础。品牌态度与产品有关、无关属性之信念、功能利益、经验利益以及与象征利益间均存在着相关性。

第二节　农业嘉年华IP建设

IP，英文为“Intellectual Property”，其原意为“知识（财产）所有权”，或“智慧（财产）所有权”，也称为智力成果权。

IP从本质上说是一种无形财产权，它是智力成果或知识产品，是一种无形财产或者精神财富，是创造性的智力劳动所创造的劳动成果。

IP可以是具体的一个景点，也可能只是一个故事，一种感觉，但它赋予一个项目独特的特点，是项目生命力的源泉。

从用户关系来讲，品牌和用户之间的关系是价值交换关系，因此品牌需要清楚地诠释自己的价值主张。IP和用户的关系更多是一种频率共振，是共鸣。

农业嘉年华IP建设从功能和品牌定位出发，基于休闲生活平台和科技辐射两个方向，打造科技农业体验与产业带动IP，具体从科技农业打造田园生活和农业科技转化两个方面进行延伸，主要从农业嘉年华LOGO、主题口号、导视系统以及衍生产品等方面进行诠释。

一、嘉年华LOGO设计

LOGO是徽标或者商标的外语缩写，是logotype的缩写，起到对徽标拥有公司的识别和推广的作用，通过形象的徽标可以让消费者记住公司主体和品牌文化。在竞争日益激烈的LOGO全球市场上，严格管理和正确使用统一标准的公司的徽标，将会提供一个更有效、更清晰和更亲切的市场形象。徽标是人们在长期的生活和实践中形成的一种视觉化的信息表达方式，具有一定含义并能够使人理解的视觉图形。其有简洁、明确、一目了然的视觉传递效果。它是一门实用性很强的专门学科，涉及心理学、美学、色彩学等领域。在生活实践中经过提炼、抽象与加工，集中以图形的方式表现出来，并且表达一定的精神内涵，传递特定的信息，形成人们相互交流的视觉语言。徽标作为一种识别和传达信息的视觉图形，以其简约、优美的造型语言，体现着品牌的特点和企业的形象。

现代LOGO承载着企业的无形资产，是企业综合信息传递的媒介。徽标作为企业CIS战略的最主要部分，在企业形象传递过程中，是应用最广泛、出现频率最高，同时也是最关键的元素。企业强大的整体实力、完善的管理机制、优质的产品和服务，都被涵盖于徽标中。

农业嘉年华LOGO设计的基本原则有以下几点。

（一）识别性

关于识别性要求必须容易识别，易记忆。这就要做到无论是从色彩还是构图上一定要讲究简单。

色彩或构图简单不等于内容简单，农业嘉年华作为农、文、旅综合体，具有业态丰富、要素集聚、平台属性强的特点，在LOGO设计中，既要兼顾科技辐射这一嘉年华初心，也要有生活方式的塑造、当地特色文化凝聚和表现，还要美观、易读，让受众在10s内明白嘉年华的基本内容和定位。所以在嘉年华LOGO设计中要遵循以下几点：

（1）以表现生态农业、绿色生活为宗旨，色彩多选取绿色、本地代表文化的主色和体现科技感的蓝色系；

（2）农业嘉年华是科技辐射、企业展示平台，多采取对轴称构图，形态在视觉上有自然、安定、均匀、协调、整齐、典雅、庄重、完美的朴素美感，符合人们的视觉习惯；构图要讲究层次感，在不同的进深和层面上安置和处理视觉元素，让整个设计构图有主、有次、有序，有深度、有前后，从而在视觉上产生协调、丰富、整体的视觉效果；

（3）构图需能产生意境联想，通过视觉传达而产生联想，感受到农业嘉年华所传达的乐活的生活方式。通过色彩的渐变，元素的凝练，以小见大，营造画面感。

（二）特异性

所谓特异性就是要与其他的LOGO有区别，要有自己的特性。嘉年华LOGO设计主要从以下几个方面体现特异性：

（1）**融入地方特色文化** 包含地方特色的饮食文化、非遗文化、建筑文化、服饰文化等；

（2）**融入地方主要农业产业元素** 如麦穗、莲等；

（3）**融入地理、区位元素** 如河流、峡谷、梯田等元素。

（三）内涵性

设计LOGO一定要有它自身的含义，否则就算做得再漂亮、再完美，也只是形式上的漂亮，没有一点意义。这就要求LOGO必须有自己的象征意义。

农业嘉年华LOGO设计的定位就是农文旅综合属性，代表着嘉年华一方面是科技辐射、产业带动平台，另一方面是休闲体验目的地。

（四）色彩性

色彩是形态三个基本要素（形、色、质）之一。LOGO常用的颜色为三原色（红、黄、蓝），这三种颜色纯度比较高，比较亮丽，更容易吸引人的眼球。色彩为工业设计学科中必须研究的基本课题。色彩研究涉及物理学、生理学、心理学、美学与艺术理论等多门学科。

从生物原理上来说，人脑通过眼睛接触颜色之后获得的信号，是按照一定的结构性传导的，基于这种视觉信息处理的结构化特征，一个拥有美丽渐变色的视觉元素能够调动更多的视觉信号传导通路，从而激发人脑皮层对美的感受。从平面设计角度来分析，两种以上的颜色组合的渐变色会形成一个全新的“颜色”，新的颜色在视觉上赋予了图像更多的新鲜感和可能性，更添加了一种特殊的“动态效果”。人的大脑对单一颜色的认知是有限度的，也就是说，能够被人识别的颜色就那么多，而渐变色提供了新的视觉可能，创造了新的颜色，帮助品牌标识在其他标识中脱颖而出，形成更深刻的印象。渐变的方式基本遵循如下规律：颜色的使用基本在统一饱和度、统一色调的情况下；渐变的效果遵循整体规律性，由上至下，由边缘到中心；渐变的过渡色要柔和，不要有过于生硬的界限。

农业嘉年华常用植物的绿、天空的蓝，再结合地方建筑等特有的颜色进行设计，如丹东农业嘉年华LOGO设计（图3–8，见彩色插页）。

设计说明：会徽采用鸭绿江断桥、鸭绿江等元素组合而成，体现当地的红色文化。会徽融入丹东首字母“双D”，并将字母造型与鸭绿江断桥造型结合起来，下面是象征着鸭绿江的水元素，同时又像是象征着农业的三块农田，体现当地悠久的农耕文化。会徽颜色采用黄色、绿色和蓝色渐变，象征着绿色农业、科技农业。

二、嘉年华主题口号设计

品牌口号（Slogan）是用来传递有关品牌的描述性或说服性信息的短语。品牌口号通常出现在广告中，但在包装和营销方案的其他方面也有重要作用，就像雀巢的品牌口号“味道好极了”出现在广告中或者印在咖啡包装上。

品牌口号是品牌宣传的有力方式，能迅速有效地建立起品牌资产。品牌口号可以起到“挂钩”或“把手”的作用，能帮助消费者抓住品牌的含义，了解该品牌是什么，有哪些特别之处。以简短的词语概括、解释营销计划的意图，是必不可少的方法。

（一）品牌口号的优点

有些品牌口号通过演化品牌名称来加强品牌认知，如脑白金广告的品牌口号“送礼就送脑白金”。有些品牌口号更直接，将品牌和相应的品类放在同一句话中，把两者紧密地结合起来，如“生活时间：女人的电话频道”。更重要的是，品牌口号能够强化品牌的定位，如“古北水镇：星空下的红叶小镇”。

品牌口号通常与广告活动紧密结合，是概括广告中描述性和说服性信息的点睛之笔，如去哪儿网活动Slogan，“去哪儿，看画展”“去哪儿，回味”等就表达了这样的信息。品牌口号比单一的广告语更宽泛、更持久。

品牌口号还可以建立品牌认知、树立品牌形象。例如，摩托罗拉手机的品牌口号是“Intelligence Everywhere（智慧演绎，无处不在）”；美宝莲化妆品的品牌口号是“也许她天生丽质，也许她用了美宝莲”；乌江榨菜的品牌口号是“中国好味道”。

（二）嘉年华品牌口号设计思路

农业嘉年华主题宣传语设计通过以下几个方面帮助建立品牌资产。

1．文旅体验方面

（1）地方性　借助当地历史、地理、名人等特色与文化嘉年华主题互相融合，提炼语言形成口号，如玉林农业嘉年华借助位于五彩田园的特殊环境设计，“缤纷农业，五彩生活”。

（2）针对性　首先，要针对市场需求特征来设计，能够反映旅游需求的热点、主流和趋势。其次，在进行旅游宣传口号的设计时，应考虑到客源市场旅游需求的不同特点，如某届北京农业嘉年华宣传语“市民的盛会，农民的节日”，内涵旨在揭示农业嘉年华以农民产业、乡村文化为主体，并针对市民进行设计建设的都市农业狂欢节。

（3）感召性　一句有时代感、寓意深刻、朗朗上口的旅游形象宣传口号，往往能引起人们无尽的遐想，产生意想不到的号召力。旅游形象宣传口号可以将核心优势采用“感性”的语言、诗化的意境表现出来，如江苏省金湖县水漾年华“花容画裳，乐水耕读”。

2．科技辐射方面

主题口号融入科技元素是农业嘉年华回归项目立意的体现，也是运营中发展科技推广模块的需要，针对科技辐射、产业带动群体，语言务必精炼、通俗易懂，如“科技嫁接莘野，科技农业、生态生活”等。

三、嘉年华VI（视觉识别）系统设计

VI（Visual Identity）系统即视觉识别系统，它是以名称、主形象、导视系统和证件设计等应用为核心展开的完整的、系统的视觉表达体系。将企业理念、企业文化、服务内容、企业规范等抽象概念转换为具体符号，塑造出独特的企业形象。在VI设计中，视觉识别设计最具传播力和感染力，最容易被公众接受，具有重要意义。

（一）农业嘉年华名称

它通常以非常简洁的方式，反映产品的主要内容和联想。品牌名称是沟通中极其有效的捷径。一则广告会持续半分钟，销售电话甚至长达数小时，不过顾客关注品牌名称并在记忆中搜索或激活其意义，只需要几秒钟。

命名步骤：

（1）界定目标 是偏重于文旅，还是偏重于科技、生产，农业嘉年华命名一般从整个园区规划角度，偏重于文旅，如贵阳修文农业嘉年华的“心净桃源”，结合王阳明知行合一文化和项目地桃源八寨，以及中长期规划中的特色产业；如金湖水漾年华拟命名为“水牧花乡”，目的是彰显项目深处荷花荡的地理优势及水漾年华的“水”主打元素，且体现项目着重打造的“净”生活理念。

（2）名称创意 就是尽可能多创造出名称和概念。任何可能的名称来源都不妨尝试一下，公司经理、职员、现有的及潜在的客户（必要的话，还可包括零售商和供应商）、广告代理、专业命名咨询公司、专门的电脑命名公司等。在这一步骤中，可以获得几十、几百，甚至几千个名称。

（3）初步筛选 根据第一步界定的品牌目标及营销因素，对所有得到的品牌名称进行初步筛选，并按常识进行测试，得到一个更可行的名称清单。

（4）最后确定 最后可在自媒体官方号上发起投票活动，确定最终名称。

（二）农业嘉年华象征图案（主形象）

品牌的形象代表是品牌符号的一个特殊类型，往往取材于人类本身或现实生活。形象代表通常通过广告推出，并且在广告和包装设计中起着非常重要的作用，快速建立品牌认知。与其他品牌元素一样，形象代表有许多不同的形式，可以是某种动画人物（如京东主形象、瑞星主形象、迪士尼主形象等），也可以是活生生的人物（麦当劳大叔）。

农业嘉年华主形象通常称为农业嘉年华的吉祥物，设计主要基于主要农业、文化产业的拟人化设计。以嘉年华整体规划、设计所要彰显的主产业为设计主要元素，结合休闲体验的功能定位，融入本地特色文化，进行拟人化设计，多采用卡通造型结合歌舞场景设计，如丹东农业嘉年华主形象设计（图3-9，见彩色插页）：

设计说明：采用当地的特产——水果萝卜，作为设计元素，当地的水果萝卜具有口感甜脆、水分充足、外形饱满等特点，结合这些特点，设计出丹东农业嘉年华的吉祥物。吉祥物活泼可爱的造型体现出农业嘉年华的生机与活力。延伸设计出身穿朝鲜族服饰的吉祥物，体现当地的民族文化。

（三）导视系统

导视，作为一种文化或文化的一部分，不但有着引导、说明、指示等功能，也是环境布局的重要环节，是营造风格、塑造文化的重要组成部分。导视，按其字意可理解为导向、指示、引导、视线。导视系统，按其类别可划分为环境导视系统、营销导视系统、公益导视系统、办公导视系统和必备导视系统，主要包括主导示体（牌），它是一个区域或主题的核心展现；次导视体（牌），主要用于分区域、分主题或区域次要入口；方向、定位导示，如楼号、门牌号、名称标牌等；定量导示，多用于警示、提示，如大小、多少、急缓、轻重等。

嘉年华导视系统主要指导视系统中的环境导视系统，导视系统中的单品标识要能够和环境协调一致。主要包括玻璃贴、吊牌、门楼、门洞、外围指示牌、总平图、植物展牌、警示牌等。按其所处环境可划分为立式、卧式、悬挂式、立面镶嵌、立面半挑、移动立牌、桌面立牌等。通常将室内外垃圾桶、资料架、室外地灯装饰等也列为导视系统。

嘉年华作为农文旅综合性园区，导视系统的设计主要服从于以下原则：

（1）属于度假休闲环境的导视系统，具备四种属性 一是它的导向指示的功能属性；二是它是环境构成中的一部分，必须要融于环境、服务于环境，它可以将其风格、文化升华，但不能割裂于环境；三是由于它在环境中起到的引导作用，促使它始终处于人们目光的聚焦点，成为最易引起人们注意的关注点；四是在环境或建筑布局的点、线、面中，它起到的是点和以点代面的作用。因此，它的造型、装饰装潢会直接影响到整体景观的风格、文化和品质。为此，休闲度假环境导视系统不但要关注它的引导功能，也要注重其“关注点”所起到的营造氛围、营造文化、营造品位的作用。

（2）风格定位 为了强化地位、品牌和效益，一个园区、一个社区，一处景观或一幢建筑，都在追求差异性，强调个性化，都有其文化体系，主题与文化是其最高境界，是灵魂所在。那么要营造这样的氛围，则要求设计者充分理解把握文化的脉搏，无论在整体布局还是在具体塑造，在点、线、面的任何角度，在园林、建筑、装修、装饰装潢等都要渗透出“地道”的文化气息，这样才能通过文化塑造彰显自身独特的风格。当风格确定之后，则需要对反映这一文化的载体进行定位。如造型、色彩、质感（材质），整体与局部平衡，宏观与微观协调。

①造型定位：造型的创意与设计则是根据文化的定位来寻找其切入点。只要最终达到充分反映其文化的整体信息，展现其个性与魅力就是成功的造型定位。如动物、植物、图案、图腾、所有物质、图形、文字等。

造型定位也可按点、线、面来进行应用设计。例如，一个叶子造型，它可按大小应用到各种导视体中，使人感到它的鲜明个性和很强的整体性；若将其复制出多个或多角度组合，则形成很强的系列感与整体感；若将不同的各种植物叶进行组合应用，则体现出丰富的植物文化背景，它的文化内涵定位也有其改变。

②色彩定位：导视系统的色彩也是紧密围绕文化和风格来定位的，它可以直接影响到人们的意识和感觉，对人的情绪和第一印象有着重要作用。一个民族、一个地区都有其用色习惯，都会受到其自然环境、历史、文化等的影响，为营造“地道”的文化风格，则要求设计人员要对其全方位地、深入地了解，才能拿出具有灵魂的、禁得起推敲的好的作品。

③质感（材质）定位：材质的质感对文化和风格起着重要的影响。例如，是土著的、远古的，还是现代的、华丽的，在材料的运用、表面处理和工艺等，起着截然不同的效果。对于不是一个历史时期、不是一个材质系列、不是一个文化范畴的材料和工艺，一定要慎用。同样，材料质感也要考虑到点、线、面的关系。

例如，金湖水漾年华导视牌（图3-10，见彩色插页）设计融入木质元素，采用园区标准字，体现生态元素和园区的自然、田园、农业的属性。

（四）证件

农业嘉年华证件设计总体原则遵循LOGO设计的思路，多采用LOGO所含元素的整体变形、拉伸，采用园区标准色和标准字，亚克力封皮。主要包含嘉宾证、安保证、展商证、开幕式公安证、媒体证、志愿者证、运维人员证件等。图3-11（见彩色插页）为丹东农业嘉年华证件系统。

设计说明：主要采用LOGO主色蓝色和绿色的几何图形为背景，分为展商证、嘉宾证、志愿者证、媒体证、公安证、保安证等类型，不同类型针对不同人群。

四、农业嘉年华衍生产品策略

文化创意产品（文创产品）是艺术衍生品的一种，通过设计者自己对于文化的理解，将原生艺术品的文化元素与产品本身的创意相结合，形成的一种新型文化创意产品。说简单点，文创产品就是一个创意通过赋予其价值使之产品化。文化旅游纪念品、办公用品、家居日用品、科技日用造型设计、工艺品等都属于文创产品一类。

在旅游领域，文创产品是丰富旅游体验和提升旅游档次的主要途径。独特的文创产品，不仅能够提升景区的品牌形象，而且在某种程度上也能扩大景区的传播范围。特别是现在随着互联网流量红利逐渐消失，获客成本不断增加，中小城市旅游区及小型景区更是面临着渠道短缺的困扰。所以发展文创产业应是旅游业发展过程中的一大趋势。

（一）休闲农业文创产品设计案例

1．韩国“酒瓶梨”：酒瓶里不仅有酒，还能有梨

梨树花期结束10d后，将细瓶颈的大肚酒瓶套在梨幼果上。梨采摘后，往瓶内灌装上好的韩国清酒，浸泡90d后就生产出“酒瓶梨”。由于密封程度好，其成熟期一般比普通梨要提前5d。而且，由于从刚“出生”开始就“躲”进了瓶子里，完全隔断了农药及外部不利环境的影响，经有关部门检测，“酒瓶梨”的农药残留量为零。由于“酒瓶梨”的独特种植创意，已经作为韩国农产品代表参展多个国家的“食博会”。

2．大兴“玻璃西瓜”：一个“玻璃瓜”即是一个“艺术珍品”

大兴区玻璃西瓜工艺品荣获全国休闲农业创意精品大赛产品创意金奖。当西瓜还是“婴儿”时，将它塞进一个大的圆形有机玻璃罩内，等西瓜长到和玻璃罩一样大时，灌入特制的保鲜液，再封住罩口。这样西瓜会处于“休眠”状态，永远不会腐烂，成为可供长期观赏的艺术品。

3．麦秆椅凳：不再一烧了之，麦秆成椅凳，休息有用处

收完麦子之后麦秆一直作为废弃物，或作柴火或焚烧，也造成了空气污染。中国台湾设计师徐景亭和萧永明则利用这些废弃的麦秆，制作成牢固的椅凳。首先是将麦秆捆成一个支柱作为凳腿，然后再利用掉落的麦子灌入树脂凝固成形作为凳面，使得农业废弃物摇身一变成为家居艺术品。

4．彩绘柚画：水果也要穿新衣，彩绘后的水果可以卖出高价钱

中国台中卖柚子的小盘商邓升文对绘画很有热情，由于柚子进货之后需要时间催熟，他突发奇想将要卖的柚子表皮上画上可爱的图案，由于柚子表皮含油且凹凸不平，邓升文用少许的白胶进行填充，只花20min就可以完成一只彩绘柚子，大受顾客欢迎，中秋节期间，邓升文彩绘的“文旦柚”被预订了500多颗。

卖产品更要卖文化。赋予农产品一些故事和文化内涵，增加其历史厚重感，也是重要营销的策略之一。每一种农产品都应该视为地方珍宝，值得重新带回我们的现代生活，所以农产品的文创化不应该仅仅是卖产品，而是卖产品背后的故事，贩卖农村人更健康、更质朴、更温暖的生活方式。

（二）休闲农业文创产品开发

聚焦乡村文创农产品，当农产品搭上文创，用文化创意的思维来重塑农产品的魅力，让产品变得有情感，也让品牌变得更时尚、更温暖、更有黏性，让消费者感觉到你的真诚和故事。

1. 乡村农产品是乡村旅游吸引力因子

乡村农产品以其“土味”十足、绿色健康，成为吸引城市人到乡村的重要因素。

2. 乡村农产品是乡村旅游高品质展现

随着乡村旅游的不断升级，乡村农产品也应与高品质生活、健康生活理念结合，为游客营造难忘的乡村之旅。避免传统乡村农产品存在的成为拉低乡村旅游品质的致命要素。

3. 乡村农产品是乡村旅游新形象代表

乡村农产品贯穿于乡村旅游的各个环节，餐饮、购物甚至装饰品，其承载了乡村旅游记忆及乡村品牌形象。创意导入，实现农产品各个环节层级提升。创意导入农产品，基础是农业和农产品，核心是创意附加，即在产前、产中和产后诸环节将农产品与多种创意相结合，以突出创新，形成产品美学价值，产生更高附加值，提高农产品竞争性，进而实现对乡村旅游发展的推动。根据农产品的产生过程，创意导入有“种植、加工、包装、营销”四个环节。

4. 分类

（1）**自然提取类文创产品** 此类文创产品主要取自于自然界原有的奇珍异宝，针对现代人的审美需求，将其略为加工成为创意类产品。这类产品受自然环境的影响较大，人为加工的影响较少，主要用于装饰、观赏的功能，具有一定的使用与收藏价值。但因自然界已有的机体形态文化内涵不足、缺少人为主观创新，所以使其成为文创产品中比较特殊的一类产品。

（2）手工制作类文创产品 主要是指运用传统手工技艺形成的创意产品，如刺绣、木雕、骨雕、牙雕、陶瓷、漆器、泥塑、布艺制品等。随着现代生活中人们审美情趣的变化，这类文创产品越来越注重工艺美与实用性相结合，追求产生具有现代气息的文化产品。

（3）工业生产类文创产品 相较前两种文创产品，受众更多、生产更严谨、应用领域更广泛。这类文创产品追求文化与设计的完美融合，通过形、色、材、用四个方面将产品背后的文化基因显现出来，运用先进的生产技术批量生产创意产品。这类文创产品在市场上种类最多，受众最广，侧重化繁为简、逐新趣异，与现代人的生活方式与情感需求紧密联系。

（三）农业嘉年华文创产品开发

1．开发思路

一个产业的发展成果与其竞争力来自于资产、能力两者交互作用形成的具有价值、稀有性及专属性的企业核心价值。农业嘉年华产品开发需要从内部寻求理想的资源，创造其长期的竞争优势，并利用其固有资源及嘉年华独特的运作机制，创造出自我品牌。先挖掘产业后开发产品项目，是持续运营的坚实基础。

2．元素

（1）文化 农业嘉年华的文化属性主要是建立在本地非遗物质文化的基础上，这包括当地口头传统和表现形式，包括作为非物质文化遗产媒介的语言；表演艺术；社会实践、仪式、节庆活动；有关自然界和宇宙的知识和实践；传统手工艺。以农业嘉年华为平台的文化创意产品为非遗文化“活态保护”中有形物质性保护的新载体。

（2）产业 给产品披上文创的外衣，在打造生产、加工、销售为一体的全产业链企业的同时，也带动了周边村村民的就业。与贫困户签订产业精准扶贫带贫协议书，安排就业岗位以增加贫困户的收入，并派出专业的技术员指导贫困户农产品的种植和回收工作。

在设计中，充分挖掘当地产业，与当地的合作社、产业联合体形成利益联合体，建设基地，倡导安全农产品生产、运营体系、建设公司+基地+产业联合体+农户利益联结机制，打通安全农产品产业链；建设嘉年华安全农产品体验平台。

（3）体验　在设计上追求造型和美感的同时，关注产品背后的故事，赋予文创深刻的内涵，特别是安全农产品的销售，主要在于体验营销，围绕视、听、味、嗅、触五感进行基于感官体验的产品营销，其中包括设置全园区的体验线等。并通过KOL（关键意见领袖）体验的形式推广。

（4）体系　就是要形成文创产品设计、生产、销售产业链。农业嘉年华作为农业科技企业的定位不改变，需要在产业链开发中寻求多方合作，形成固定的合作伙伴，降低成本，提高效率。

建立有效的开发模式，缩短周期，提高效率。文创产品的开发是一项冗长、繁杂的工作，从产品定位开始到提出设计思想到正式投入生产直到销售，整个过程会经历很多阶段，持续时间长、涉及面较广，因此必须按照一定的流程来开展工作，具体包括调查研究、确定开发品种、提出设计思想、初级打样试制、进一步调整、确认生产、投入销售，只有这些环节相互促进、相互制约，才能顺利、协调地开展文创产品开发工作。成功开发出新产品的关键是缩短开发周期，建立有效的开发模式，这样不仅能节省新产品开发的时间成本，还能节省资金成本。

（四）农业嘉年华文创产品开发案例——洋河农业嘉年华定制酒

“一镇堪将天下醉，神州无处不销魂。”神农时代洋河农业嘉年华位于宿迁市洋河新区洋河镇，规划面积567亩，主要建设了主题鉴赏区、休闲体验区、科研创新区、综合服务区等五个功能区。从洋河新区主导产业酒文化产业出发，农业嘉年华开发了洋河定制酒系列产品。

包装采用白瓷瓶身、麻布袋护身，小麦色的棉麻布袋，原木色的手提袋，绿色环保，营养健康。传承洋河酒一贯的绵柔，体现定制的专享，以及淳朴气息的浓浓情怀（图3-12，见彩色插页）。

第三节　农业嘉年华推广策略

现代营销体系中，被广泛采用的是营销学中的经典4P营销理论，即由“产品（Product）、价格（Price）、渠道（Place）、促销/推广（Promotion）”四要素组合成的营销体系。而后又延伸到6P、10P、4P+3R等理论，本质和4P相比并没有变化。4P皆传播，实际上就是让所有营销活动都有传播性，一切皆传播。

农业嘉年华在营销体系建设中，注重本身特色与现代营销的4P理论相结合。主要从以下方面进行阐述：定价，通过研究旅游产品的定价，给出嘉年华主要产品的定价基本策略；渠道，着重阐述传统的农业嘉年华门票销售渠道和科技辐射产品的营销渠道；产品，在农业嘉年华本身平台基础上，如何通过主题活动丰富园区产品体验度；推广策略，主要包括线上和线下推广；招商策略，给出招商的基本策略和商家维护管理的基本制度；以及满意度问卷设计。

一、农业嘉年华的定价策略

（一）旅游产品定价现状及问题

旅游产品以其综合性、无形性、不可转移性、生产与消费的不可分割性、不可贮存性、易波动性的特性，决定了其是一种特殊的产品形式，旅游者对旅游产品质量的评价只有在旅游全过程完成之后才能做出，而且更多的是凭借个人的主观感受。这就决定了在旅游者不了解旅游产品之前，价格就成为影响旅游者购买决策的主要因素。因此，旅游产品的特性最重要的是表明旅游产品定价必须从旅游者需求的角度出发。

旅游产品的定价，与旅游产品市场有很大关系，根据旅游产品的特点，就会产生竞争性市场，但是无论怎么竞争，旅游产品之间的替代总是有限的。因此，可以把旅游产品看作垄断或寡头市场，不同的市场特征，其定价策略也有不同，对于竞争性市场，旅游产品有多个供给商，产品之间差异性小，替代性强。旅游产品经营者之间就会产生一些矛盾，直接影响旅游产品之间的价格的确定，而在垄断市场，该旅游产品只有一件，不同消费群体对旅游产品有不同的需求，从而产生了价格的不同。

（二）旅游产品的价格类型

由于旅游产品价格构成的综合复杂性，因而根据不同的划分标准，旅游产品价格可以分为不同的类型。

1. 从旅游者购买旅游产品的方式划分

旅游产品价格可分为统包价格、小包价格和单项旅游价格。统包价格是指旅游者根据自己的需要，一次性购买旅行社推出的某条旅游线路的价格。小包价格是指旅游者通过旅行社购买旅游线路，但旅游者只一次性支付线路产品中的某一部分或几部分，其余部分由旅游者以零星购买的方式支付。在国际旅游中，越来越多的游客趋向选择只含机票和饭店的包价，而游览的门票、导游翻译费等则由旅游者自己视具体情况而定。旅游统包价格和小包价格是旅游者在购买旅游线路产品时发生的价格，反映的主要是旅游者与旅行社之间的一次性交换活动。其价格是由三部分构成：各单项旅游产品的价格总和、旅行社的盈利和管理费。其特点首先是方便，避免了多次购买的繁琐；其次是优惠，可以享受批量购买带来的折扣。

2．旅游产品定价必须从旅游者需求的角度出发

旅游价格可以分为基本旅游价格和非基本旅游价格。基本旅游价格是旅游者在活动过程中必不可少的旅游需求部分的价格，主要包括住宿价格、餐饮价格、交通价格、游览价格等，是旅游者必须要进行消费支出的价格。非基本旅游价格是指旅游者在活动过程中可发生也可不发生的旅游需求部分的价格，如向旅游者提供的日用品价格、医疗美容价格、旅游纪念品价格等，旅游者支付与否，支付多少，都不会影响旅游活动的顺利进行。

3．从旅游企业的营销角度划分

旅游价格可分为两类，即旅游差价和旅游优惠价。

（1）**旅游差价** 是指同种旅游产品，由于在时间、地点、质量、销售环节等方面的差异而引起的价格差额。同其他商品差价一样，旅游差价是产品价值的实现形式，是价值规律作用于价格的具体表现。旅游差价主要又有批零差价、地区差价、季节差价和质量差价四种形式。

①**旅游批零差价**：是指同种旅游产品批发价格与零售价格之间的差额。任何产品在销售时，每经过一个中间环节都要耗费一定量的劳动，旅游产品也不例外。旅游产品的批零差价一般是发生在旅游批发商和旅游零售商之间：在旅游经济活动中，批发商主要负责推出旅游产品，即设计和编排旅游线路；而旅游零售商则从批发商手中购进旅游产品，再将旅游产品销售给旅游者。在这个过程当中，旅游零售商需要耗费一定的劳动，支出一定的费用，获得一定的利润，缴纳一定的税金，这些都必须计算到旅游产品的零售价中，由此形成了批发与零售之间的价格差额。该差额就是零售商卖给旅游者的旅游产品价格高于零售商从批发商处购得旅游产品价格的部分。

②**旅游地区差价**：是指同种旅游产品在不同地区销售所形成的价格差额。旅游地

区差价的形成主要与不同地区的旅游需求有关，不同地区的旅游需求又与该地的旅游资源状况密切相关。

③**旅游季节差价：**是指同种旅游产品在不同的季节销售所形成的价格差额。旅游者的旅游活动受季节影响大，是旅游季节差价产生的主要原因，使旅游产品的销售有了淡季和旺季之分。世界上不同的国家和地区，其气候条件和自然条件并不都很相似，因而出现旅游淡旺季的时间也不一定相同。但是，不管旅游淡旺季的时间出现在什么时候，旅游经营者都要善于应用旅游季节差价，有效地调节旅游供求关系，使淡季不"淡"，旺季也不至于太过拥挤。

④**旅游质量差价：**不同档次和质量的产品间的价格差额。保持合理的质量差价，一方面是价值规律的客观要求，有利于保护旅游者的合法权利，使支出的价格与得到的满足相一致，另一方面可以促进旅游产品经营者努力改进经营管理，不断扩大旅游服务项目，提高服务质量，提高经济效益。

（2）旅游优惠价　是指旅游产品供给者在明码公布的价格基础上，给予产品购买者一定比例折扣或优惠的价格。旅游优惠价主要有以下几种形式：

①**销量优惠：**是根据消费者购买旅游产品数量的多少而实行的优惠，具体又可分为累计折扣优惠和非累计折扣优惠。累计折扣优惠是指同一旅游者在规定时间内购买的产品超过确定的基数后，旅游产品的生产者或经营者给予的一定的折扣优惠。非累计折扣优惠是消费者一次性购买量达到规定的要求后即刻给予的价格折扣。两种形式的优惠，目的都在于建立和巩固旅游企业与客户之间长期的买卖与合作关系，鼓励和刺激旅游者扩大购买量，增加企业利润。

②**同业优惠：**是指对同行消费者给予一定的价格优惠。如航空公司对旅行社、饭店人员的优惠；旅行社对饭店、航空公司人员的优惠；饭店集团人员入住联号饭店的优惠等。优惠的程度或比例既可自行规定，也可互相商定，目的都是为了互利互惠，促进合作，保证相关企业之间业务活动的顺利进行。

（三）农业嘉年华定价策略

农业嘉年华定价基本思路是根据辐射区域人口容量、收入情况、居民消费偏好等因素，计算出人流量（根据乡村旅游市场占总体旅游市场规模的环比法和吸引力模型算法），并结合交通区位及其他因子，对标行业标杆，进行票面基本价的制定。继而根据农业嘉年华运营大数据，结合渠道定价、淡旺季定价、活动定价等的基本应用范围制定最终价格，形成基本的票务价格体系。

1．基本票面价制定

（1）**定价目标** 农业嘉年华作为长期经营性园区，且旅游市场属于服务型消费，属于区域新生事物，结合人造主题型园区寿命为1～3年的行业现状，农业嘉年华不需要快速渗透市场以换取市场份额，但嘉年华需要快速赚取利润，实现盈亏平衡；乡村旅游市场在全国各地各区域蓬勃发展，这是嘉年华的潜在威胁；作为地域性新事物，大多数潜在客源并不熟悉嘉年华这个综合平台型产品。综上，农业嘉年华需要快速造势，并树立高价优质的声誉，建立消费者偏好。

（2）**年入园流量估计**

①**根据需求**：可研报告根据乡村旅游环比法推演出嘉年华在本地的市场需求，基本公式为：

方案一：2019年主要客源市场常住人口数量与本市（100km内）旅游年接待人数估算之和×乡村旅游比例×水漾年华游客量比例（一般取值为20%）；

方案二：（淮安本地常住人口数量×乡村旅游比例20%+淮安旅游年接待人数×乡村旅游比例20%）×水漾年华游客量比例（一般取值为20%）；

游客量估算=方案一×50%权重+方案二×50%权重

②**根据产品价值的引力模型预测**：其基本原理是将客源地与目的地看成是两个具有吸引力的物体，它们之间的引力（客流量）与两个地区的人口规模成正比，与其间的距离成反比。一般而言，影响旅游行为最重要的因素有三个：人均收入水平、旅游地的旅游资源的吸引力和交通的可进入性。如果选择这三个因子作为预测基础，可确定引力模型预测方程式为：

$$T=\sum T_{ij}=\sum\left[Z\frac{(W_iP_i)(W_jP_j)}{D_{ij}^{\,b}}\right]$$

式中 T_{ij}——客源地i与目的地j之间的年旅游客流量；

P_i、P_j——客源地、目的地根据经验假定的出游者总量；

W_i、W_j——客源地、目的地的收入权重，两者之和为1.0；

D_{ij}——客源地与目的地之间的距离；

b——交通便捷程度；

Z——本项目的旅游吸引力系数。

根据项目的实际情况，确定上述公式中各参数的取值如下：

P_i、P_j：根据经验数据，我国城市住户每年平均参与旅游的比重，占城市家庭的25%～35%，可取平均值30%；参与旅游的住户中，按平均每户人口3.5人，其中有

2人参与旅游活动计算，参与旅游的人口约占总人口的17%；

W_i、W_j：以当地城镇居民人均可支配收入作为基准，人均收入高于当地的城市W_i为0.6，W_j为0.4；人均收入低于当地的城市W_i为0.7，W_j为0.3；

D_{ij}：用客源地到目的地的旅行时间（小时数）表示；

b：取值范围为1.0～2.0，其中国家级干线高速公路为1.0，国家级干线公路为1.2，国道为1.4，省道为1.6，其他道路为2.0；

Z：取值范围为0～1。

根据各个市场客流情况算出嘉年华吸引力系数的范围：

根据张科静、高阔等关于景区吸引力因素分析理论，景区的吸引力因素与景区的质量规模、旅游地经济环境、政策环境、可进入性和客源地的收入水平、客源地与旅游地的距离等因素相关，具体公式为$Q=KX^{\beta_1}{}_1\cdot X^{\beta_2}{}_2\cdot X^{\beta_3}{}_3\cdot X^{\beta_4}{}_4\cdot X^{\beta_5}{}_5/X^{\beta_6}{}_6$，其中$K$、$\beta_1$、$\beta_2$、$\beta_3$、$\beta_4$、$\beta_5$、$\beta_6$为待求参数，将两个公式进行融合比对，得出农业嘉年华吸引力指数，简化成一个吸引力指数（Z）计算的结论，由其他项目嘉年华吸引力指数，进行投资规模比对，得出新建项目的吸引力指数。

$$Z_{新建}=Z_{已运营}\left[\frac{Q_{新建}}{Q_{已建}}\right]$$

带入引入模型预测方程式，求得各市场客源总量。

或者根据已知农业嘉年华的总体客流量，将以上系数带入公式进行整体比对，计算出新项目的客流量。

（3）**成本估计**　包含投资建设成本和运营成本。

（4）**投资建设成本**　以项目决算书为准。

（5）**运营成本**　包括园区运营总成本，包括人工成本、能源耗费（水电等）、土地租赁费、其他生产成本、管理费用计提、销售费用计提、资产折旧及摊销、固定资产修理费等。

（6）**定价策略**　综合需求和市场环境分析，初步确定定价策略为快速掠取策略。即高价高促策略。

①成本加成定价法制定最低价格线：对嘉年华的成本进行一个标准的加成，农业嘉年华门票收入占比如表3-2所示。

表 3-2 各农业嘉年华门票销售额占比

农业嘉年华名称	门票销售额占比 /%	运营起始时间
广西	47.66	2015年元旦
南和	49.32	2016年2月
洋河	77.8	2018年5月

注：统计时间为2019年年中。

运营1年左右的农业嘉年华，门票收入一般占总收入的80%左右；3年成熟期后，门票收入基本固定占总收入的50%左右。所以嘉年华门票定价，第一年应该在80%门票占比，以保证开始的正常的运营。

单位成本=单位可变成本+固定成本/游客量

加成价格=单位可变成本/（1—期望利润率）

在利润率为零的情况下，即达到第一年的盈亏平衡，即门票票面价格的最低价格线。

②**定价调整：**价格敏感度测试（PSM）：通常在新产品开发时，希望能通过调查从消费者那里得到产品价格的可接受范围。预先给定价格来询问消费者的购买意向，价格敏感度测试是一种比较合理的方法，它不需要预先给定好价格，而是让每位被访者自己表示他们的可接受价格范围。

设置4个问题：

ⓐ请问对该产品而言，您认为什么价格对您而言是物有所值?（较低价格，采用根据成本法算出来的价格为最低价）；

ⓑ请问该产品如果低到什么价格，您可能怀疑其质量较差，从而不会去购买?（最低价格）；

ⓒ请问什么样的价格您认为较高，但仍可能去购买?（较高价格）；

ⓓ请问如价格高到什么程度，您肯定会放弃购买?（最高价格）。

求出每个问题在不同价格点上的频数以及频数的累计百分比，以表3-3为例：

表 3-3 价格调查统计表

价格 / 元	Q1，比较便宜 /%	Q2，太便宜 /%	Q3，比较贵 /%	Q1，太贵 /%
30	82	66	1	1
35	80	64	2	1
40	76	43	8	1
45	74	36	9	2
50	72	26	9	3

续表

价格 / 元	Q1，比较便宜 /%	Q2，太便宜 /%	Q3，比较贵 /%	Q1，太贵 /%
55	58	19	16	8
60	54	6	18	9
65	35	4	24	12
70	23	4	35	19
75	16	2	42	32
80	15	2	71	56
85	5	1	73	62
90	2	1	83	71

求出每个问题在不同价格点上的频数以及频数的累计百分比。如果把4个累计百分比曲线画到图上，如图3-13所示：

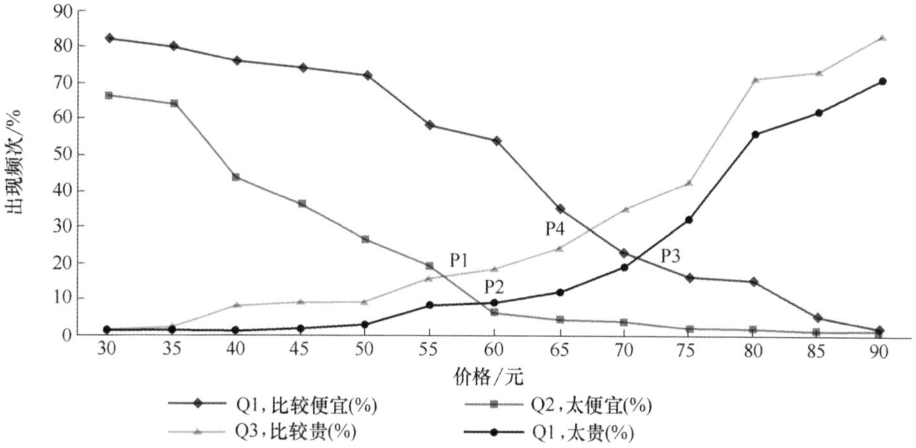

图 3-13 目标消费市场价格敏感度测试

“P1”点至“P3”点给出了该产品的定价范围，低于P1点的价格，消费者会怀疑其质量太差而不会去购买；高于P3点的价格，消费者会认为价钱太高，从而也不会去购买。“P4”点为可接受价格点。“P2”点为最优价格点，在此价格上，消费者认为价格既不是太高也不是太低。

所以图3-13的解释为：P2点所对应的价格（60元是消费者最优可接受价格）；P1和P3点所对应的价格范围（56 ~ 72元）是消费者可接受的范围。

成本定价法与PSM定价法结合可以确定消费者较为认可，而又能保证嘉年华在初始运营阶段正常运转的价格。

（7）**最终价格的制定** 最终价格包含渠道定价和促销定价两个部分。

①**渠道定价**：主要渠道为线下的旅行社等代理机构和线上门票代理（OTA）渠道，每一种渠道分别总结出其价格制定范围参考线，见表3-4。

表 3-4 不同渠道的不同定价 单位：元

项目	挂牌价	旅行社结算价	旅行社发团价（10～15人）	外埠旅行社结算价	线上 OTA 代理价	线上 OTA 挂牌价
玉林	50	35	30	40	40	45
南和	30	15	12	—	17	25
大同	60	40	40	—	53.36	58

从表3-4可以看出：与旅行社结算价为门票挂牌价的50%～70%，旅行社发团价（10～15人）占散客价的（80%～100%）；只有玉林农业嘉年华在旅行社定价系统中区分本埠和外埠旅行社，其中外埠旅行社结算价为门票挂牌价的80%，与本埠旅行社的结算价比约为1∶1.143；线上代理结算价占门票挂牌价的68%～92%，线上挂牌价占门票挂牌价的83.3%～96.7%；OTA抽成的比例不同项目为8%～32%；旅行社结算价与OTA结算价之比分别为1∶1.143、1∶1.133、1∶1.334。

②**促销定价**：运用多种方法刺激游客进行购买，其中之一就是促销定价。

ⓐ**传统景区促销策略**：应利用各种旅游节、国际旅游商品交易会、旅游黄金周假日进行宣传促销。

- 营业推广：一系列具有短期诱导性的战术性促销方式所组成，印制年卡，积极主动参加全国和区域市场的各类旅游博览会和推荐会。
- 公共关系：可以邀请当地旅行社高管、有广泛影响的新闻媒介记者和摄影师等来参观，邀请当地德高望重的社会名流、劳动模范和明星等来度假，一则专题报道往往比一则广告更令客户信服，可授予代表性游客（如名人、专家等）以风景名胜区“荣誉游客”的称号。
- 人员推销：可以根据特点将国内市场划分为几大片区并分别设立了办事处和下派了业务员，积极维护和强力地开拓客源市场；这些业务员需对临近周边城市的专业团体，如记者协会、教育工会、大型旅游公司企业等经常登门拜访。
- 销售激励促销：在旅游淡季的时候可以降价促销，或者在景区内向旅游者赠送旅游纪念品：在景区购物场所赠送购物优惠券或在旅游饭店加送优惠券。除此之外还可以赠送画册、明信片、台历、邮票等，出版与农业嘉年华有关的书刊或小说并免费赠送以此来进行宣传。

•异业联盟促销策略：可与地方商场达成异业联盟并通过消费积分赠送旅游服务或者产品等。

•同业联盟促销策略：景区具有不同的主题特色，可建立合作关系，进行联合促销，将三家门票捆绑在一起，推行大套票。

•节假日特定促销：在相关节日推出“踏青合家欢”、“全家百元游”、“三八节”妇女免费等优惠及折扣，通过一定的广告宣传和新闻报道，强化人们对于景区的印象。

ⓑ农业嘉年华促销定价：嘉年华的促销主要分为以下情况：

•活动促销定价：通过与本地化的有实力的活动策划公司联合举办主题活动，推出针对活动产品的体验价，包含门票的折扣以及和体验活动的联票，不同购票渠道实行不同范围的优惠。

如图3-14所示，以南和农业嘉年华的灯光节和非遗表演为例：

首先需要说明的是，嘉年华游览的观光门票挂牌价是30元，活动体验价根据合作方对资源的评估、投资、收益预测等因素确定，这方面嘉年华参与制定。重点要说的是，在活动体验挂牌价基础上制定渠道的定价，从图3-14可以看出：

活动体验产品OTA代理价定价范围占产品挂牌价的64%~70%，OTA挂牌价为指导价，占80%左右，团体价占比为70%~75%，渠道提成8元，占挂牌价的13.3%~16%。

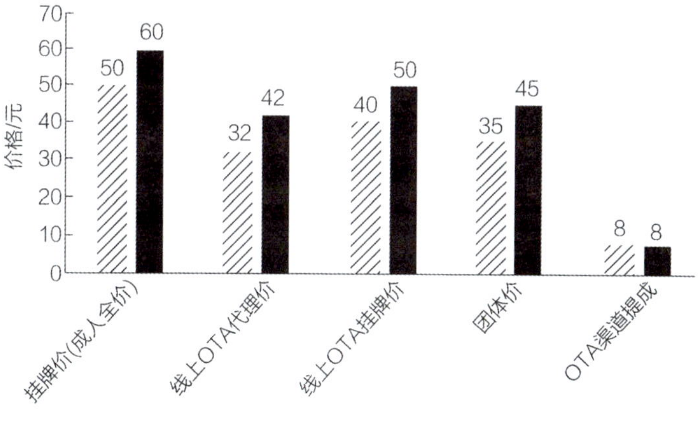

图3-14 活动体验产品各渠道价格

• 同业合作联票定价：与周边其他同类型或者不同类型景区合作，开发联票，在联票总的折扣基础上，渠道票价还会进一步折扣。以玉林农业嘉年华和鹿峰山景区合作联票为例，各类型票务价格制定在挂牌价之和的基础上，各渠道价格制定基本遵循非联票情况下的制定法则。

由图3-15可以看出，联票挂牌即为两个景区挂牌价之和；OTA挂牌价占各自OTA挂牌价之和的87.16%；结算价占门市挂牌价之和的68%；联票OTA抽成占联票OTA挂牌价的10.53%；与门市挂牌价相比，结算让渡比例，玉林农业嘉年华为30%，鹿峰山景区为33%，大致相当；旅行社发团联票价格为65元，与OTA结算价之比约为1：1.308，是门市价的52%，与前面分析的旅行社发团价（40%～70%）范围一致。

• 淡季优惠促销定价：如图3-16所示，农业嘉年华A的淡季分布在6～7月，入园人数占全年的9.6%；11月～次年1月，入园人数占全年的5.7%，共计占比15.3%。农业嘉年华B的淡季为7～9月，入园人数占比为4.8%；11月～次年1月，入园人数占比为8.8%，共计占比13.6%。

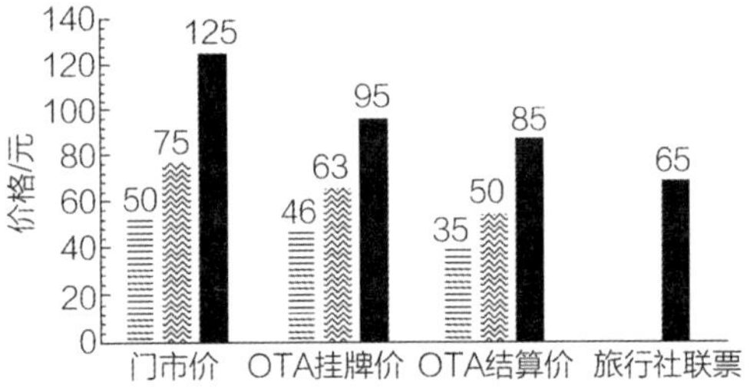

图 3-15　联票价格体系

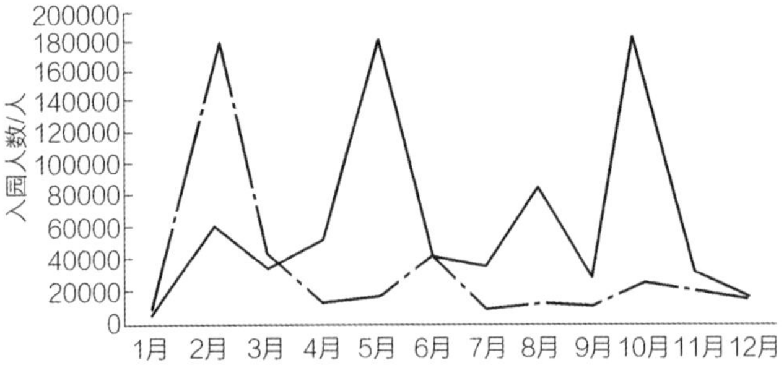

图 3-16　农业嘉年华淡旺季游客量分布

图3-17是国内一些著名景区的淡旺季价格比的频数分布。

淡旺季价格比频数较高的数值集中在65.22%~87.5%，对应的27个数值的平均数为75.59%。

农业嘉年华淡季明显，对于淡季，可以采取调整票务体系的策略。建议农业嘉年华淡季折扣范围为65.22%~87.5%。

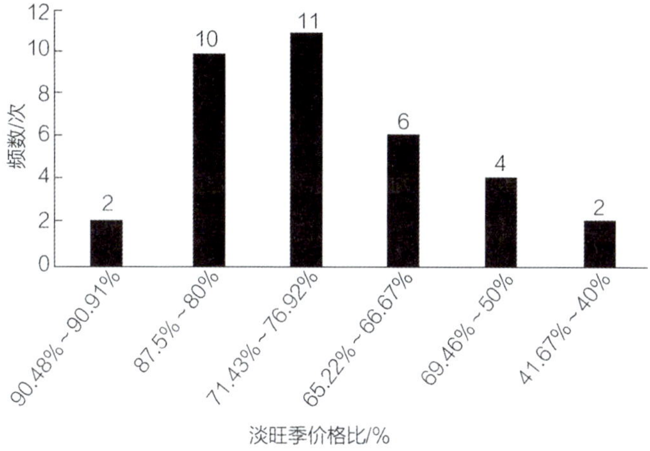

图 3-17　国内部分著名景区的淡旺季价格比频数分布

二、农业嘉年华的渠道策略

旅游营销渠道是指从生产企业向旅游消费者转移旅游产品过程中，一切取得旅游产品使用权或协助其使用权转移的中介组织或个人，即是旅游产品使用权转移过程中所经过的各个环节连接起来而形成的通道，因此旅游营销渠道又称分销渠道。旅游产品营销渠道分为直接营销渠道和间接营销渠道。直接营销渠道是指不经过旅行社等中间商，将产品直接销售给旅游消费者的营销渠道；间接营销渠道是指通过一个以上的中间商向旅游消费者推销旅游产品的营销渠道。间接营销渠道根据中间商层次的多少分为长渠道和短渠道，又根据一个时期内销售网点的多少、网点分配的合理程度和销售数量的多少分为宽渠道和窄渠道。旅游产品本身的性质、种类及档次、等级，旅游市场中的消费者、中间商和同类竞争者，旅游企业自身的管理能力及对旅游产品组合的广度和深度，影响和决定了旅游产品的营销渠道。

农业嘉年华票务销售渠道主要分为两种，一种是以旅行社为主的传统销售渠道，另一种是新型销售渠道，主要是指线上门票代理（OTA）。

（一）农业嘉年华传统销售渠道

1. 传统旅游销售渠道

传统的旅游产品生产者（即各个旅游专线）将旅游线路组织出来后，对各个旅行社总社进行销售，然后由各个旅行社总社分销给各个旅游门市。也就是说当各个旅游门市有客户的时候，自己并不为客户组织线路，而是交给总社的各个专线去操作。除此以外，在传统的旅游市场还有这样的一种分销渠道，这种分销渠道是现在成都旅游市场比较常见的，A、B、C三个部门和旅行社总部并没有太紧密的关系，名义上隶属于旅行社总部，事实上却只是借用了旅行社的资质，每年交给旅行社一定的管理费。A、B、C三个部门之间并没有什么联系，分属于各个私人。各个部门生产专门的旅游产品，将这三个部门称为专线，专线将生产的产品交由旅游门市分销，当然这个专线还将产品销售给另外旅行社的门市，旅游门市和旅游总部之间的关系也比较松散，财务自由。

新型的连锁经营模式下，旅游门市与总部有着紧密的联系。旅游门市与供应商之间的联系是依靠总部的，虽然旅游门市直接分销供应商的产品，但是在财务上却无瓜葛，旅游门市先将团款交给总部，然后各个专线供应商再去总部结算团款。分销渠道的各个环节有着严格的分工，供应商（专线）负责生产产品，旅行社总部负责售后服务以及旅游门店的整体宣传和旅游产品的整体营销。

农业嘉年华旅行社渠道合作基本采取第二种模式。

2. 农业嘉年华传统销售渠道内涵

嘉年华传统销售渠道分类，主要根据销售能力情况进行分类：

（1）核心渠道　一级、二级市场的一级批发商，包含地方旅行社总部、著名旅行社所在地门市等。

（2）重点渠道　一级市场的二级批发商、零售门市、企业团体、机构团体等渠道。

（3）一般渠道　二级市场团体。

如图3-18所示，主要渠道仍来自传统旅行社，占据90%以上的销售额，没有开拓线上推广业务。

农业嘉年华目前的主要渠道架构还是以传统旅行社为主，多种渠道（客户）形式并行发展。

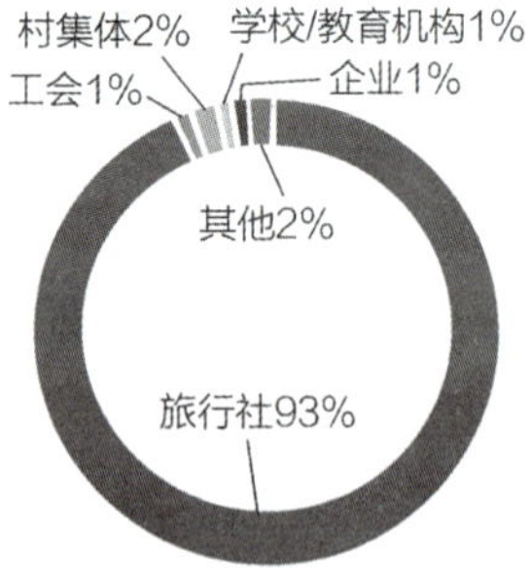

图 3-18　某农业嘉年华售票情况统计

（二）农业嘉年华新型销售渠道

主要包括线上门票代理（OTA）和各类门票销售代理商。

OTA（Online Travel Agent）是指在线旅游代理商，提供大而全的旅游服务，主要竞争对手有携程、去哪儿、同程、途牛、驴妈妈等，作为竞争对手的OTA之间也有参股投资，以达到资源合作共享的目的。

（1）中国OTA市场基本情况　由图3-19可以看出，合并后的携程+去哪儿占据市场份额的51.9%，其次是飞猪、同程艺龙、美团等，这对农业嘉年华的平台选择具有指导性意义，优先选择携程+去哪儿，是一种比较快速进入市场、增加线上活跃度的策略。

农业嘉年华线上门票销售也主要集中在上文提到的几个平台，具体定价机制在本节“一、农业嘉年华的定价策略”中也给出了范围。

由图3-20可以看出，农业嘉年华10月总体销售额中，OTA销售额占据总体销售额的11.7%，占比较大，需要进行系统的维护。

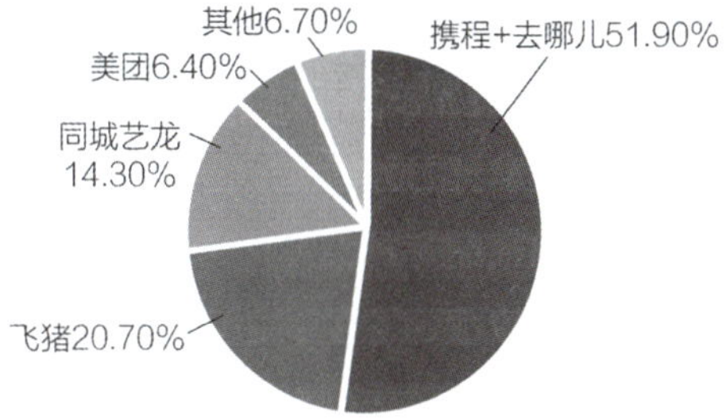

图 3-19　国内主要 OTA 平台市场份额占比

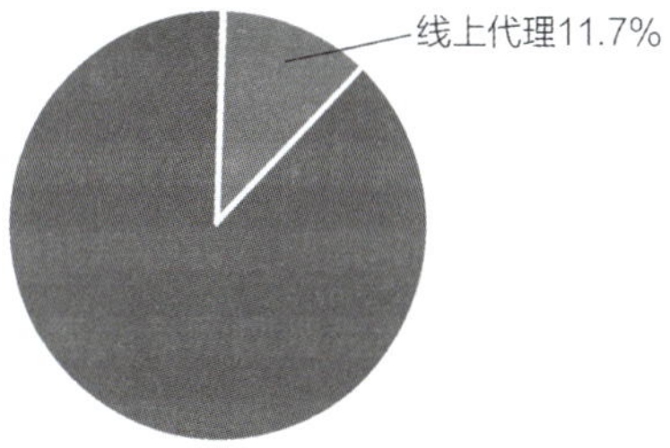

图 3-20　10 月线上代理渠道销售额占比

（2）合作思路

①**建立合作意向**：选择规模以上OTA网站，如携程、艺龙、同程等，通过客服取得联系，最终找到销售部或者网络营销部的人沟通询问是否有合作意向。

②**洽谈合作形式**：景区合作里面比较重要的一般是付款方式以及业务产品类型。付款方式分两种，现付（用户在OTA预约—到景区付款取票）和预付（用户在OTA付款预订—到景区取票）。最开始大部分的景区采用现付，这样可以把握现金流。现在随着OTA结算的成熟，结算周期缩短，越来越多的商户采用预付的形式，即用户先把钱付给OTA，然后OTA定期给景区结算。

③**业务合作内容**：业务合作则是指是否只合作景区门票还是多种项目打包卖。一

般的景区除了门票，还会有其他的玩乐项目一起打包卖。如颐和园门票+划船游览。

④合同签订：以上合作形式都谈妥之后就是开始签合同了（一般包括：甲乙双方公司信息、景区门票类型、门票市场价、销售价、结算价、取票信息、流程）。

（三）农业嘉年华项目渠道考核指标体系建设

1．分销渠道的经济指标

（1）销售能力 销售能力指标主要包括销售额、销售增长率两个具体指标构成。

$$销售额=销售数\times 销售单价$$

销售增长率是指企业本期销售收入增长额比前期销售收入的比例，反映企业销售收入的增减变动情况，是评价企业成长状况和发展能力的重要指标。其公式为：

$$销售增长率=\frac{本期销售收入-上期销售收入}{上期销售收入}\times 100\%$$

（2）投资报酬率 投资报酬率是企业赚得的收益和所使用资产的比率，用来衡量企业在市场分销中投入的每一元所能赚取的收益。涉及嘉年华项目，在与渠道进行地方的联合宣传时，成本为宣传投入成本，则投资报酬率公式为：

$$投资报酬率=\frac{销售利润}{投入资本}\times 100\%$$

（3）销售任务完成率 嘉年华渠道合作模式现在多采用“目标责任制”，即设立渠道目标，交付目标责任保证金的模式，所以考核销售任务完成率。

$$销售任务完成率=（实际销售数/销售任务）\times 100\%$$

（4）分销渠道布局的合理性 市场覆盖率是一个与市场占有率相关的指标。它是本企业产品的投放地区占应销售地区的百分比。市场覆盖率按照从低密度的覆盖到高密度的覆盖可以分为独家分销、选择分销和密集分销三种类别。

$$市场覆盖率=\frac{渠道布点地区数（区县）}{全市场应销售地区数（周边市场）}\times 100\%$$

（5）渠道流通力 渠道流通力指产品在分销渠道中的流通量。市场占有率是在一定时期内，某种渠道分销商品的数占该商品同期销售总的比例，该指标可以反映该种渠道在整个分销网络中的地位和作用，表示为：

$$某种渠道分销产品市场占有率=\frac{某种渠道销售总额}{同期市场分销总额}\times 100\%$$

2. 渠道激励

（1）**台阶返利**　对于一级、二级批发商、销售商设置台阶返利政策。在分销商可能完成任务的基础上，合理安排渠道奖励额度的梯级。

例如，某嘉年华项目，以1500人为基数设置梯度，1500～2000人，返利1元/人；2001～2500人，返利2元/人，2501～3000人，返利3元/人；3001～4000人，返利4元/人。奖励政策设定周期，到期后根据实际情况会及时调整；奖励以免票入园人数冲抵，不进行现金往来；需要注意的是，在进行返利设计时，需要将交接价考虑在内，使去掉返利数额后，最终交接价不得低于盈亏平衡价。

对于交付目标责任保证金模式的代理商，可设置两个台阶返利，一个是针对基础任务，即完成合同期内目标的台阶返利，另一个是针对完成基础任务后的超额部分的台阶返利，如表3-5所示。

表 3-5　　完成目标责任的返利标准

完成率	奖励
90%≤完成率≤100%	实际销量1.5%奖励
100%≤完成率≤110%	实际销量的2%奖励
完成率≥110%	实际销量的2.5%奖励

（2）**营销激励**　营销型渠道激励在拉动渠道销量、提高市场份额的同时，更重要的是塑造品牌、提升品牌知名度。与销售型渠道激励相比，营销型渠道激励计划执行过程，其效果评估也难于衡量。对于嘉年华项目，针对渠道的营销激励主要设置市场支持奖励基金和空白市场的集中作业两种方式。

①**设置市场推广支持奖励基金**：企业为最终完成销售目标，保持市场持续、稳定、健康发展，根据不同市场、不同客户的特性，将渠道返利以市场奖励金的方式体现，市场奖励基金是以市场推广为主体、以市场基础工作为奖励方向的奖励方式，奖励广告赞助、推广赞助等。

②**空白市场的集中作业**：一种阶段性的、集中性的、密集的针对空白市场的“团体营销活动”，短期内明显提升市场，在专业化市场多、核心市场少、网点少的情况下，开发郊县核心及重点市场项目分销商，并迅速筹建终端，开发隐形渠道。具体操作中，可根据渠道类型不同，分开制表确定任务目标，并搭建工作小组。

三、嘉年华主题活动设计

（一）农业嘉年华项目主题活动内涵

体验经济时代，乡村旅游者已不再满足于走马观花式的农业观光旅游，更强调参与和体验，借参与产生互动，加深与乡村文化的交流与沟通。乡村旅游经营者必须深入研究游客的这种体验需求，将体验的思想融入产品设计、开发和管理过程中，以全方位提升乡村旅游的竞争力，主题活动就是一个特色文化和参与度兼顾的体验型项目。

所谓主题活动，就是以一个主题为线索，围绕主题进行的活动与交流。年轻人出游普遍对参与性的项目兴趣比较高，这就给主题活动的举办提出了新的要求。为了契合年轻人的出行偏好，丰富园区内容，强化品牌识别度，从文化建设层面打造园区差异化，主题活动的举办除了主题新颖、立意明确和植根于优势产业等外，还必须强化游客参与度，形成浸入式体验和个人经历的“储值”。

整合各种感官刺激，乡村旅游在开发过程中，应创造知觉体验的感觉，即利用人体感官的视觉、听觉、触觉、味觉与嗅觉，开展以“色”悦人、以“声”动人、以“味”诱人、以“情”感人的情景式体验，并让消费者参与其中，使其留下难忘的体验印象；激发游客的情感，从乡村旅游消费实践来看，游客总是关注旅游产品与自身关系的密切程度，偏好那些能与自我心理需求引起共鸣的感性旅游产品，亲近自然、贴近人心、亲情乡愁的呼唤等，都可以成为乡村旅游激发游客情感的基本诉求；引导游客的思维，农业嘉年华项目将知识性、科学性、趣味性融为一体，具有较好的引发思考的功能，大棚蔬菜、花草树木、昆虫、家禽都可以告知一段自然界生物生长的经历，这些生物奥妙能激发广大都市人的兴趣，激活其思维和探究欲望；营造参与互动的氛围，为了强化参与的体验性，乡村旅游的开发应能够让游客亲自参与乡村生活、生产的某一过程，如自己下地采摘瓜果、上山挖野菜，甚至自己动手制作豆腐、蘑菇等，切实体验劳动的艰辛和创造的喜悦。

（二）农业嘉年华项目主题活动主要类型

嘉年华主题活动主要包含以下几种类型。

1．节庆类活动

余青和吴必虎认为旅游节庆分为广义和狭义两种，广义的观点就是相当于旅游节事。狭义的则是认为这是能重复多次举办的带有一定周期循环的一种节日活动，并不包括那些只能办一次的特殊活动，如博览会、文化交流会等。徐舟认为旅游节庆并不包括传统的节庆活动和一些特殊的事件，它只包括由人们策划的，利用旅游目的地本身资源举办的，有着独特深厚的地方民族文化气息的特色节庆活动。农业嘉年华主题节庆设计基本包含以下板块或者环节，任何一个板块也可单独策划成主题活动：

（1）**展示展销板块**　中国地大物博，很多地方因其当地的特产而出名，这些地方也想利用这些特产发展旅游。于是，围绕旅游的需要举办了大量的节庆活动。例如，糖球节（青岛）、风筝节（潍坊）、陶瓷节（景德镇、宜兴）、茶文化节（杭州、安溪）、中药节（安国）、荔枝节（深圳）、西瓜节（北京大兴）、啤酒节（青岛）、杜康节（河南伊川）等。这些节庆活动是围绕某一特产而延伸，一是向交易会延伸，将产品的生产与销售联系起来；一是向文化方面延伸，把生产过程与产品和文化联系起来。

农业嘉年华特色农产品展示展销，可根据场馆设计主题，在本地农产品上市季节，展示嘉年华园区新品种选育情况和本地特色农产品品牌，融入特色农产品小吃、农产品艺术化创作，如瓜类雕刻、秸秆编织、彩绘、文艺表演等活动，并搭建产销对接平台，吸引产业链各主体参与活动；另外，需要设计农产品展销层次，主打特色产品的新品种、亮眼品种，形成特色。

玉林农业嘉年华举办的“南瓜节”已成为“五彩田园”的品牌性节庆活动，融入南瓜雕刻、美食、文艺表演等文化性活动，展示自主培育的百斤大南瓜，主打南瓜品牌，切合科技农业园区主题，形成了良好的社会反响。

（2）**文化性艺术环板块**　一些地方举办一些文化性和艺术性的节庆活动，如歌会、灯会、锣鼓节、唢呐节、年画节、杂技节、武术节、书法节、电影节、戏剧节、木偶节以及只是根据地方命名的艺术节。这些节庆活动主要也是依附于当地的文化传统，以“民俗风情”为主题，如浙江省中国开渔节、浙江省青田石雕文化旅游节、中国潍坊风筝节、中国吴桥杂技节、中国临沧佤族文化节、傣族泼水节等。

农业嘉年华作为农文旅综合体，规划、设计、运营阶段理念都植根于本地传统文化之上，所以在主题活动设计的时候，融入本地特色传统、非遗文化，才能保持长久的生命力。如非遗手工参与环节、非遗曲艺类表演等。

除传统文化之外，活动设计还可以融入现代文化，如时尚的街舞、走秀、快闪，吸引年轻群体，文化融入主题活动的最佳模式，是将传统艺术类型嫁接现代艺术形式，如脸谱艺术彩绘走秀、蔬菜时装节等。

（3）**娱乐性环节**　有一些新的节庆活动，完全是出于旅游发展的需要而创造出来的，希望通过这样的活动来提高知名度和增加人气，这些活动并非完全与当地的传统有很大的关联。如美食节、老人节、赏花节、民间艺术节、冰雪节、冰雕节、沙雕节等。

农业嘉年华在不同季节可以引入不同的群众喜闻乐见的项目，如夏季引入水上活动，并举办泡泡节等娱乐性内容，在中秋、国庆、春节等可举办夜间灯光、水幕电影等时下较为流行的娱乐性活动内容。

2. 植物主题类

嘉年华的初心是展示农业科技、品种、模式，所以选取场馆设计中涉及的特色产业植物造节，是严格符合农业嘉年华的立意和主题的。例如，选取某种中药、某种花卉，甚至某种蔬菜，按照节庆活动的板块内容，设计节庆，容易形成品牌。

3. 承办竞赛类

农业嘉年华作为平台型园区，可承办各种场地要求适宜的竞赛类活动。如玉林嗨跑节，就是将起点放在嘉年华园区。

4. 会议论坛类

嘉年华作为科技型园区，可举办科技论坛，如中国县域现代农业高层论坛、都市农业论坛等都在嘉年华承办。当然，在辐射范围内，嘉年华可联合本地科技企业，举办地方特色的科技论坛，突出农业嘉年华的科技占位。

（三）农业嘉年华项目主题活动设计思路

1. 主题活动设计原则

（1）制造话题，形成名片。

（2）注重体验感，提升重游率。

（3）丰富园区产品线，制造赢利点。

2. 设计思路

（1）绘制活动线路图，找到关键节点，尽可能挖掘可参与项，增加活动的社交属性和故事性，引入社会活动资源团体，形成“共建共享”式活动举办模式。

（2）周周有主题，月月有采摘，季季赏美景，全年有活动，农业嘉年华活动多在传统节日和法定假日（表3-6）。

表 3-6　　农业嘉年华活动主题设计

<table>
<tr><th>活动类型</th><th>1月</th><th>2月</th><th>3月</th><th>4月</th><th>5月</th><th>6月</th><th>7月</th><th>8月</th><th>9月</th><th>10月</th><th>11月</th><th>12月</th></tr>
<tr><td rowspan="3">休闲观光</td><td></td><td></td><td>景观游赏</td><td></td><td></td><td></td><td></td><td></td><td></td><td></td><td></td><td></td></tr>
<tr><td></td><td></td><td></td><td></td><td colspan="3">花海观光</td><td></td><td></td><td></td><td></td><td></td></tr>
<tr><td colspan="12">温室花海、南方植物观赏</td></tr>
<tr><td>度假体验</td><td></td><td></td><td colspan="6">露营、拓展、写生、养生、手工体验</td><td></td><td></td><td></td><td></td></tr>
<tr><td>科普研学</td><td></td><td></td><td></td><td colspan="7">科普研学、学生夏令营拓展</td><td></td><td></td></tr>
<tr><td>会议会展</td><td></td><td></td><td></td><td></td><td></td><td></td><td></td><td></td><td colspan="2">优质农产品展会</td><td></td><td></td></tr>
<tr><td rowspan="2">主题节庆</td><td></td><td></td><td colspan="4">田园风光摄影节、亲子节</td><td colspan="3">农牧民丰收节</td><td></td><td colspan="2">文化大集非遗展演</td></tr>
<tr><td></td><td></td><td></td><td></td><td colspan="5">田野美食节</td><td></td><td></td><td></td></tr>
<tr><td rowspan="2">采摘活动</td><td></td><td></td><td></td><td></td><td></td><td colspan="4">露地水果采摘节</td><td></td><td></td><td></td></tr>
<tr><td colspan="12">日光温室水果采摘</td></tr>
<tr><td>植物主题</td><td colspan="12">全年特色新品种植物主题展</td></tr>
<tr><td>承办活动</td><td colspan="12">全年可承办竞赛类活动</td></tr>
</table>

（四）活动内容设计

1．主题语

活动主题语的设计主要注意以下几点：

（1）**本次活动的客群**　明确本次活动是针对哪个客群市场，用该客群能接受的语言进行表达，就是所谓的“说人话”。例如，针对父子的父亲节活动，口号就可以针对父亲想要达到的互动目的，融合儿童的独特语系，如嘉年华爸气十足等。

（2）**本次活动的特色**　主题语需要言简意赅地将活动特色和目的表达出来。

（3）**一般控制在15个常用字之内**　可以是一句话，一个短语，但最好与常用语形成反差，容易留下印象。

2．活动环节

（1）**现场氛围营造**　指围绕或归属于一特定根源的有特色的高度个体化的气氛和情调，活动氛围营造得好，让游客更能感受到活动的魅力，促使游客全身心地投入，氛围营造是打造场景式体验的重要的前端环节。氛围营造主要基于主题彰显、推广宣传等目的。

对于氛围营造方面，首先要确定活动视觉识别系统。该系统的设计严格遵循园区已经成型的品牌视觉识别系统，包括基本色、标准字、导览系统、礼品包装设计和吉祥物等，其次是声音识别系统，包括现场背景音乐的选择等，还有就是行为识别系统的设计，包括工作人员的着装礼仪、接待用语、现场解说词和一系列的宣传活动等。

氛围营造主要包括推广中的氛围营造，活动现场内外的和活动前中后期的氛围营造。

①推广期的氛围营造主要包括以下几个方面：

ⓐ**门票：**针对活动印制临时票种，前期促销。可通过社交平台集赞转发进行送票，但需在票面上注明特殊用途和使用日期。

ⓑ**新闻发布会：**活动主要以新闻发布的形式与媒体建立起信息互动，现场主题氛围的营造可以有效传达活动主题和宗旨，活动还需要建立起新闻发言人制度，注意发布会现场的氛围营造，旨在突出活动主题。

ⓒ**专题：**活动专题是活动信息的集锦。通常可以采用推出活动官方网站或在大型门户网站设置专题及活动会刊等形式，通过网站或者会刊的页面设计，增加有效触发物，传递活动相关性、展示活动主旨并提供明确的行为召唤，激发浏览者的参与的欲望。

ⓓ**路演：**路演也是宣传推广的一个重要形式，超级女声的拉票晚会就是一个很好的例证，不但起到了宣传的效应，也实现了与粉丝的互动，另外一个典型的例子就是美国总统的选举演说。

ⓔ**广告：**每个活动都需要适当量的广告，让活动的影响力和影响范围得到扩展，让更多的消费者知道活动，广告的版面设计、文案设计可以给游客一个活动预期和达到预期的心里契合度，所以应保持实事求是和价值导向，不得涉及虚假宣传和三俗用语，并且保持宣传内容与现场具体实施情况的承诺一致。

ⓕ**渠道分发：**农业嘉年华各合作渠道信息分发，主要包含活动内容和优惠措施。

②活动现场内外的气氛主要包括以下几个方面：

ⓐ**活动外围气氛营造：**主要集中在通往园区主干道的交通节点、城区人流密集街道、广场和合作渠道、赞助商店铺位置。包括高速出口广告牌、空飘、吉祥物造型等，城区横幅、城区主要交通路口横幅、主要街道顺风旗、主广场和公园吉祥物堡垒等，合作渠道中的旅行社及活动赞助第三方店铺位置横幅、LED屏和吉祥物等方式，根据活动性质可设计不同种类的活动券、宣传单、活动专属

伴手礼等物品，在第三方店铺位置进行发放、自取。

ⓑ**现场氛围营造：**园区主入口利用吉祥物和拱门、横幅、空飘等吸引游客目光；活动启动仪式亦即主舞台现场氛围营造主要在意主舞台的造型设计、展示内容和背景音乐选择；全园区需要在主要关键节点放置吉祥物、张贴海报，放置如稻草人、风车、风筝等符合园区和活动主题的景观、堡垒等形象，主要在于园区品牌形象、活动主题形象元素的提取和组合。

（2）**活动环节设计** 基本包含四大活动类型，空间布局上主要包括：

①**温室内活动部分**

蔬菜馆：蔬菜馆设计蔬菜叶、种子等创意DIY，科学小实验等。

花卉馆：花卉种植、鲜花食品DIY、写生等。

中药馆：中药基本称量、药丸制作、中药粗加工体验等。

果树馆：果酒果醋酿制、水果趴、果类雕刻等。

民俗馆：非遗手工体验、非遗美食制作、非遗曲艺表演等。

水科技：充气钓鱼游戏、沙游戏、水车DIY等。

茶馆：炒茶体验、茶糕制作等。

萌宠馆：萌宠表演互动等。

桑蚕馆：扎染蜡染体验、蚕宝宝喂养、蚕茧画制作等。

②**馆外部分：**包含四大活动类型的舞台演艺、竞赛、大型展会等部分。

（3）**现场组织保障** 根据活动规模大小，现场组织保障级别不同，此处按照最高级别讲述：需成立临时活动小组，在一定时期内围绕活动进行工作安排，各小组包含公司不同部门员工，在活动执行阶段，其他小组人员同样被抽调为现场协调、服务人员（图3-21）。活动准备阶段形成每天例会制度，严格监视项目进度。

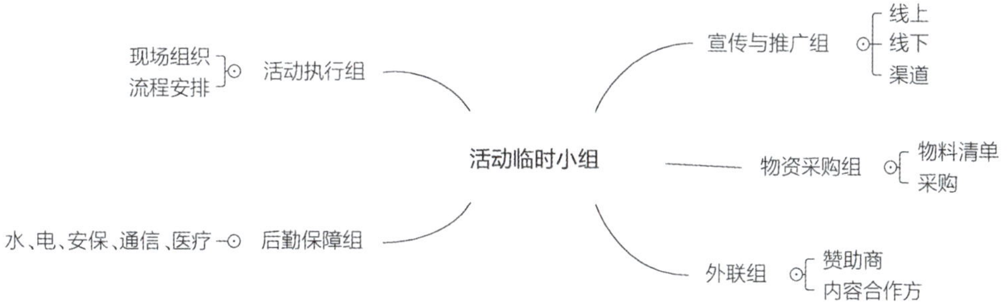

图3-21 现场组织架构

（4）**活动举办模式** 主题活动举办可分为三种模式：

①园区主办、联合开发模式：有以下五点优势：节约运营成本、专业团队操盘、直接带动收益、拓宽客群类型、借势营销等。

该模式是农业嘉年华较为常用的一种模式，是一种“行业联合、企业联手、产品联体”合力办节的模式，也是较为成功的商业化运作模式。突出的群众参与性，全民办节、全方位联动的方式，“市场引导、企业主体、商业运作”的管理模式，这也是旅游节事活动走向市场化的最终极模式。这种模式的特点是：

ⓐ节事活动的举办及其时间地点、广告宣传方式等方面的选择完全按照市场需求，这样可以节约成本，避免因行政力量介入时造成的不必要浪费；

ⓑ节事活动的主体是企业，追求收益最大化，当然这里的收益包括了企事业的收益、政府形象收益和其他社会效益；

ⓒ节事活动全部采取商业化运作和管理，保证运营高效率。

农业嘉年华大型主题活动多采用此模式，确定活动主题，分解活动环节，根据各环节要求进行本地化的资源搜索，寻找服务商，列出赞助机会，寻找本地企业赞助。

门票为主要的盈利方式，分成为双方商议而定，园区可不承担费用，也可以水电费等形式承担部分费用。分成的制定主要考虑双方投入比例，包含各种形式的投入。

②园区承办、联合开发模式：由于我国一些大型节事活动都带有社会公益性质，政府在其中必须担负起牵头和主办角色，为此，目前许多园区都采用了“政府主导、联合承办、联动开发”的管理模式，坚持与企业、市场联动开发等原则，面向国内外科研院所、企业、高等院校、投资和中介机构，提供交易服务。政府是重要的主办单位，政府引导作用主要体现在确定节事活动的主题及名称，并以政府名义进行召集和对外的宣传；社会参与就是充分调动社会各方面的力量来办好节事活动，包括营造节事环境氛围、参与各项具体活动等方面；市场运作则指城市节事活动的举办过程，交给市场来运作，如节事活动的冠名权、赞助商、广告宣传等方面，都可以采用市场竞争的方式，激励更多的企事业单位参加。

③园区自主举办模式：活动全部流程由园区自主策划、实施。按照活动组织框架实施。

四、农业嘉年华的宣传推广策略

农业嘉年华作为地方特色型园区，基本的推广工具采取地方化的宣传推广渠道，营销人员应建立适合园区的线上线下营销工具库，根据预算和特殊事件筛选切实可行的推广工具。本部分主要阐释常用的营销工具，营销人员在项目不同发展阶段根据营销预算适当缩减、扩大营销工具池。

1. 线上

线上宣传推广主要通过官方微信公众号的申请、运营数据分析和关注度增加计划，引出自媒体号常用的运营策略。

（1）官方自媒体的基本内容框架　官方自媒体号：通过建设园区官方媒体，包括公众号、官方微博、头条号等，构筑社区，与客户产生互动，及时更新消息。

公众号通过经常发布景区动态消息、景点介绍、旅游攻略等，吸引热爱旅游或者与账号属性相关的粉丝关注。通过策划组织活动，邀请大家免费游玩，激励大家将活动消息转发给自己的亲友，从而获得大量客流，客流量增长，二次消费才能不断提高。同时这些游客的体验感良好，还会把景区推荐给其他人，从而产生口碑传播。

以某地嘉年华公众号为例，探讨一下线上自媒体官方号的运营：

公众号主要分为订阅号、服务号和企业号三种类型，订阅号既适用于个人，也适用于企业组织，一般不直接在好友列表显示，而是与其他订阅号一起显示在微信界面中“订阅号”的文件夹下。而服务号则是订阅号的加强版，是企业和组织提供更全面服务的平台，直接显示在微信的好友列表中，具有更高的展示率，二者的主要区别见表3-7。

表 3-7　不同类型公众号的区别

功能	公众号功能类型与内容		订阅号	服务号
消息推送	自动回复	文本、图片、语音、视频	√	√
	群发消息	每日群发一条	√	
		每月群发四条	√	√
客户管理	用户信息	获取全部用户数据	√	√
		获取当前用户数据	√	√
		客户筛选	√	√
		用户分组	√	√

续表

功能	公众号功能类型与内容		订阅号	服务号
信息管理	上传/下载媒体	发送和回复图文、语音、视频下载用户发送的图文和语音	√	√
客服模式		一对一对话	√	√
支付接口		微信在线支付		√
网页授权接口		粉丝绑定		√
		营销活动		√
		其他应用		√
生成二维码		获得一系列携带参数的二维码		√
用户分析		用户位置定位获取		√

从服务内容看，旅游景区的微信公众号目前提供的服务主要涵盖游玩攻略、周边服务、活动放送、购票预订、地图导航、语音导赏、在线购物、交流互动、客服咨询、会员中心等方面。

首先，在景区微信公众号的主要服务内容中，游玩攻略和购票预订为期望型需求特征。这类需求如果能及时满足，用户会感到满意；但如果得不到满足，用户会产生不满。目前，旅游景区公众号用户对这两项功能的使用程度较高，而且具有强烈的使用需求。因此，游玩攻略功能和购票预订功能是提升旅游景区公众号用户满意度的关键，也是建立旅游景区公众号在同类平台中竞争优势的关键。

其次，在景区微信公众号的主要服务内容中，周边服务功能呈现出兴奋型需求的特征。兴奋型需求可以看作用户的隐性需求，一旦得到满足，用户的满意度会急剧提升；但用户不会因这类需求没有得到满足而产生不满。虽然是隐性需求，但从调查结果来看，用户对周边服务功能的利用程度和需求情况还是很高的。总体来说，周边服务功能具有让用户感到惊喜、让景区公众号脱颖而出的作用。

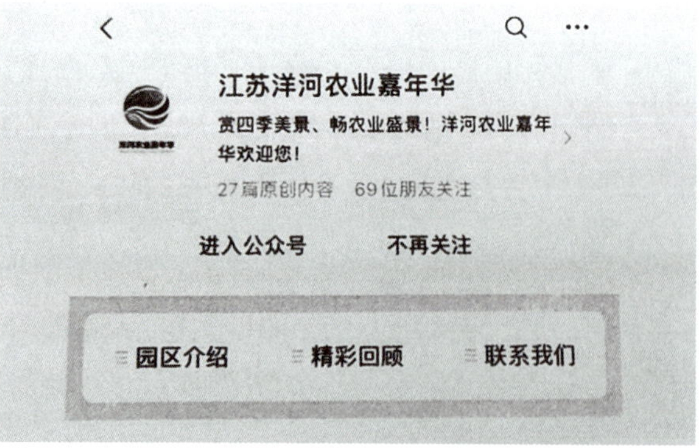

图 3-22　农业嘉年华项目公众号平台基本内容框架

农业嘉年华项目公众号如图3-22所示，主要分为“园区介绍”“精彩回顾”“联系我们”三个部分，其中“园区介绍”

包含园区的鸟瞰图、园区基本情况介绍、各主题场馆特色等内容；“精彩回顾”为往期推送文章的回顾，在此栏目可查看历史消息；第三部分是“联系我们”，主要包含一键导航、联系方式、免费Wi-Fi等内容。

内容结构为：图（短视频）+文+票务简介+地址导航+相关业务介绍。

（2）官方自媒体的数据分析 主要针对各项指标进行数据分析，了解关注客户的行为方式，从而为全面的营销推广提供数据支持。同时，园区的最新信息、活动动态等可以精准地传达到粉丝受众，促进消费。

①内容生产方式：以PGC[①]为主。

②基础数据指标

ⓐ **送达人数：**图文消息群发时，送达的人数。

ⓑ **图文页阅读人数：**点击图文页的去重人数，包括非粉丝；阅读来源包括公众号会话、朋友圈、好友转发、历史消息等。

ⓒ **图文页阅读次数：**点击图文页的次数，包括非粉丝的点击；阅读来源包括公众号会话、朋友圈、好友转发、历史消息等。

ⓓ **分享转发人数：**转发或分享到朋友、朋友圈、微博的去重用户数，包括非粉丝。

ⓔ **分享转发次数：**转发或分享到朋友、朋友圈、微博的次数，包括非粉丝的点击。

ⓕ **微信收藏人数：**收藏到微信的去重用户数，包括非粉丝。

ⓖ **原文页阅读人数：**点击原文页的去重人数，包括非粉丝。

③单篇图文传播数据：点击单篇图文详情分析还可查看公众号打开率、一次二次传播率、阅读来源以及阅读趋势。

ⓐ **一次传播数据：**指关注该公众号的用户通过公众号会话阅读文章或者从公众号分享文章到朋友圈的行为数据。一次传播转化率越高，说明公众号推送文章内容受到现有粉丝的喜欢，有利于维护现有的粉丝，增强其黏性。从后台数据上看，一次传播共有两个核心数据。

- 公众号会话阅读率（俗称打开率）：公众号会话阅读人数/送达人数，如果想提升文章的打开率，那应该着重考虑文章的标题应该怎么取。
- 从公众号会话分享率（图文转发率）：从公众号分享到朋友圈的人数/公众号会话阅读人数，这是衡量这篇推送文章价值的标准，图文转化率越高，说明这篇文章质量越好。

---

① PGC：互联网术语，指专业生产内容，常见于个人自媒体的变现转化。

ⓑ二次传播：它是用户在未关注公众号的情况下，在朋友圈点击阅读或者在朋友圈再次分享传播的行为。相比一次传播，二次传播更加能够说明该篇文章推送的传播力和影响力，是深度传播，比一次传播的数据更有价值。

ⓒ阅读来源及趋势：这是图文分析中非常关键的数据，通过分析阅读来源，可以推测出用户的阅读场景，知道用户是在哪个渠道看到文章的，方便做运营优化。

通过以上基础数据和传播数据分析，定义或重新描述客群画像。

（3）官方自媒体的运营管理

①日常传播内容：园区动态、科技项目、新优品种展示、游客、活动培训、领导考察等；产品售卖场景；基地授牌、荣誉、产品认证，媒体报道等；农业相关政策、案例展示；招商、招聘信息等。

②配合园区线下活动传播内容

ⓐ活动预热

- 标题要准确地传达出活动信息（园区名称、活动名称），又要不死板、能够吸引用户目光。罗列出园区名称、活动名称，列举5个与活动相符的词、词组，并从中选择最恰当的1个；如“优惠来袭”“即将来袭”“抢先体验”“火爆来袭”“开幕在即”等。
- 套入到公式模板：最主要的模板有以下3种：

  公司/企业名称+最恰当的词/词组+活动名称

  最恰当的词/词组+公司/企业名称+活动名称

  活动名称+公司/企业名称+最恰当的词/词组
- 通用的开头：只要是活动，无论哪一种，预热新闻稿开头要传达的内容，都是固定不变的，即引导语、时间、地点、主办单位、举办目的，以及最主要的事实或精辟的议论。

组合起来的写法：引导语，谁（主办单位）将于某时间、地点，举办某活动（活动名称）。因为（举办目的），所以举办了此次活动。活动的举行，将带来某某好处或帮助。

- 促进传播：既然是预热，那么在结尾就需要有引导性的结尾，鼓励用户传播好、参加活动。而方法通常是通过福利引导，即参加了活动能够获得什么。福利：小礼品、大咖观点、抽奖、游戏环节、奖品等。

ⓑ活动实时报道

- 通过页面对话框游客留言，实时在线与游客互动，解决活动中各种疑问和突发状况。

• 实时推送活动最新消息和园区客流动向，方便游客进入最佳观赏路线。

ⓒ**活动评选：** 通过活动实时报道，发动游客投票、转发，评选最佳。

（4）增粉活动

①**文章底部添加二维码便于读者关注。**

②**合作渠道推广：** 包括与其他景区、大客户的广告置换，其他渠道宣传，微博、今日头条这些自媒体平台的引导关注，最好是找到公众号适合的推广渠道，集中精力在里面更新，然后再引流到微信公众号。

③**朋友圈、微信群推广。**

④**地推：** 校园地推、超市门口地推、小区门口地推，要结合公众号内容，地推找第三方就行，如果预算不多，就自己找兼职。

⑤**活动裂变增粉：** 园区的线下主题活动前的转发关注得优惠、活动后关注公众号投票等。

⑥**后台小游戏结合促销优惠吸引关注：** 如针对妇女节的女性抽奖赢门票等活动。

（5）运营原则

①**坚持原创：** 由园区新媒体运营人员从园区动态、亮点介绍、活动介绍、生态生活、农业科技等各个角度，阐述每天发生在园区里的故事，坚持内容自生产；图片美观；内容不涉及黄、赌、毒。

公众号健康度主要有以下三个方面考核：图片大小、美观度；内容是否涉及黄赌毒；文章标题和内容是否严重失实。

首先，公众号文章通常都推荐到手机客户端，考虑到读者点开内容片读取的速度、分辨率，建议在图片不失真的前提下大小不超过500K，图片宽高控制在600×360左右；另外，图片要清晰并且与文章主题切合。

其次，吸引用户的不仅仅是标题，还有内容，内容应该跟标题对应。

最后一点也是最重要的一点，文章绝对不能涉及黄赌毒，一旦发现，会有封号处理的危险。

②**定时更新：** 这点比较容易做到，账号运营管理员只要每天定时更新一篇文章到公众号且审核通过，活跃度就会提升，关于不同类型的内容，有不同的审核标准：原创文章保持日更一篇；视频内容保持周更一篇。

③**增加互动：** 头条指数中还有一项就是互动度。

当读者评论你的文章时，要主动去回复和读者互动，这样能增加头条指数的互动度。除了与读者互动，应主动去评论别人文章，得到较多的认可，获得热评，就有机会被推荐到首页，从而为自己带来展示，获得点击量与订阅量。

2. 线下

以新产品引入市场为契机，开拓农业嘉年华这一新产品的品类市场，辐射范围200km，建立区域知名度，输出农业综合体概念，建立知名度，诱导购买欲望。主要是通过各种户外广告，农业嘉年华常用的户外广告包括以下形式：

（1）**电梯广告**　电梯作为人们日常生活中的重要一环，是我们每天都要乘坐的，而电梯的封闭空间使得电梯广告拥有强制的、高频的品牌展示能力，户外广告的场景化特点在电梯广告中表现得淋漓尽致，可在小区和商场等电梯投放。

（2）**公交车广告**　公交车承载着城市运转的重任，每天穿梭在城市的每个角落，并且广告形式多样，除了常见的公交车车身广告外，它还有拉手广告、椅背广告、车内挂版广告、语音报站广告、车内移动电视广告等形式。各种广告表现形式的结合形成了别具一格的公交广告文化。公交广告不仅从内到外最大限度地利用空间，将信息传达给受众，同时也满足了广告主的不同需求。

（3）**候车亭广告**　候车亭一般由箱体、顶棚、坐凳、公交线路表、站台、广告灯箱等组成。与其他户外媒体相比，候车亭占据一个城市各主干道和分支路段的显眼位置，可供候车人反复和相对较长时间地停留，其交通导向职能形成一个又一个大量的人流聚集点，人流趋向和密集度注定了城市候车亭广告得天独厚的广告宣传效果。它不仅可以传递品牌信息，还可以告知一些促销的细节信息，所以常用来作为园区主题活动、新项目上线的宣传渠道。

（4）**大牌广告**　随着社会经济的发展，户外广告也踏上了快速发展的道路，当下，户外广告牌已经成为一个城市商业氛围繁华与否的标志，有些甚至成为地标性的建筑。城市中巨大的广告牌以其独特的性质，吸引着路人的目光。

（5）**POP广告**　POP（Point of Purchase Advertising）又称售卖场所广告，是一切购物场所内外（百货公司、购物中心、商场、超市、便利店）所做的现场广告的总称，分为室外POP广告和室内POP广告两大系统。园区可以和商场合作，针对商场的辐射范围，进行精准的区域客户广告覆盖。

五、农业嘉年华直复营销系统

菲利普·科特勒在《营销管理》中给直复营销（Direct Markting）的概念是一种

消费者直接渠道，而不是通过中间人，来接触顾客并向其交付产品或服务的营销模式。它是个性化需求的产物，是传播个性化产品和服务的最佳渠道。美国直复营销协会（ADMA）的营销专家将它定义为“一种为了在任何地点产生可以度量的反应或达成交易而使用一种或几种广告媒体的互相作用的市场营销体系”。

（一）直复营销的优势

首先，直复营销作为一种相互作用的体系，特别强调直复营销者与目标顾客之间的“双向信息交流”，以克服传统市场营销中的“单向信息交流”方式的营销者与顾客之间无法沟通的致命弱点。互联网作为开放、自由的双向式的信息沟通网络，企业与顾客之间可以实现直接的一对一的信息交流和直接沟通，企业可以根据目标顾客的需求进行生产和营销决策，在最大限度满足顾客需求的同时，提高营销决策的效率和效用。

其次，直复营销活动的关键是为每个目标顾客提供直接向营销人员反应的渠道，企业可以凭借顾客反应找出不足，为下一次直复营销活动做好准备。互联网的方便、快捷性使得顾客可以方便地通过互联网直接向企业提出建议和购买需求，也可以直接通过互联网获取售后服务。企业也可以从顾客的建议、需求和要求的服务中，找出企业的不足，按照顾客的需求进行经营管理，减少营销费用。

第三，直复营销活动中，强调在任何时间、任何地点都可以实现企业与顾客的“信息双向交流”。互联网的全球性和持续性的特性，使得顾客可以在任何时间、任何地点直接向企业提出要求和反映问题，企业也可以利用互联网低成本地实现跨越空间和突破时间限制与顾客的双向交流，这是因为利用互联网可以自动地全天候提供网上信息沟通交流工具，顾客可以根据自己的时间安排任意上网获取信息。

第四，直复营销活动最重要的特性是直复营销活动的效果是可测定的。互联网作为最直接的简单沟通工具，可以很方便为企业与顾客进行交易时提供沟通支持和交易实现平台，通过数据库技术和网络控制技术，企业可以很方便地处理每一个顾客的订单和需求，而不用管顾客的规模大小、购买量的多少，这是因为互联网的沟通费用和信息处理成本非常低廉。因此，通过互联网可以实现以最低成本最大限度地满足顾客需求，同时了解顾客需求，细分目标市场，提高营销效率和效用。

农业嘉年华是农业科技集成和转化平台，根据第一节的客群分析，除了文旅客群外，还包括科技辐射的载体——农业科技项目的客群，包含农业企业、地方政府等，项目包含园林绿化、苗木繁育、农产品售卖等。在这些业务中，利用传统的直复营销能够实现精准、快速、及时的信息回复，以下是主要的直复营销策略。

（二）农业嘉年华常用的直复营销方式

1. 直接邮购营销

直接邮购营销是指经营者自身或委托广告公司制作宣传信函，分发给目标客户，引起顾客对商品的兴趣，再通过信函或其他媒体进行订货和发货，最终完成销售行为的营销过程。这是最古老的直复营销形式，也是当今应用最广泛的形式。和传统的DM直投[①]相比，电子邮件营销有着成本低廉、展示内容多、可以通过统计客户行为进行进一步营销等优点。农业嘉年华根据已经建立的客户数据库，每个月制定营销数据指标，包含电子营销信函（封）、营销短信（条）、纸质营销信函（封）等，主要针对工程项目目标客户进行精准营销。

2. 电话营销

电话营销是指经营者通过电话向客户提供商品与服务信息，顾客再借助电话提出交易要求的营销行为。电话营销的优势在于：能与顾客直接沟通，可及时收集反馈意见并回答提问；可随时掌握顾客态度，使更多的潜在顾客转化为现实顾客。电话营销的劣势也相当明显：营销范围受到限制，在电话普及率低的地区难以开展；因干扰顾客的工作和休息所导致的负效应较大；由于顾客既看不到实物，也读不到说明文字，易使顾客产生不信任感等。在项目营销中，电话一般应用于跟踪、反馈等。

3. 电脑网络营销

电脑网络营销是指营销者借助电脑、联网网络、通信和数字交互式媒体而进行的营销活动。它主要是随着信息技术、通信技术、电子交易与支付手段的发展而产生的，特别是国际互联网的出现更是为它的发展提供了广阔的空间。企业利用有关信息与客户联系，直接销售产品，网络直销促成产需直接见面，企业可以直接从市场上搜集到真实的第一手资料，合理地安排生产。网络直销对买卖双方都有直接的经济效益。营销人员可以利用网络工具，随时根据客户的愿望和需要，开展各种形式的促销活动，迅速扩大产品的市场占有率。企业能够通过网络及时了解到用户对产品的意见

① DM直投：直接邮寄广告。

和建议，并针对这些意见和建议提供技术服务，解决疑难问题，提高产品质量，改善经营管理。农业嘉年华在自媒体网络平台除了信息推送功能外，在网站、公众号平台等还可以开通购票功能，并与游客实时互动，解决问题，提供及时的服务。

4．数据库建设

客户数据库是将现有的、可接触到的并可以对其采取行动的每一位顾客或潜在客户的综合性信息进行汇总，以便生成销售线索，销售产品或服务，以及维系客户关系。数据库营销，指的是建立、维系和使用客户数据库或其他数据库（产品、供应商或分销商数据库）的过程，从而联系、处理并建立顾客关系。

六、农业嘉年华的招商策略

农业嘉年华作为地方特色农产品宣传推广平台，每一个场馆的主题都是根据地方特色产业进行设计，所以在每一个场馆的主要动线上都设计有售卖区进行本地特色农产品的推广。农业嘉年华商位主要包括两个部分，即普通展位和园区功能分区，普通展位又分为馆内固定展位招商和主题活动展位招商，不固定展位指的主要是大型主题活动举办期间的展位招商。

本部分内容主要包括招商定位、招商政策、招商任务分解和时间线、组织架构、物料准备、招商策略、管理模式和商户考核制度等。

（一）招商目标客户定位

1．普通展位招商

（1）**馆内固定展位招商** 馆内招商一般是在开园前进行，展位面积、位置、设施条件一般是在设计、施工阶段已经确定。定位一般是根据场馆设计主题，针对本区县、本市、本省（自治区）的规模企业进行招商。

（2）**主题活动展位招商** 在园区进行主题活动的举办时，根据活动内容分解活动环节，列出可以进行招商的部分，定位主要是契合活动主题和园区主题。

2．园区功能分区招商

农业嘉年华园区包含农业科技展览馆部分和外部各功能分区部分，不同项目内容不同，通常包含生态餐厅、萌宠乐园、拓展区、婚纱摄影区、农耕文化体验区等类型，主要定位与本地或全国知名品牌运营商。

（二）招商政策

1．区域及铺位等级划分

（1）场馆内 根据场馆内容、定位、人流动线、主景观位置、售卖产品类型等因素，将场馆内分为A、B、C、D四个等级，租金价格由高到低：文化体验类场馆（民俗馆、萌宠馆等体验馆）主干线商铺、科技展馆活动体验类商铺、科技展览馆零售区域、科技展览馆农产品售卖商铺等。

（2）场馆外 场馆外不设等级划分，主要针对特殊行业进行定向招商，主要分为四大类：游乐类（水上活动、萌宠乐园、农耕乐园、游乐设施设备等）、餐饮类（生态餐厅）、商业街类、拓展类（玻璃栈道、拓展区等）。

2．商品品类划分

（1）特色农产品类 主要集中在馆内和商业街，主要针对本县区、市主导产业的初级农产品，加工产品，蔬菜、花卉、果产品，种子，素食营销概念食品等进行招商。

（2）文化及特色活动体验 主要集中在文化体验类场馆，主要针对本县区、市非遗文化传承人、手工匠人、馆外的活动分区，如萌宠乐园、拓展体验等。

（3）餐饮类 主要针对全国范围内品牌餐饮运营商。

（4）零售产品类 馆内零食区域一般由场馆自营，也可招商，主要售卖零食玩具类商品。

3．租金政策及免租期

（1）方案一：租金模式

模式： 场馆内展位，根据展位分级，定价一般为800～1200元/月，可采取三月签、半年签、一年签三种方案。

优惠政策： 根据签约期限，给予不同程度的优惠，主要是指租金折扣，如8～9折折扣；或采取三免一的政策，即3个月免除1个月租金，6个月免除2个月租金等。具体根据招商情况制定。

外部商业街展位： 可根据当地市区实际水平制定，一般区县农业嘉年华项目可根据面积制定价格，如采取1元/（$m^2 \cdot d$）的政策，也可根据签约期限给予一定的折扣优惠或免租政策。

其他类型项目展商基本采取提成制。

（2）方案二：保底+扣点

模式：场馆内外普通展位根据市场行情确定提成比例（无租金），一般提成设置在15%～30%，签约时间基本为月签，可根据签约期限给予一定的优惠政策，如降低提成比例等。

项目招商：游乐类（水上活动、萌宠乐园、农耕乐园、游乐设施设备等）、餐饮类（生态餐厅）、拓展类（玻璃栈道、拓展区等）等一般根据其运营成本和预估效益（预估效益通过园区人流分流比例、客单价等经验数值确定）进行抽成比例，除去水电费外，抽成比例根据行业内具体水平制定，如生态餐厅采取租金+分成比例的模式，先期收取租金100万元，后一般抽成5%～15%，具体数值根据甲乙双方磋商制定。

优惠政策：可采取免一定期限的水电费等措施。

（三）招商时间节点及任务分解

招商工作一般自开园前55～60d开始进行，一方面项目基本接近完工，呈现出基本功能分区，便于现场实地考察。另一方面，在此期间运营分公司人员架构基本已经组织完毕，便于工作开展。流程安排如下：

1．招商筹备期（自起始之日～15d）

（1）根据项目定位，制定业态规划、铺、位分割和租户组合；

（2）项目的招商计划及招商策略的制定、讨论和确定；

（3）项目周边同类项目情况的熟悉、了解、调查、研究、分析等各项工作准备；

（4）项目相关合同文本及协议的制定、讨论、确定（包括租赁合同、物业协议等）；

（5）项目各类合同及协议相关会签流程的制定、讨论、确定；

（6）招商手册设计制作和发布会方案制定；

（7）目标客户信息收集汇编成表；

（8）外部功能分区招商开始。

2．招商工作启动及意向签约（前45～40d）

（1）招商发布会；

（2）主要广告上画；

（3）针对外部功能分区重点签约，其间完成项目总量20%的意向签约（本地、外地、外联等客户资源对接）。

3．正式签约阶段（前40～15d）

确定主力店（知名品牌及面积需求在200m^2以上的商户）及次主力店（面积需求在100～200m^2的商户）的意向转签工作，期间完成项目总体量80%的正式签约。

4．招商持续期（继续后续部分招商，前15～5d）

（1）针对未完成商铺发动全员招商，重点攻克部分摊位，或最后采取园区自营的形式；

（2）商铺装饰和商户设施设备布置。

5．开业筹备期（最后5d左右）

（1）物品摆放，布展；

（2）财务系统培训和安装；

（3）环境保洁，迎接开园仪式。

（四）招商组织架构及任务分解（临时架构）

招商小组是归属营销部门的临时组织机构（图3-23）。

（1）职位：招商主管

①根据公司制定的整体工作计划，制定本组招商计划和总体任务的分解方案，带领团队完成招商任务。

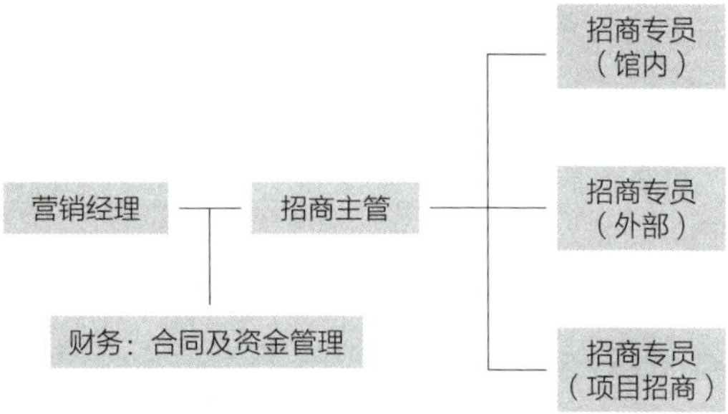

图3-23　招商组织架构

②负责市场调查分析，收集信息资料，向上级递交分析调查报告。

③负责按月编制本部门媒体池建设计划、进行结构分析、不断完善媒体招商组。

④写每周招商工作报告，包括招商业绩、招商目标、业绩顾问、个人评估、招商人员评估、市场有待解决问题、成交因素等。

⑤保持与营销经理之间的联络和传达工作。

⑥负责本部门所划分“准代理”引进、洽谈、签约工作。

⑦协助招商人员引进客户加速成交，及时掌握招商人员的客户情况。

⑧处理属下组员在招商过程中的突发事件及客户投诉。

⑨负责安排、监督属下组员的每天工作内容。

（2）职位：招商专员

①严格执行公司规章制度，认真履行其工作职责。

②按公司招商流程及工作制度要求进行日常招商工作。积极开展市场调查、分析和预测，为上级及时提供有效的商业信息。

③掌握市场动态，积极适时、有效地开辟新的商户，拓宽招商渠道，不断收集目标代理信息，建立翔实的代理档案。

④向上级领导汇报项目存在问题及建议解决方法。

⑤负责接待每天的到访客户。

⑥负责接听每天客户咨询的来电。

⑦负责登记每天的客户资料。

⑧负责办理已成交客户合同的签订。

⑨负责向主管汇报每天客户的情况。

⑩负责跟进有希望但尚未成交的客户。

⑪定期开展代理的拓展和回访计划，并按时提供代理回访情况报告。

⑫按时完成上级交办的其他工作。

（五）物料准备

（1）招商手册（业态分布、功能配套、优惠政策等）；

（2）项目商业规划分布图；

（3）客户登记本等相关资料；

（4）宣传资料（宣传外包）。

（六）招商策略

（1）**发布会** 召开招商发布会，邀请意向企事业单位参加并通过合作媒体扩散；

（2）**主要采用直复营销策略** 通过电话、摆放、邮件等邀请来园实地考察、签约；

（3）**广告宣传推广** 一般在企业市内城区大屏、公交站点进行宣传；

（4）**线上营销** 主要通过微信朋友圈推送、转发吸引关注；或者合作本地KOL推广；

（5）**展会** 参加行业展会，集中推广；

（6）**熟人介绍**。

（七）管理模式

管理模式是统一管理与分散经营相结合。统一管理是指运营公司营销销售部门对园区各类型的商铺实行统一管理，主要包括统一招商管理、统一物业管理、统一市场营销管理。分散经营是指商铺是消费者和经营者之间进行商品交易的场所，对商铺进行统一管理但不参与其间的商业经营，而是在消费者和经营者之间搭建桥梁。

1. 统一招商管理

在招商过程中，对商家品牌进行审核和租赁合同签订的管理。对商户进行品牌审核，主要是对商家和其商品进行审核；对商家进行的租赁合同签订管理，主要是依据租赁合同（销售使用权合同）相关条款的履行进行监督和实施，包括租金、物业费、水电费等费用的收缴以及商铺物业管理公约、租赁期限、商铺装潢；消防治安、食品卫生、营业时间、公共秩序、商铺牌匾、促销广告、垃圾处理、危险隐患等诸多事项统一进行管理。商铺经营业态的分布，须按照场馆整体规划要求进行招商安排，特殊情况需报公司审核批准。机动车停车场为收费停车场，参照有关规定和收费标准执行。

2. 统一营销管理

由于市场商业化竞争激烈，打折降价、优惠馈赠、食品展示、广告标语等促销活动依然会存在，为了营造园区浓厚的商业氛围和街区的品牌效益，营销中心要为各家商铺策划好一年中的四季时节、民风习俗、年节庆典、大型活动的营销策划，做到“大节大过、小节小过、无节造节过”，使园区始终保持“火爆”的经营势态。

3. 统一物业管理

统一物业管理有利于园区的经营条件、经营秩序、经营环境、经营设施等得到良好状态的保持。园区管理内容主要包括：主体建筑设施和附属设施设备的维护保养，保证店铺的正常使用；水电气热的正常供应；公共设施、路面、景观的清洁卫生；安全防范；车辆管理；绿化养护；意外事故处理等。

（八）商户考核

1．考核目的

为了提升整体运营水平，规范现场管理及秩序，商户的规范经营，保障运营公司及商户的合法权益，最终提升整体商业物业的价值，对商户的考核势在必行。

2．考核形式

公司根据现场的反馈，定期（建议每个月1次）对商户进行综合考核，并作为档案列入商户资料管理当中。具体考核项目及其权重如下：

（1）集聚效应（考核权重：25%） 集聚能力往往取决于商户的品牌系统的影响力。商户的人流号召力，一定程度上代表了该产品的吸引力和辐射能力，它意味着该商户的存在对本商业物业的意义。随机抽样一天中不同时段的客流量进行考核。

（2）财务指标（考核权重：25%） 对于分成类商家，主要考核其营业额及利润的规模；对于承租类商家，主要考核该商户是否按规定及时交纳相关费用，包括租金、管理费、水电费、空调费和广告位租金等。

（3）合作意识（考核权重：20%） 主要考核商户对管理公司的日常运营管理的配合程度，如现场管理、形象的维护和提升、资源支持等。

（4）店铺形象（考核权重：15%） 店铺形象包括装修布局、环境卫生、顾客口碑等，这在一定程度也代表着物业面貌及市场口碑。

（5）员工形象（考核权重：10%） 员工的形象包括仪容、仪表、仪态和服务意识等，这在一定程度上代表着员工的精神面貌和服务水平。

（6）其他（考核权重：5%）。

3．考核结果

（1）管理公司参考巡视员及督导员、场馆馆长的日常记录对商户进行打分，然后按总分进行排名，并予以公告；

（2）对于排在前x名（待定）的商户，管理公司可以视情况在租金、管理费、日常管理、相关资源等予以相应的优惠；

（3）对于最后x名（待定）的商户，管理公司视情况在租金、管理费、日常管理、相关资源等予以相应的约束；

（4）连续排名最后x名达3个月以上（含3个月），管理公司有权要求该商户停业整改，整改期间的一切费用及损失由商户承担。

七、农业嘉年华调查问卷

景区在旅游产业“行、游、住、食、购、娱”六大元素中居于核心地位，其服务质量的高低，直接影响到目的地对游客的吸引力。高品质的服务质量能给景区带来良好的市场形象，给游客带来好的旅游感受，提升景区的竞争力，是景区可持续发展的关键。

现阶段，作为旅游产业核心要素的旅游景区，却是中国旅游产业发展中的薄弱环节。据数据统计显示，近年来游客对旅游景区的投诉直线上升，在今年国家旅游局旅游市场专项整治行动中，更是出现了1家5A级旅游景区被严重警告、9家5A级旅游景区被警告、全国44家A级景区被摘牌的现象。景区服务质量存在的问题比较突出，已经成为影响旅游景区发展的关键。那么是哪些因素导致了景区服务质量在游客眼中处于一种低水平状态呢？最常用的调研方法就是问卷调查法。

问卷调查是指通过制定详细周密的问卷，要求被调查者据此进行回答以收集资料的方法是至今为止搜集一手资料最常用的通用的工具。所谓问卷是一组与研究目标有关的问题，或者说是一份为进行调查而编制的问题表格，又称调查表。它是人们在社会调查研究活动中用来收集资料的一种常用工具。调研人员借助这一工具对社会活动过程进行准确、具体的测定，并应用社会学统计方法进行量的描述和分析，获取所需要的调查资料。

（一）调查问卷的调研形式

根据载体的不同，可分为纸质问卷调查和网络问卷调查。纸质问卷调查就是传统的问卷调查，调查公司通过雇佣工人来分发这些纸质问卷，以回收答卷。这种形式的问卷存在一些缺点，分析与统计结果比较麻烦，成本比较高。

而另一种网络问卷调查，就是用户依靠一些在线调查问卷网站，这些网站提供设计问卷、发放问卷、分析结果等一系列服务。这种方式的优点是无地域限制，成本相对低廉，缺点是答卷质量无法保证。

农业嘉年华调查问卷主要分为纸质和网络两部分，纸质调查问卷和网络调查问卷，不过与第三方网站调研不同的是，农业嘉年华调研问卷可以依托自己的官方网站进行，还可以利用官方公众号，在首页功能分区设置端口，通过设置奖励鼓励用户填写（图3–24）。

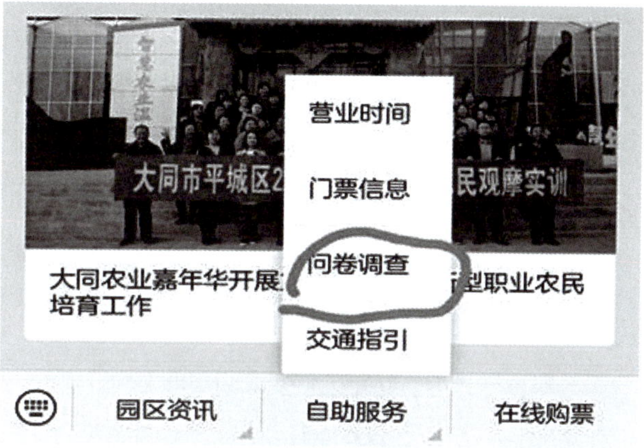

图3–24　农业嘉年华网络问卷调查入口示例

（二）农业嘉年华调查问卷的用户定位

主要是针对入园游客和官方媒体关注的用户。

（三）农业嘉年华调查问卷的设计思路

由被调查者需要回答的一组问句所构成。问卷中问句的格式、词序和问句的顺序都能影响问卷的填答效果。封闭式问句给出了所有可能答案，提供的答案易于理解和制作表格。开放式问句允许被调查人用自己的话来回答问句。开放式问句在探索性研究阶段特别有用，通过这种形式，调研人员期望更深入了解人们的想法，而不是测量有相同想法的人是多少。

农业嘉年华经营者需要了解以下游客信息及在游园过程中的想法：

①各项服务设施、园区各板块及人员的满意度；

②游客的基本信息，包含来源、年龄、出行方式等；

③游客想要体验但园区没有提供的服务，如休憩设施、售卖品类、功能分区等。

在这种目的背景下，就需采取封闭式问句和开放式问句相结合的形式进行。

（四）问卷设计注意事项

（1）确保问句描述不会导致偏差，不要给填答者以任何暗示；

（2）问句描述尽量简单易懂；

（3）问句描述具体明确；

（4）提供区间选项以降低质疑，如受访者的年龄；

（5）确保问句的备选答案没有重叠；

（6）使用清晰简单、习惯常用的词语，只使用常用词；

（7）备选答案中应当列出“其他”选项，事先做好预编码；

（8）避免模糊不清的用词，如“通常”或“经常”；

（9）允许受访者不在已列答案中勾选。

（五）数据处理

一般至少回收500份以上有效问卷的基础上进行数据分析。使用软件Excel，对每一个问题进行选项的累计汇总，作出频数分布表。制作柱形图或饼图，对游客客群进行精准描述，指导营销。

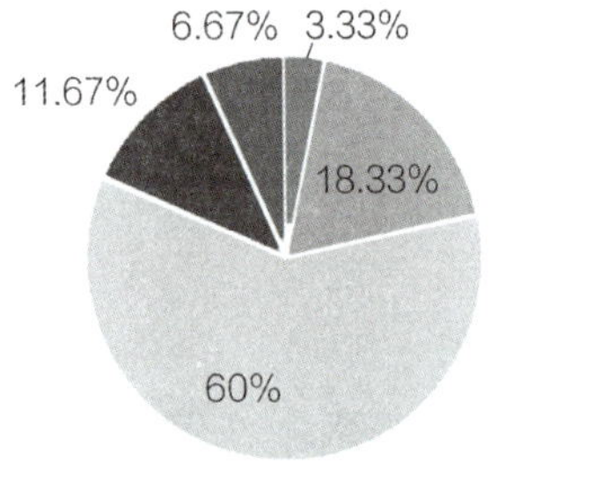

图 3-25 游客年龄分布统计

以年龄选项为例（图3-25）：25～44岁游客占60%，45～64岁占18.33%，15～24岁占11.67%，14岁以下占6.67%，65岁以上占3.33%，说明入园游客以青壮年为主，老人只是很小一部分，这跟通常理解的“银发经济”在嘉年华的应用有所出入，营销应重点针对青壮年，采用线上和情景营销结合的方式。

（六）调查问卷设计基本内容

以山西大同农业嘉年华为例：

尊敬的女士/先生：

您好，感谢您能抽出时间填写此次调查问卷！您的回答对景区改进管理与提高服务质量提供了重要参考。为了促进农业嘉年华健康发展，特拟定了该问卷，希望您能认真回答和选择问卷问题，祝您和您的家人旅途愉快！

1. 您来自__________

A. 大同市区　B. 山西省大同市各县区　C. 其他

2. 您此次光临景区__________

A. 自己　B. 与家人出行　C. 其他

3. 您的年龄__________

A. 14岁以下　B. 15～24岁　C. 25～44岁　D. 45～64岁　E. 65岁以上

4. 您的出行方式__________

A. 自驾　B. 团体巴士　C. 公共交通　D. 其他

5. 您在此地预计或实际消费＿＿＿＿＿（元）

A. 100元以下　B. 100～200元　C. 200～400元　D. 500元以上

6. 您最近一次出游时间＿＿＿＿＿

A. 1个月内　B. 3个月内　C. 半年内　D. 很少出游

7. 您来此旅游是通过什么渠道？

A. 旅行社报名　B. 公司、机关或学校

C. 园区购买门票　D. 线上网络平台购票　E. 其他

8. 您对嘉年华项目了解程度＿＿＿＿＿

A. 非常熟悉　B. 熟悉　C. 听说过　D. 没有听说过

9. 您通过何种方式了解本景区？

A. 电视、电台、大屏广告、实体载体媒体广告

B. 微信朋友圈、抖音头条广告、其他互联网广告

C. 亲朋好友推荐

D. 其他

10. 您觉得景区哪些项目比较吸引您？

A. 入口主题场馆、景观漂亮　B. 可以了解最新农业科研知识

C. 休闲体验参与性强　D. 美食、农产品特色多

11. 您认为本景区门票价格区间为＿＿＿＿＿？

A. 20～39元　B. 40～59元　C. 60～79元　D. 80元以上

12. 您到农业嘉年华对哪些方面比较满意？

A. 场馆　B. 讲解服务　C. 餐饮　D. 娱乐体验　E. 购物

13. 您对该景区的总体评价为＿＿＿＿＿

A. 非常满意　B. 满意　C. 一般　D. 不满意　E. 非常不满意

14. 如果有机会您愿意重游该景区吗？

A. 非常愿意　B. 愿意　C. 不确定　D. 不愿意　E. 非常不愿意

15. 请对该景区整体水平做出打分（满分为5星）＿＿＿＿＿

★★★★★

16. 希望您写下对该景区发展的意见与建议：

＿＿＿＿＿＿＿＿＿＿＿＿＿＿＿＿＿＿＿＿＿＿＿＿＿＿＿＿＿＿

＿＿＿＿＿＿＿＿＿＿＿＿＿＿＿＿＿＿＿＿＿＿＿＿＿＿＿＿＿＿

＿＿＿＿＿＿＿＿＿＿＿＿＿＿＿＿＿＿＿＿＿＿＿＿＿＿＿＿＿＿

第四章 农业嘉年华旅游管理

农业嘉年华安全管理

农业嘉年华环境容量管理

农业嘉年华服务管理

农业嘉年华游客管理

随着国际经济的一体化、中国加入世界贸易组织（WTO），旅游经济和旅游产业已成为中国国民经济和世界经济产业体系中最具活力的组成部分。农业旅游，作为近几年来才出现的全新休闲旅游方式，一经问世就深受大众的喜爱。相比传统旅游，农业旅游不再单单是农家乐，也不再是要打造乡村景区，而是要打造以农民为主体的乡村居民宜居宜业、安居乐业的幸福家园，打造满足城镇居民游憩、度假、康养的休闲空间和多元化、个性化的消费愿望，更是要打造人类与大自然和谐共处的自然家园。

农业嘉年华作为农业旅游的重要组成部分，越来越得到人们喜爱，同时要求也越来越多，越来越具体。随着农业旅游业的繁荣发展，对农业嘉年华旅游管理的要求也随之提高。农业嘉年华旅游管理是一项综合的系统工程，其根本保障在于建立起一套科学规范的管理机制，涉及农业嘉年华游客管理、服务管理、环境容量管理以及安全管理等诸多方面。农业嘉年华旅游管理的目标是逐渐建立健全与市场经济体制相适应的、与国际惯例接轨的旅游综合管理体制，为游客提供真实、放松的旅游体验，实现农业嘉年华旅游管理的现代化和标准化，推动农业嘉年华的社会、经济与生态环境可持续发展。

第一节　农业嘉年华游客管理

我国幅员辽阔、民族众多、历史悠久、地理多样，这让我们拥有了丰富的旅游资源。近年来，随着我国人民生活水平的不断提高和可自由支配收入的增加，国内旅游异军突起，旅游行业以其强劲的增长势头发展，走进农业嘉年华的游客也越来越多，出游群体也越来越广泛，以至于每到旅游旺季，各地农业嘉年华人满为患，伴随而来的是游客在农业嘉年华内的种种不文明行为也随之增多，农业嘉年华游客管理面临极大的挑战，如何提高农业嘉年华对游客的管理的问题变得越来越迫切。

一、农业嘉年华游客管理的目标及原则

（一）农业嘉年华游客管理的目标

农业嘉年华游客管理不仅仅是为了满足游客的旅游需求，达到游客满意，而是多个利益主体需求的满足，故而农业嘉年华游客管理的目标是通过有效的管理手段以协

调各利益主体间的关系，解决各种矛盾，保护园区旅游资源，达到共赢局面，最终实现园区的可持续发展。

具体而言，农业嘉年华游客管理为达到旅游资源永续利用的总体目标，需要解决两方面的难题。一方面，游客作为农业嘉年华的主要观赏者，如何能够快速地融入当地的文化环境，感受园区的田园风光，消除陌生感，使其行为符合旅游地特征，减少对资源和环境的破坏；另一方面，农业嘉年华运营公司作为园区的接待者，如何能够真正以游客为中心，为其提供符合游客特征的旅游服务，提高游客的体验质量，增强满意度。

（二）农业嘉年华游客管理的原则

农业嘉年华游客管理是一种管理活动，所以必须遵循管理活动的原则。

1. 以人为本原则

农业嘉年华开展游客管理的根本目的就是要牢牢把握发展这个第一要务，促进园区经济发展和周边人民生活的改善，用发展的手段解决发展中出现的问题。在农业嘉年华发展过程中，就是要以游客为本，以管理者、经营者和园区周边居民为本，使他们为园区资源保护利用各尽所能，同时，也使他们从景区发展中各得其利、各有所获，使管理者获得管理效益，经营从业人员获得经济效益，园区周边居民获得发展效益，游客获得身心满意效益，促进保护利用良性循环。

2. 系统性原则

游客管理作为农业嘉年华日常管理的组成部分之一，需要与其他的管理内容协调一致，同时游客管理也由很多子系统组合而成，因此游客管理内部也需要遵循系统管理的基本原则。

3. 可操作性原则

作为一种管理活动，必须具备可操作性，不切实际的管理不称之为管理，游客管理是农业嘉年华日常管理的重要部分，实施者必须清楚执行什么、如何执行、最终要达到的目标等。

4. 公平性原则

旅游业发展强调代际与代内的公平，同样游客管理也需要公平。任何人都是权利和义务的统一体，不存在只有权利没有义务或者只有义务没有权利的个体，在旅游资源面前，权利和义务是对等的，游客作为农业嘉年华服务的主要对象也是如此。公平性原则保证了每位参与者权利和义务的均衡，也只有坚持公平性原则，游客和其他利益相关主体才能从园区的发展中共同受益，最终实现园区的可持续发展。

二、农业嘉年华游客管理策略

农业嘉年华要协同当地旅游管理部门共同构建起科学的游客管理体系，采用管理技术防止或消除游客不文明行为的发生。具体策略如下：

（一）制定游客行为规范，加大对游客的宣传教育，加强各种类型的游客行为规范的制定、宣传和实施

例如，英国发布的《在英旅游告诫20条》，除了告诫游客不要乱扔废弃物、乱涂乱画、触摸展品外，还针对具有不同文化习俗的外国游客的提醒，如“要压低嗓门，特别是在夜间和那些幽静的地方，如教堂和乡村”“如果要把别人摄入自己的镜头，须先征得对方的同意”等。所制定的行为规范一定要切实可行，并通过各种手段进行宣传和采取有效的监管措施，以达到对游客进行教育和引导的目的，使游客认识到哪些行为是正当的，哪些行为是不文明的，意识到自己对农业嘉年华环境应负的责任，从而有效约束自己的行为。

园区要加强对游客宣传的力度。例如，在进入农业嘉年华之前，先让游客观看通过生动形象手段布置的展览或现代化技术摄制的短片，使游客增长知识，唤醒游客的责任意识，自觉进行文明旅游；在农业嘉年华入口处，免费发放《入园须知》或旅游指南，提前向游客告知一些禁止的行为，使游客在入园前就了解有关规定，在游玩过程中自觉遵守；在园区醒目的地方利用大型电子显示屏滚动播出游览须知及文明宣传短片，在显要位置悬挂文明标语，设置文明提示牌等。

对目前的国际入境旅游团至少要进行三个层面的宣传教育：基本的文明行为教育，不做损害他人、妨碍他人的事，如随地吐痰、衣冠不整、乱扔废弃物、在公共场所大声喧哗等；国际礼仪教育，如仪表仪容、着装礼仪、会面礼仪、餐饮礼仪等；跨文化交际常识教育，介绍与当地居民交往时必须注意的文化差异。

（二）加强农业嘉年华内部员工的培训与管理，提高从业人员的整体素质

农业嘉年华要加强对员工的培训与管理，引导他们发挥对游客的示范、监督和制约作用。无论是高层管理者、导游员还是保洁工人都必须是文明行为的典范，要主动对不文明行为进行监管，要能够做到随时捡起乱丢的垃圾，以实际行动引导游客。加强对导游和领队的素质教育和管理，要求他们在旅游途中尽到引导、提示、监督的责任。另外，需要对导游词严格把关，严禁无中生有的编造，加强导游词的知识含量和科学性，发挥导游"文明的引导者和传播者"的作用。

（三）采用"激发型"和"约束型"并举的游客管理措施，进一步约束游客行为

目前，在我国游客整体素质有待提高、良好习惯还没有形成的情况下，一方面要用教育、宣传、引导、鼓励等方式提升入园游客的旅游文明行为，唤起游客的社会责任感，激发游客自觉提高自身的素质。例如，向入园游客发放文明旅游行为倡议书、游园须知等宣传资料；请游客参与管理，旅游途中或在景区里，请游客担任诸如"文明礼仪监督员"的角色，唤醒人性的优点，抑制人性的缺点；在旅游活动的安排上，有意识地增加增长科学知识、爱护环境、遵守文明规范等有关的内容。另一方面，采用约束型措施，通过制度和技术手段加强对游客行为的制约与管理；诉诸法律法规，加大不文明行为的成本，加大处罚力度。让不良行为的人付出高昂的代价，吸取教训。以罚治脏，以罚治不文明，已是被国内外实践证明了的行之有效的经验。

（四）完善配套设施与管理，采用人性化的游客管理技巧

从心理学角度来看，人会受到周围环境的暗示，在不知不觉中会产生与环境相应的行为与心情。一个场所越是脏乱差，游客对自身不文明行为的控制能力就越低；相反，如果游客置身于优雅、整洁的环境中，他的环境意识、文明意识、社会责任感会得到激发。因此，提供一个清洁卫生、设施齐全、服务周到的旅游环境，是农业嘉年华消除不文明行为的重要措施。各种公共设施，如垃圾桶、卫生间、游人休息处的设置、数量、分布一定要充足合理；对园区内的商铺、代步工具等要统一管理、统一价格，遏制尾随兜售、强买强卖、占道经营等现象；在园区内设置"最佳摄影点"，提醒游客在正确的位置拍照，减少游客乱爬乱拍情况的发生；园区要设有专门的游客服务中心，为游客提供免费咨询和地图、手册等资料；建立完善的解说系统（包括导游讲解、咨询服务、影音材料、标志、牌示、地图、手册等），这样不仅为游客提供了

信息，还能达到对游客安全提示、行为提示等的管理功能；园区内的牌示、标志等的位置要得当，信息要醒目、简洁、准确；园区内的游道、游览线路的设计要合理，使游客不走回头路，达到分流游客的目的等。

除此之外，游客管理技巧的人性化更能赢得游客的配合，例如，制作诸如“小花多可爱，请您别伤害”之类的人性化的标示牌、温馨提示和公益广告；采取措施尽量缩短游客的排队等候时间和枯燥感，提供排队的详细资料、估算超额的剩余时间、使人们排队时有事可做、提供幽默滑稽互动表演、利用计算机预订系统引入绩效排队体系等。总之，农业嘉年华要为游客创造舒适的游览环境，为游客的文明游览提供便利。

第二节　农业嘉年华服务管理

服务管理是面临服务竞争社会而产生的一种管理模式。它虽然已经历长达30多年的研究过程，在产生的必要性及其概念、特征和一些理论探讨方面取得了众多研究成果，但是至今尚未形成完整的学科体系，所以一些学者将服务管理称为一种“管理视角”或“管理观念”。农业嘉年华服务管理涉及农业嘉年华接待服务管理、解说服务管理及商业服务管理。

一、农业嘉年华接待服务管理

农业嘉年华接待服务是园区满足客户需求并奠定美好感知印象的关键一步，也是农业嘉年华中难度最大的服务工作。从迎接游客入园、提供咨询、安排导游、提供餐饮、联系娱乐，到送游客离开园区，整个工作过程自始至终都需要与游客面对面地交流，因而需要服务人员具备灵活的处事方式和较强的应变能力。

农业嘉年华接待服务管理的工作内容主要包括票务服务、入门接待服务和投诉受理服务。

（一）票务服务

如今，旅游已经不再是人们生活之中的奢侈品，逐渐成为生活之中的必需品，而票务服务也逐渐进入大众的视野。旅游存在一个特征，受节假日影响，出行大多集中于春节、国庆、端午、五一等这类国家法定节假日。这导致农业嘉年华面临以下这些烦恼：旺季售票人员增加，淡季又要削减，人力成本难以控制；旺季游客排队体验不佳，工作人员为提高效率难免会出现错误；纸质门票，无法沉淀景区大数据，造成数据资产流失。

随着互联网技术、射频识别技术（RFID）技术、电子机械控制技术、人工智能软件技术的不断发展，针对景区、游乐场的智能管控也在不断地发展，需求不断升级，从手撕门票到电子门票再发展到生物识别，介质在不断发展；从单纯的门票管理到智能分析、统计，再到完整的园区管理一卡通，系统的功能在不断发展；从线下售票到网络售票，再到现在的微信、支付宝，售票的模式越来越广泛。针对这种不断发展的系统，就要求我们的票务系统能够有很强的适应性、扩展性、前瞻性去适应不断前进的技术、需求、用户。

目前，农业嘉年华售票方式已经不仅局限于售票大厅的人工售票、手机微信购票、官网购票、第三方OTA旅游电子商务平台购票、自助机购票等多渠道的购票方式，还支持微信、支付宝等多种移动支付方式，为园区扩大了客源、提高了售票速度、节省了人力成本、减少了财务漏洞，更重要的是游客信息得到了有效收集。

（二）入门接待服务

农业嘉年华的入门接待服务一般包括验票服务和入口导入服务两个方面的内容。

1．验票服务

农业嘉年华验票服务要注意以下几点：检票员不但要能熟练使用普通话，同时还要掌握一些基本、常用、简单的英语对话；检票员应熟悉园区《门票价格及优惠规定》，并按要求查验票据；熟悉旅游团导游、领队带团入园的查验方法及相应的免票入园规定，快捷、热情地为持有效票入园的游客检票、撕票，赠送导游图；坚持原则，按规定程序检票、撕票，不得出现漏票、逃票、放人现象；集中保管门票副券，当天副券投入副券箱，每月底由主管开启销毁；园区服务人员对漏票、持无效证件的游客，要礼貌地耐心解释，说明无效原因，说服游客重新购票；残疾人或老人入景区时，园区服务人员应予以协助。

2．入口导入服务

对于游客的入口导入服务，是农业嘉年华入门接待服务的重要环节。根据游客的队形及验票人员人数的多少、站位，将入口导入服务分为以下四种：单列单人型，即指一名检票员为一列游客服务；单列多人型，即指多名检票员为一列游客服务；多列单人型，即指一名检票员为多列游客服务；主题或综合队列，主要是指多名检票员为迂回曲折的单队列检票。

园区服务人员了解并掌握这些票服服务和规范及票务服务的基本流程，将大大有利于工作的开展。电子门票系统随着现代科技的发展，越来越多的景区使用电子检票系统，但仍需工作人员提供服务。

电子门票系统通过Windows、Windows NT等软件管理系统平台向用户提供几种控制，是管理集中且操作简便的集成管理系统。采用电子门票系统能实时检验门票的真伪性、有效性，极大地加快了门票验证的梳理速度，确保参观者通行，极大地提高了工作效率和管理水平，有效地杜绝了财务上的漏洞，确保了农业嘉年华的经济效益。

（三）投诉受理服务

1. 有效解决农业嘉年华投诉问题的原则

（1）**快速反应** 如果投诉是在服务传递过程中发生的，那么要实现充分的补救，时间就很重要。针对投诉发生在服务完成之后，农业嘉年华建立了24h反应的机制。即使是在完全解决可能需要更长时间的情况下，对游客投诉做出迅速的反应仍然非常重要。

（2）**认真倾听** 要认真倾听每一个细节，弄清楚事情的来龙去脉，在此过程中要适当询问（包括针对性的询问），对有些投诉内容要亲自到现场察看、了解，事实是我们进行处理的依据，认真倾听也反映我们的工作态度。

（3）**翔实记录** 记录游客投诉的内容是规范化管理的一个基本要求，记录有几个作用，一是给园区负责人一个明确的内容，方便其处理；二是作为处理完毕的证据；三是通过记录分析了解投诉分布的情况，及时做出相应的纠正措施。

（4）**不随意承诺** 要分析事情的性质，对把握不准的事情不能随便地给予承诺，否则会对农业嘉年华的声誉造成一定的影响，应当及时向上级反映给有权处理此事的相关人员为止。投诉者的初衷大多是要尽快解决问题，所以要以认真负责的态度处理，即使不能做出实质性的处理，也应当有合理的解释，着重对投诉处理的跟踪、回访，避免人为疏漏造成漏处理。

2. 如何处理农业嘉年华游客投诉

（1）**热情接待**　对游客的投诉应持欢迎态度，切不能冷漠处理对其训斥，诚恳、热情的态度有助于气氛的缓和。好的开头有助于以后的工作顺利开展，但也应掌握一个限度，对其摆正自己的位置。

（2）**当时可解决或事后解决的方式**　在不可能当场解决投诉的情况下，告诉游客园区将计划如何行动，可以表明园区正在采取修正的措施，但不要过分承诺。

（3）**不与游客争论**　农业嘉年华受理人员的目的应当是收集事实信息以达成双方都能接受的解决问题的方案，而不是赢取辩论赛的胜利或证明游客是一个傻瓜，争论会阻碍聆听游客的观点，并不能平息游客的怒气。

（4）**道歉或补偿**　在游客没有得到他们花钱购买的服务结果，或遇到了严重的不便，或因为服务失误而遭受了时间和金钱的损失时，正确的做法是道歉或者支付金钱，这种做法有助于减少恼怒的游客采取法律行动的风险，服务保证通常会事先确定补偿方式。在许多情况下，游客最想要得到的是道歉和承诺避免类似错误的发生。

同时，在游客知道目前的情况并收到定期的进度报告时，他们会缓解不确定性导致的焦虑和紧张，更易于接受处理过程的递延。

二、农业嘉年华解说服务管理

解说是旅游服务中不可缺少的重要组成部分，国际旅游界认为，“没有解说的旅游是不完美的旅行，甚至是没有灵魂的旅行”。通过解说，可增强游客对农业嘉年华自然景观的理解与欣赏，对当地文化特色的感受和体验，从而达到开阔眼界、增长知识、增强体验等目的。

（一）解说服务的功能

1. 服务功能

由于旅游活动的异地性和暂时性，游客在较短的时间内，要想对园区进行深度体验，必然要求园区提供全面的引导游览服务，帮助游客了解并欣赏旅游资源的价值。

2. 教育功能

园区导游通过自己的服务，引导游客在园区开心尽兴地游览，同时提醒游客参观游览注意事项，强化环境教育的游览，加强对旅游资源的保护。

3. 创造效益的功能

一方面，有效延长游客在园区的停留时间，从而刺激游客在娱乐、购物、餐饮、住宿等方面的二次消费，直接增加园区的收入；另一方面，由于游客对园区的满意度增加，从而形成良好的口碑。

（二）农业嘉年华解说服务的方式

1. 人工导游解说

人工导游以具有能动性的专门导游人员向游客进行主动的、动态的信息传导为主要表达方式的解说形式。

优点：双向沟通，能够回答游客提出的各种各样的问题，可以因人而异提供个性化服务，由于导游一般掌握了较多的专业知识，人工导游的信息量大且专业知识丰富。

缺点：对导游的依赖程度较大，其可靠性和准确性由导游员的素质决定，灵活性不足。

2. 自助式解说

由书面材料、图式、语音等无生命设施、设备向游客提供静态的、被动的信息服务，自助式解说是更为常见的一种解说系统。它的形式多样，包括指示牌、解说手册、导游图、语音解说、录像带、幻灯片等。

优点：自助式解说系统的解说内容一般都经过了精心的挑选和设计，具有较强的科学性和权威性。游客获取自助式解说系统提供的信息，没有时间上的限制，他们可以根据自己的爱好、兴趣和体力自由决定获取信息的时间长短和进入深度。

缺点：由于受篇幅、容量限制，自助式解说系统提供的信息量有一定限度；作为单向的解说方式，无法回答游客的个性化问题，容易遭受人为的破坏。

（三）人工导游解说应遵循的基本原则及常用方法

1. 基本原则

客观性：导游讲解时必须以自然界或人类社会某种客观存在为依据。

针对性：导游员要根据不同游客的具体情况，在接待方式、服务内容、导游内容、语言运用、讲解方式方法上有所不同。

计划性：科学地安排游客的活动日程，有计划地进行导游讲解。

灵活性：导游的讲解要因人、因时、因地而异。一切视具体的情况而定，切忌千篇一律、墨守成规。

2．常用方法

分段讲解法：就是将一处大景点分为前后衔接的若干部分，按参观线路的顺序进行分段导游的解说方法。

突出重点法：导游在讲解时避免面面俱到，而是突出某一方面的讲解方法。

触景生情法：就是见物生情、借题发挥的导游讲解方法。导游不能就事论事地介绍景物，而是要借题发挥，利用所见景物制造意境，引人入胜，使游客产生联想，从而领略其中妙趣，获得更多的知识和美景。

虚实结合法：导游讲解中将典故、传说与景物介绍有机结合，即编织故事情节的导游方法。“实”指景观的实体、实物、史实、艺术价值等，“虚”指与景观有关的民间传说、神话故事、典故、趣闻逸事等。

问答法：导游讲解时，向游客提出或启发他们提出问题的导游方法。

制造悬念法：导游讲解时提出令人感兴趣的问题，但故意引而不发，吊游客的胃口，增加游客急于知道答案的欲望，使其产生悬念的方法。

画龙点睛法：在一般讲述的基础上用凝练的词句概括所游览景点最精彩、最有特色之处，给游客留下突出印象的导游方法。

妙用数字法：一种引用具体数字精确地说明事物的形体特征、性能特点和功用大小的方法。

（四）自助式解说的常用方法及特点

1．标识牌

设施设备标识牌、环境路线标识牌和管理标识牌等；

讲解介绍标识牌、引导指示标识牌、安全警示标识牌、服务说明标识牌等；

木质印刻标识牌、塑料吹型标识牌、玻璃压花标识牌、金属压模标识牌、易拉宝标识牌、石头碑刻标识牌、纸质标识牌、竹编标识牌等；

单板式标识牌、多板式标识牌、亭式标识牌和厅式标识牌等。

2．印刷品

旅游地图：主要向游客展示农业嘉年华的地理位置、景观景点分布情况、园区旅游路线等情况；往往还附有农业嘉年华概况、园区特色、景观景点简介等相关文字介绍。特点：让游客明白自己在游览途中所处的位置，指导游客进行其他旅游活动，满足游客不同类型的需求。

旅游指南：农业嘉年华概况介绍、游客须知、旅游服务设施、园区特色景点介绍、景点游览路线图、旅游咨询服务等。特点：旅游指南具有内容翔实、图文并茂、制作精良、富有旅游目的地浓郁的地方特色与文化气息等特点。

旅游风光画册：有关农业嘉年华的风光照片、景观特写、独特景象等具有纪念意义、现实意义的图片装订成册，制作成精美的画册。特点：突出文字的典雅，图片的优美，并强调图文并茂，风格协调，注重给人以美的享受，具珍藏和纪念意义。

门票：门票展示的信息有：农业嘉年华概况介绍、景点游览路线图、景点美誉介绍、园区主题景观以及特色景点的图片、价格信息、投诉热线等。特点：园区门票具有实用价值、一定的收藏纪念价值。

园区图文展示区：在农业嘉年华内将景观的导游内容用图文的形式印刷出来，可以展示在室内的展台、陈列柜、展示墙之上，也可以在室外宣传栏、展示架之上。

农业嘉年华出版的书籍：出版描述园区及当地的历史沿革、民俗文化、政治制度、经济水平、生态环境等，同时也出版有关农业嘉年华的建筑、园林、生物知识等。特点：农业嘉年华出版的书籍，侧重趣味性、生动性，以期吸引更多大众读者，侧重专业性、知识性，以期吸引更多具有专业素养要求的读者。

刊物：包括期刊和杂志。游客通过阅读农业嘉年华的刊物，可以了解园区的内涵，加深对园区的印象。农业嘉年华通过出版的刊物，可以更加具体、深刻地向游客阐述园区的建筑结构、物种类别、景观价值，剖析景观成因、科技含量及发展趋势；同时可以发表与农业嘉年华有关的科研论文与意见建议等。

报纸：报纸上刊登的内容应包括农业嘉年华概况、独特景观、配套设施、主题活动等。特点：农业嘉年华通过报纸可以提升园区的旅游形象，还可以向游客宣传园区动态、优惠政策、发展趋势等。

3．电子音像解说

电子导游：借助通信、无线调控技术、微电脑、数码语音技术开发制作的自助式导游服务设备。特点：具有较强的智能化，对游客的参观游览线路、速度没有严格的限制。游客在游览过程中，可自行操作控制，选择收听相应的景观或展品介绍。

影像放映：农业嘉年华一般将视频形式的园区风光资料片、艺术片等通过影像放映展示给游客，在园区游客服务中心不间断地向游客播放。特点：游客通过欣赏农业嘉年华展示的内容，可以达到加深印象、愉悦身心的效果。

电子滚动屏幕：主要有LED、液晶显示屏等。设立电子滚动屏幕，以图文、影像、声音的形式循环播放农业嘉年华的介绍、代表景观的图片、园区所获的荣誉等。特点：电子滚动屏幕力求文字通俗易懂、图片丰富多彩，这样才能让游客赏心悦目，流连忘返，达到最佳的欣赏效果。

广播及背景音乐：农业嘉年华广播传递信息的形式主要包括语言和音乐。通过广播，园区可以向游客传递农业嘉年华概况、配套设施、游客须知、背景音乐等。特点：让游客在游览的同时得到听觉上的享受，加深对农业嘉年华的印象。

三、农业嘉年华商业服务管理

农业嘉年华商业服务是指满足游客在园区内吃、住、购、娱等方面需求的服务，餐饮和住宿是游客的基本需求，而购物和娱乐则是游客进一步的体验需求。农业嘉年华商业服务内容丰富、形式多样，是增强游客的旅游体验、提高农业嘉年华经济效益的重要手段。

（一）农业嘉年华餐饮服务管理

农业嘉年华餐饮服务是指针对游客在参观游览过程中的餐饮需求而提供的服务。餐饮服务管理是农业嘉年华商业服务管理的重要组成部分，餐饮服务的质量水平和风格特色在很大程度上反映了经营的总体质量水平和风格特色。

1．餐饮服务的作用

（1）餐饮服务是农业嘉年华商业服务的重要组成部分　在传统的旅游六要素“食、住、行、游、购、娱”，“食”排在了首位，而且中国自古就讲究“民以食为天”，餐饮服务存在的前提是游客的餐饮需求，因此，农业嘉年华应根据游客的实际需要为游客提供高质量的餐饮服务。

（2）特色餐饮是农业嘉年华的重要旅游资源　饮食文化是中国文化一个重要的组成部分，游客可以通过品尝美食了解当地的民风民俗、文化传统、历史沿革甚至宗教习俗，因此，旅游餐饮不仅仅是游客的生理需求，是旅游活动得以进行的必要手段，而且可以成为旅游的目的之一，成为吸引游客的一种旅游资源，例如现在兴起的美食旅游。农业嘉年华的餐饮服务如果能根据客人的需求以及当地实际，恢复或开发一些名菜名点，推出特色餐饮，必然可以丰富旅游的内容，吸引更多的游客。

（3）餐饮服务水平是农业嘉年华服务水平的重要标志之一　餐饮服务的水平由多种因素决定，从游客的角度来看主要是菜品的烹调技术和餐厅的服务两大因素决定。烹调技术的高低决定了菜品的味道好坏，而餐厅的服务水平则影响着游客购买、消费该产品时的心理状态。餐厅的服务除了服务人员的态度和技能，还包括餐厅的环境氛围、餐饮器皿等的质量水平，而这些都和农业嘉年华的经营管理水平密切相关。

2．农业嘉年华餐饮服务管理手段

（1）重视餐饮卫生安全　在为游客提供的餐饮服务中应把卫生安全工作放在首位。提供的食品原料要处于良好的卫生状态，没有腐败变质和污染；食品的加工和存放，要注意冷热、生熟、荤素分开，防止交叉污染；各种餐具要由专人洗涤保管，消毒彻底，摆放整齐，取用方便，保证餐具、酒具等光洁明亮，完好无损；保持餐厅地毯或地板整洁卫生，桌布、口布等棉织品洗涤彻底。

（2）营造舒适的就餐环境　农业嘉年华内餐饮设施的规模和数量应与接待游客规模相适应。规模过小或数量过少无法满足大量游客的就餐要求；反之，规模过大或数量过多又会造成资源浪费。就餐环境应整洁优美，通风良好，空气清新，同时与提供的菜品服务相协调。可以增加就餐环境的文化内涵，从餐厅外在的有形店景文化，到餐厅的功能布局、设计装饰、环境烘托、灯饰小品、挂件寓意都能体现文化主题和内涵。

（3）制定合理餐饮价格　游客对餐厅所付的价格要和餐厅所提供的有形及无形的服务相吻合，要注重菜品的数量和质量，符合游客所支付的餐费。服务要做到使游客满意而归，永远把服务做在游客开口之前，使之没有受亏待冷落的感觉。并且，为游客提供完美的服务产品，即“色、香、味、形、质、器、名”俱佳的菜品，菜肴色泽鲜艳、香气扑鼻、口味纯正、造型别致、选料讲究、器具配套、取名耐人寻味，使人感到“物有所值”。

（4）**提供良好的服务** 餐厅的服务人员应根据就餐客人的特点，有针对性地提供热情、周到的服务。农业嘉年华内的餐厅为游客提供的餐饮服务主要有两种方式：零点用餐服务和团队用餐服务。

①**零点用餐服务：**针对散客用餐，随点随吃，吃完自行结账的服务方式。由于接待散客就餐，宾客人数多，构成复杂，客人的口味需求不同，到达时间不一样，因此要求服务人员在提供零点用餐服务时，主动、周到、反应灵敏，能够根据当天厨房的供应情况、菜式烹调的基本方法和客人的需求，向客人推荐合适的菜式，以最佳的服务适应和满足不同客人的不同需求。

②**团队用餐服务：**针对团体客人就餐，按照每人每餐的用餐标准及要求提供膳食和服务。团队用餐由于用餐时间统一，人数集中，因此提供服务时，要注意集中人力做好餐前准备工作，尽力缩短客人的候餐时间，迅速上菜。另外，尽管团队餐的用餐标准统一、菜式品种也不多，但是也要注意科学合理的搭配，确保餐饮服务质量。

（5）**积极发展特色餐饮** 农业嘉年华特色餐饮是以民俗、民族、土特产、郊野化、农家化为特点的餐饮，由于有较深的地方烙印，文化内涵丰富，因此将成为旅游中的主要餐饮方式。特色餐饮的优势主要有两个方面，一是渊源，二是特有。“渊源”是一种历史事实，无法更改。它往往代表着正宗，如顺德是粤菜发源地、北京烤鸭是最正宗的烤鸭、南京板鸭是最正宗的板鸭。“特有”是指一些美食材料具有很强的地方性，如三水的禾花雀、南京江宁的老鹅、苏州阳澄湖的大闸蟹。虽然现在飞机可以把外地的原料长途运输到另外一个城市，但游客还是会觉得到原产地品尝才放心，不会对原料的真正产地心存疑虑。

特色餐饮不仅仅体现在食物本身，也体现在用餐的环境和氛围等整体饮食文化上。例如，无锡三国景区推出的三国宴特色餐饮，包括“八卦豆腐”“草船借箭”“舌战群儒”“火烧赤壁”“三顾茅庐”“长坂坡”“关公刀豆”“苦肉计”“子龙救孤”“桃园结义”“貂蝉玉饺”“反间计”“三国归晋”等菜品，菜谱的设计凸显了三国文化。另外三国水浒景区还推出了“湖上冷餐”——乘水浒官船，观太湖夕阳，尝太湖湖鲜，别有一番风味。

（二）农业嘉年华住宿服务管理

随着宾馆酒店越来越多，土地节约化发展以及人们对住宿条件多样化的需求，适应发展变化，住宿硬件不断创新，宾馆酒店业的竞争愈来愈激烈。农业嘉年华住宿服务如何在激烈的竞争中快速发展，是每一个农业嘉年华必须面对的问题。如何利用先进的管理手段，提高住宿服务的管理水平，成为农业嘉年华发展的当务之急。

农业嘉年华的住宿服务管理是指借助农业嘉年华的住宿设施和服务人员向游客提供的以满足游客在景区住宿、休息等需求为基本功能，同时拉动二次消费，获得更大的收益。

1．农业嘉年华住宿设施的类型

（1）木屋 木结构房屋是以天然木材为结构材料的建筑，亲和自然，是最适合人类居住的建筑。受外界气候影响很小，好像一座天然的空气调节器，合理的设计与布局，适量吸收太阳光线，生活居住感觉四季如春，冬暖夏凉。良好的隔音私密性，不但体现健康生态的理念，更让居住感全面升级。

（2）集装箱 集装箱经过改造之后可以作为农业嘉年华的休闲住宿设施使用，具有耐用性高、经济实惠、安全性好等优点，打造一个创意集装箱营地不仅会是一道美丽的景观，还可以为游客提供休闲娱乐住宿的场所。

（3）野营帐篷 野营帐篷是户外探险或登山徒步游客的必备，现在农业嘉年华也为游客提供了野营基地，租售帐篷，受到广大游客的喜爱。

2．农业嘉年华住宿服务的意义

（1）农业嘉年华住宿服务与园区的餐饮、购物、娱乐等服务相互配合，为游客提供最基本的旅游商业服务。

（2）随着我国农旅行业的快速发展，“门票经济”已经很难支撑农业嘉年华的深入发展，只有游客留宿园区才能创造更大的收益，住宿服务是园区创收的重要组成部分。

（3）优质的住宿服务能给游客带来愉悦的住宿体验，留下良好的口碑，将为提高重游率和园区美誉度做出重要贡献。

3．农业嘉年华住宿服务管理的内容

（1）客房管理制度

①工作人员应自觉遵守客房管理制度，要讲文明，讲礼貌，讲道德，讲纪律。要积极进取，爱岗敬业，善于学习，掌握技能。

②工作人员应着工作服上岗，挂牌服务，要仪表端庄，举止大方，规范用语，文明服务，礼貌待客，主动热情。

③客房服务员，每天要按程序、按规定和要求清理房间卫生，填写客房清洁日报表，要认真细致；要管理好房间的物品，发现问题及时报告。

④外来住宿人员，要有本人身份证或有效证件进行登记后，方可入住。

⑤不得随意领外人到房间逗留或留宿，未经经理同意不准私开房间，为他人（含职工）提供住宿、休息及娱乐等。

⑥检查清理客房时，不得乱动和私拿客人的东西，不准向客人索要物品和接收礼品；拾到遗失的物品，要逐一登记交公。

⑦不准他人随意进入前台；前台电脑要专人管理与操作，不准无关人员私自操作。

⑧工作时间不准离岗，有事向领导请假，不准私自换班和替班，不准打扑克、玩手机及做其他与工作无关的事情。

⑨认真做好安全防范工作，特别是做好防火防盗工作，要勤检查，发现问题要及时报告和处理。

（2）卫生管理制度

①要保持住宿区域环境整洁、美观，地面无果皮、痰迹和垃圾。

②必须设有消毒间或消毒设施，并要有健全的卫生制度。

③被套、枕套（巾）、床单等卧具要一客一换。

④公用茶具应每日清洗消毒，茶具必须光洁、无油渍、无水渍、无异味。

⑤客房内卫生间的洗漱池、浴盆应每日清洗消毒，并粘贴已消毒封签。

⑥公共卫生间要做到每日清扫、消毒，并保持无积水、无蚊蝇、无异味。

⑦要有防蝇、蚊、蟑螂和防鼠害的设施，并经常检查设施使用情况，发现问题及时改进。

⑧对旅客废弃的衣物要进行登记，统一销毁。

⑨店内自备水源和二次供水水质应符合《生活饮用水卫生标准》（GB 5749—2006），二次供水蓄水池要符合输水管材卫生要求，做到定期清洗消毒。

（三）农业嘉年华体验服务管理

20世纪70年代，美国著名未来学者托夫勒在其《未来冲击》一书中提出，服务经济的下一步将走向体验经济，商家将靠提供这种体验服务取胜。作为服务业的代表，旅游业是典型的体验经济，无论从社会需求上讲还是从社会供给上讲，旅游景区事业都是新世纪的朝阳产业，当体验经济风行全球之时就是旅游体验型景区的大发展之日，农业嘉年华体验服务管理正是为迎接体验经济的到来做准备。

1．体验经济的由来

纵观世界经济的发展，到目前为止经历了四个不同的阶段：

产品经济时代：产品经济又称农业经济，是在大工业时期没有形成前的主要经济形式。当时的商品处于短缺期，即供不应求阶段，掌控产品或制造产品的生产资料，市场份额和经济发展也会遥遥领先。

商品经济阶段：商品经济又称工业经济，随着工业化的不断加强，商品不断丰富以至于出现过剩，即供大于求阶段。市场竞争加剧导致市场的利润不断稀薄直到发生亏损。

服务经济阶段：服务经济是从商品经济中分离出来的，它注重商品销售的客户关系，向顾客提供额外利益，体现个性化形象。

体验经济阶段：体验经济又是从服务经济中分离出来的，它追求顾客感受性满足的程度，重视消费过程中的自我体验。

有人曾这样描述“体验经济”的到来：产品经济、商品经济和服务经济到体验经济之间的演进过程，就像母亲为小孩过生日、准备生日蛋糕的进化过程。在产品经济时代，母亲是拿自家农场的面粉、鸡蛋等材料，亲手做蛋糕，从头忙到尾，成本不到1美元。到了商品经济时代，母亲到商店里，花几美元买混合好的盒装粉回家，自己烘烤。进入服务经济时代，母亲是向西点店或超市订购做好的蛋糕，花费十几美元。到了今天，母亲不但不烘烤蛋糕，甚至不用费事自己办生日晚会，而是花100美元，将生日活动外包给一些公司，请他们为小孩筹办一个难忘的生日晚会，这就是体验经济的诞生。

2．体验经济的特征

在《体验经济》一书中，作者将四种不同经济形态的经济进行了比较（表4-1）。从表4-1中可以更清晰地理解体验经济特性。体验经济作为一种新的经济形态，与其他非体验经济相比，具有自身的特征，主要表现在：消费者自主参与产品创新；企业运行呈现开放化；市场需求的特定化；竞争的个性化、体验化；消费者“自主定价”；市场运行的主题化；即时设计与服务品牌运行的顾客化；顾客价值的量身定制化。这些特征既是体验经济形态的一种表现形式，也是研究体验经济的突破口，不断地深入到这些特征当中，才能更好地掌握和运用体验经济的理念，把握发展的潮流。

表4-1 经济形态区分

经济形态	产品经济	商品经济	服务经济	体验经济
经济提供物	产品	商品	服务	体验
经济	农业	工业	服务	体验
经济功能	采掘提炼	制造	传递	舞台展示
提供物的性质	可替换的	有形的	无形的	难忘的
关键属性	自然的	标准化的	定制的	个性化的
供给方法	大批储存	生产者库存	按需求传递	在一段时期后披露
卖方	贸易商	制造商	提供者	展示者
买方	市场	用户	客户	客人
需求要素	特点	特色	利益	突出感受

3．农业嘉年华旅游体验设计

在体验经济视角下对农业嘉年华旅游体验的开发是从客人体验角度进行的。谢佐夫在《体验设计》中认为体验设计是将消费者的参与融入设计中，是企业把服务作为舞台，产品作为道具，环境作为布景，使消费者在商业环境过程中感受到美好的体验过程。因此，按照体验经济理论倡导者派恩与吉尔摩的观点，要借助体验经济这一新的经济形态推出体验，增加体验价值，要进行如下体验设计：

（1）**体验主题化，构思一个有良好定义的主题** 为一个参与性的故事撰写剧本，使参与者置身其中，提供丰富的、具有压倒力量的体验。农业嘉年华主题化体验成功的关键在于领悟什么是真正令人瞩目和动人心魄的。创意好的主题有五大标准：第一，具有诱惑力的主题必须调整人们的现实感受；第二，最丰富的有关地点的主题，通过影响人们对空间、时间和事物的体验，彻底改变人们对现实的感觉；第三，富有魄力的主题，集空间、时间和事物于相互协调的现实整体；第四，多景点布局可以深化主题；第五，主题必须与提出体验的园区性质协调。主题化的旅游体验同样也是一个具有参与性的故事剧本，游客或体验者在这个故事剧本中扮演具有自己个性的角色；同时，通过表演、通过感受获得体验的满足、身心的愉悦，从而留下深刻印象和长久记忆。旅游体验策划者也从一个个主题中体现自身的特色，形成自己的品牌。

（2）**提供体验纪念品** 当以体验为主要消费对象时，农业嘉年华旅游体验纪念品就成为了一个附加品或体验增值品，同时能通过纪念品勾起对体验价值的回忆。纪念品除了使体验的存留时间延长，还可将个人体验与他人共享，并且使产品价值增值。纪念品可以由旅游体验策划者免费提供或售卖，也可以由游客借助旅游体验策划者提供的工具、物件来进行设计、制作。纪念品犹如体验的一种装饰，是旅游体验者可带走的体验价值回忆。在农业嘉年华旅游体验设计的过程中，应当强化纪念品的作用，通过其留给游客更多的回忆并吸引回头体验客。

（3）重视对游客的感官刺激　通过感官刺激支持并加强服务的主题，所涉及的感官刺激越多越有效，农业嘉年华体验设计就越成功，一种体验越是充满感觉就越值得记忆和回忆，感官刺激可以通过视觉、听觉、味觉、嗅觉、触觉等得以表现。在旅游体验设计中，感官刺激可以带来鲜明的冲击，吸引游客，使其沉浸其中，获得美好的体验价值。

体验设计的流程应首先列出顾客喜爱的各类活动，然后再确定主题，把活动串联起来，接着挑选最能表现主题的活动，并使活动数目是可行的，最后再对每一个活动项目进行细致的研究，同时应对每个活动对五官的影响进行细致地分析，保证不要给顾客太多的刺激，活动最后发放纪念品。农业嘉年华旅游体验设计同样适用这样的步骤，首先进行旅游体验需求分析，然后确定体验设计主题，通过体验活动和项目来表现主题，最后发放纪念品，给游客留下美好的记忆。

（四）农业嘉年华进驻企业管理

由于农业嘉年华是综合性大型园区，需要引进其他商家企业，协商合作、资源共享、效益共赢，保证良好的经商环境，所以农业嘉年华在进驻企业管理方面，依据市场竞争状况，制定了“统一招商，协助经营，部分自营；整合市场，完善政策，合理回报”的经营模式。

1. 统一招商

为统一形象，尽快繁荣市场，对于农业嘉年华内商铺，应采用统一招商的原则。对于投资户购买的商铺，应有公司与商户签订委托代管协议，由市场方统一招商。市场的招商采用品牌联营、资本联营、招商引资和租赁等展开，其中大商户和品牌商户可采用以上多种方式展开，中小商户以租赁为主。

制定具体的招商政策：招商的目标和原则；招商工作的各项规章制度；制定不同商户（规模和经营商品等）的招商政策；制定不同商户的准入条件；确定招商合同样本；确定租金标准和联营等条件；确定优惠幅度和条件；部分大项目的招商方案。

2．协助经营

采用协作经营的模式，剔除独门独户、单兵作战的散乱，由公司进行市场的整体推介，协助进驻商户经营。

强势广告支持，形成强大的宣传攻势，让所有来景区的游客主动来此消费；每年都有很多地方民族盛大节日，通过节庆活动提高商业街的文化及艺术魅力；同演艺中心艺术团体挂钩合作，在周末和旅游旺季举行商业街民族风情歌舞表演，以此来吸引过往游客前来观看，带动商业街消费；与旅游公司合作，形成当地旅游定点购物景点，吸引中外游客及本地游客来此观光消费；全方位贴心物管服务，给经营者一个轻松的经营环境，消费者一个享乐的旅游购物天堂；定期促销推介，形成旅游人气最旺地，带来巨大消费。

3．部分自营

在招商效果欠佳或部分商户不愿进入的行业进行自营，采用部分自营带动商户进驻，促进农业嘉年华商业发展。在自营项目获得发展后，如不愿长期经营，可采取逐步退出的办法。具体包括：市场有需求，但前期招商效果欠佳的；经营项目有风险，经营户不敢经营的，但对提升市场品牌有重要作用的；有市场前景，但需要引导消费的项目，如旅游商品等；游客生活有需求，对促进人气作用巨大，但利薄甚至不赚钱的，如平价超市；适当的公益性项目，如免费的休闲区。

4．整合市场

整合市场功能，集购物、餐饮、娱乐、休闲、观光、旅游六大功能于一体；整合商业空间，进行合理商品布局，因业态不同可采用组合经营或分割经营；整合招商，与投资户签订托管协议，进行统一招商；整合推广，避免单兵作战，整个农业嘉年华进行统一的广告、促销推广。

5．完善政策

向政府及主管部门争取免税、免费的相关政策，让在此经营的商户受益；完善商业物业的管理和服务功能，提升农业嘉年华软环境的竞争力；强化托管和统管措施，提高管理水平和能力。

6. 合理回报

保证市场和经营户合理的收益，实现双赢；通过市场整体机能的完善，带动农业嘉年华旅游片区土地及租赁价格的提升，使商户和周边村民都能获得良好的回报。

第三节　农业嘉年华环境容量管理

如何科学地确定农业嘉年华的旅游规模，从而为农业嘉年华的规划设计提供依据，如何保证农业嘉年华社会、经济、环境的可持续发展，环境容量的确定是一个极其关键的问题。农业嘉年华是我国在国际基础上的发展，处于刚刚建设起步阶段，没有现成的环境容量规范，考虑它的特殊性，需要逐步建设符合国情的“农业嘉年华环境容量”测算体系。农业嘉年华环境容量与一般旅游景区的环境容量的区别在于农业产业（植物、动物）需要环境空间。

一、农业嘉年华环境容量的概念与体系

（一）环境容量的概念

环境容量是一个从生态学中发展起来的概念，与它相近的一个概念是环境承受力，也可称为环境承载力、环境忍耐力。对环境容量概念缘起和不同学科、不同领域对环境容量的定义中，可以得出以下几个结论：

（1）环境容量是反映人口、发展与资源、环境之间关系的重要指标，其实质在于保证人口、资源与环境之间的协调，保证发展的可持续性，即经济的增长不能以生态系统的破坏、环境质量的下降以及使子孙后代的生存与发展受到威胁为代价。

（2）环境容量的概念是一个不断发展的概念。在100多年的时间里，人们已将它从单一的生态学领域借用到很多相关领域，如环境保护、人口问题、土地利用、旅游管理等。各个学科在坚持环境容量的基本含义，即“增长的极限”的同时，也对它在不同角度和层次进行了引申，使环境容量的概念能够在本学科中发挥更大的作用。值得强调的是，环境容量的概念仍在发展之中，如我国目前针对三峡水库的建设提出了移民环境容量的新理论，为三峡水库百万移民工程的顺利进行提供了理论依据。可见环境容量是一个生命力极强的概念，日益得到广泛和深入的运用。

（3）目前绝大多数关于环境容量的研究还局限在狭义的自然环境与人的关系方面。随着人类对“环境”概念认识上的不断深化，应该扩大环境容量中“环境”的外延，使其不仅包括自然环境，同时也包括社会环境、人工环境与经济环境。

（4）环境容量是一极限值，它可以是某一给定范围发展规模的极限值，如种群数目、人口数目、污染物的重量、移民数等；也可以是单位面积强度的极限值，如污染物的浓度等；还可以是发展速度的极限值，如人口年允许增长率、游客年允许增长率等。

（二）旅游环境容量的组成

旅游环境容量是多种容量概念的总称，是一个概念体系。目前对于旅游环境容量的组成主要有两种分类方法。

一种是Z.Mieczkowski的分类体系（图4-1）。其中旅游容量也称为总容量，取决于物质容量、生态容量和社会容量。而自然容量是一种典型的供给导向型计算模式，是以资源利用为基础，与旅游供给要素相关的容量值，由物质容量和生态容量两部分组成。物质容量又称为设施容量，是以资源（旅游设施资源）可利用面积或规模为计算依据的容量形式。生态容量是在自然生态环境系统及要素保持持续生存能力不受损害的前提下，区域的环境（主要是自然风景型旅游区）所能承受的旅游活动强度指标。而社会容量则是指游客和当地人口所能承受的因旅游业所带来的环境、文化、社会经济影响的程度。它的对象包括游客、进入目的地区的实际参观者和当地人口，包括直接或间接的旅游从业人员和与旅游业无直接关系的当地居民（如退休人员）。至于规划管理容量，是一个决策概念而不是一个科学概念，通常是根据管理者需要，借鉴旅游环境容量测算值而制定的旅游接待容许值，是一个非精确化的管理数据，常表现为一个范围。

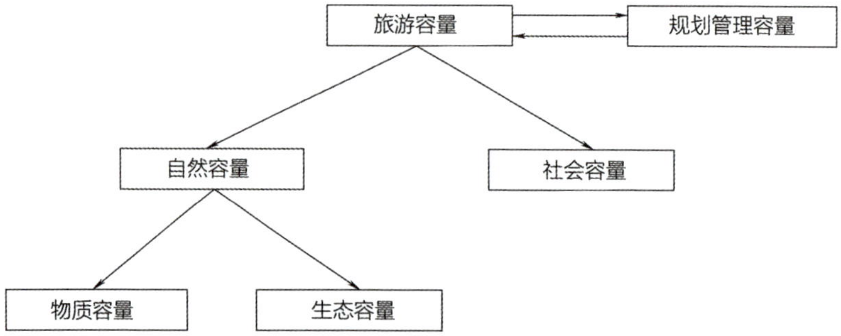

图4-1 旅游容量的组成体系

第二种是根据各种容量的属性，可以把旅游环境容量分为基本容量和非基本容量两大类，非基本容量是基本容量在时间上的具体化和外延。

1．基本容量

在旅游环境容量的基本体系中有五种基本容量：①旅游感知容量；②旅游资源容量；③旅游生态容量；④旅游经济发展容量；⑤旅游地地域社会容量。其中，旅游感知容量代表需求方面的容量，其余四种容量为供给方面的容量。

2．非基本容量

基本容量在时间和空间上的具体化和外延，衍生出一系列其他容量概念，这些概念在实际操作中比基本容量概念应用得更多，是旅游规划与管理中直接可用的工具：①旅游合理容量和旅游极限容量；②既有旅游容量和期望旅游容量；③旅游活动空间尺度相关的容量概念。

无论是基本容量还是非基本容量，都具有如下性质：①旅游容量值在某一时段内相对稳定，表现为一个伸展不宽的值域，可以以其中值作为容量值；②旅游容量值随时间有一定的变化，其中经济发展容量和社会地域容量变化较快，而资源容量、生态容量和感知容量变化相对较慢；③非基本容量随着基本容量的变化而变化；④不同类型的旅游区旅游容量不同，即使是同一旅游区，若旅游区的性质发生改变，旅游容量也随之发生变化。

二、农业嘉年华环境容量的核定及控制

（一）农业嘉年华环境容量的估算原则

农业嘉年华环境容量的估算原则必须遵循以下几个方面：

（1）农业嘉年华环境容量的确定与量测涉及旅游环境的各子环境系统及其组成要素，具有高度广泛性、综合性和复杂性。农业嘉年华的环境容量应从社会效益、经济效益、生态效益三个方面综合考虑。

（2）农业嘉年华作为农业旅游的开发载体，旅游资源来自于农业动植物生存环境，是农业旅游环境组成部分以及农业旅游经济发展的物质基础。农业旅游发展会促进农业旅游资源的开发，从而使更多的环境要素成为资源，而农业旅游资源的过度开发、农业旅游环境容量长期超载会造成农业旅游环境的恶化和农业旅游资源的枯竭

等，相反又会制约农业旅游经济的发展，这就是农业旅游环境容量研究中的辩证思想。因此环境容量的估算应不超过农业嘉年华资源环境质量保护的忍耐度，以保证园区内资源和生态环境的永续利用。

（3）根据农业景观资源特点，选择合适的估算指标和估算方法，计算指标应留有余地，以适应农业嘉年华旅游高峰期对游客增长的需求。

（二）农业嘉年华环境容量估算方法

在量测农业嘉年华环境容量的实际工作中，对不同的环境容量有不同的量测方法，有的是取极限（最大）容纳能力，有的则取合理容量。在实际农业嘉年华旅游管理工作中，寻求的主要是旅游合理容量，对于经济发展容量，主要量测设施容量；对于设施和自然生态，一般量测其极限容量值；而旅游资源的合理容量值，应与感知容量值一起考虑；对于地域社会容量，因为大多数旅游地域的社会容量会远超过旅游需求，因此对旅游业的发展并没有限制。

1. 农业嘉年华旅游资源容量的量测

旅游资源容量指旅游资源本身的容纳能力，一般取极限值，以资源的空间规模除以每人最低空间标准，即可得到资源的极限时点容量，再根据人均每次利用时间和资源的每日开放时间，就可以得到资源的极限日容量。

$$\text{极限容量}=\frac{\text{每日开放时间}}{\text{人均每次利用时间}}\times\frac{\text{资源的空间规模}}{\text{每人最低空间标准}}$$

2. 农业嘉年华旅游感知容量的量测

个人在从事活动时，对环绕在身体周围的空间有一定要求，任何外人的进入，都会使个人感到侵犯、压抑、拥挤，导致情绪的不快和不安，这个空间称之为个人空间。一般在规划中，个人空间即是基本空间标准。考虑到游客感知的满足程度，旅游资源的合理容量值就是游客平均满足程度最大时旅游场所所容纳的旅游活动的能力，事实上它同旅游心理容量一样，由个人空间值决定。

$$\text{时点容量}=\frac{\text{资源的空间规模}}{\text{基本空间标准}}=\text{单位空间合理容量}\times\text{资源的空间规模}$$

$$\begin{aligned}\text{日容量}&=\frac{\text{每日开放时间}}{\text{人均每次利用时间}}\times\text{时点容量}\\&=\text{单位空间合理容量}\times\text{资源的空间规模}\times\frac{\text{每日开放时间}}{\text{人均每次利用时间}}\end{aligned}$$

3. 农业嘉年华生态容量的量测

生态容量是针对以自然为基础的旅游地存在的一个容纳旅游活动量的限度。在这一限度内，旅游地的生态环境不致退化，或在很短时间内生态环境能从已退化的状态恢复原状。某地旅游生态容量的大小，以可容纳的旅游活动量为指标，取决于生态环境净化和吸收旅游污染物的能力及一定时间内每个游客所产出的污染物的量。

对于无需由人工方法自理部分旅游污染物的旅游地，其旅游的生态容量的量测方法是：

$$F_0=\frac{\sum_{i=1}^{n}S_iT_i}{\sum_{i=1}^{n}P_i}$$

式中　F_0——生态容量，即每日接待游客的最大允许量；

P_i——每位游客一天内产生的第i种污染物量；

T_i——各种污染物自然净化的时间，一般为1d；

S_i——自然生态环境净化吸收第i种污染物的数量，量/d；

n——旅游污染物种类数。

在用人工方法进行旅游污染物处理的情况下，旅游地可接待旅游量的能力会明显扩大，这种扩大了的旅游接待能力称之为扩展性旅游生态容量，计算方法是：

$$F=\frac{\sum_{i=1}^{n}S_iT_i+\sum_{i=1}^{n}Q_i}{\sum_{i=1}^{n}P_i}$$

式中　F——扩展性的生态容量（日容量）；

Q_i——每天人工处理掉的第i种污染物量。

4. 农业嘉年华经济发展容量的量测

决定经济发展容量的因素主要分旅游内部经济因素（旅游设施等）和旅游外部的经济因素（基础设施、支柱性产业等）。就满足游客的基本要求而言，当地经济发展容量的大小可以食宿与娱乐设施的供给为指标，其中食宿又是最基本的方面。二者所决定的旅游容量的计算方法如下：

$$C_e=\frac{\sum_{i=1}^{m}D_i}{\sum_{i=1}^{m}E_i}$$

$$C_b=\sum_{j=l}^{l}B_j$$

式中 C_e——主副食供应能力所决定的日旅游容量；

C_b——住宿决定的日旅游容量；

D_i——第i种食物决定的日供应量；

E_i——每人每日对第i种食物的需求量；

B_j——第j类住宿设施的床位数；

m——游人所消耗的食物的种类数；

l——住宿设施的种类数。

5．旅游地容量的量测

一个旅游地接待能力的大小，受制于旅游资源、生态环境、旅游设施和基础设施及当地居民的心理承受能力。一般决定旅游地容量的是旅游资源容量和设施容量。旅游地容量的测定公式为：

$$T=\sum_{i=1}^{m}D_i+\sum_{i=1}^{p}R_i+C=\sum_{i=1}^{n}S_i$$

$$D_i=\sum_{i=1}^{n}S_i$$

式中 T——旅游地容量；

D_i——第i旅游景区的容量；

S_i——第i旅游景点容量；

R_i——第i景区内的道路容量；

m、n、p——分别为景区、景点数、景区内的道路数；

C——非活动接纳的游人量。

常用的旅游容量的计算方法主要有四种：面积计算法、线路计算法、瓶颈容量计算法和综合计算法。

（1）**面积计算法** 某地游览面积为31360m^2，而人均基本空间标准要求为26m^2/人，风景游览地每日平均接待游客的批数为6，则该地的日容量为，31360÷26×6=7237人。

（2）**线路计算法** 对于一些地方如黄山、天门山景区等，景区游览面积大，但实际上只有为数不多的几个地方有较多的停留人数，因此在计算时一般按人均占有长度为单位进行计算。

（3）**瓶颈容量计算法** 例如，某一小岛，景区可供游览面积为1.5×10^6m^2，游客基本空间标准为50m^2，游览地每日接待游客的批数为0.5，根据面积计算法，该岛屿上可容纳游人量为15000人/d。但是，上岛交通工具为旅船，每小时开一趟，营运时间为早上8点至晚上5点，载客量为100人，则交通工具为该地的瓶颈因子，该地的旅游容量为100人/艘 × 10艘/d＝1000人/d。

（4）**综合计算法**　例如，崂山旅游规划在环境容量的计算中采用综合法，海水浴场单位容量为10或8m^2/人，一般景点单位容量为60m^2/人，登山路长度按3、4、6m/人。计算结果为50000人次。

6. 旅游环境容量的新理论方法——可接受的改变极限（LAC）理论

目前我国大部分的旅游景区的规划和管理都是采用LAC理论计算方法，得到旅游环境容量数据，以达到资源保护的目的，这一方法有简单操作性的特点。但是在实践中，如果仅将环境容量作一个数字来看，由于环境容量体系的复杂性、游客旅游目的多样性、环境的变化等多方面因素的影响，使准确确定环境容量的数据变得较为困难。LAC理论正是在对环境承载力概念的继承和对环境容量模型方法的革命性批判中产生的。它通常分为以下9个实施步骤：

（1）确定规划地区的特殊价值、问题与关注点（如保护某种特殊的植物、旅游活动引起的环境退化等）；

（2）确定和描述游憩机会种类或规划分区［基于游憩机会谱（ROS理论）］；

（3）为资源和社会状况选定评价指标；

（4）对资源与社会现状进行清查；

（5）为每个机会类别中的资源与社会指标制定具体的标准；

（6）确定待选的机会种类部署方案；

（7）为每一种待选方案确定管理行动；

（8）评价并挑选一个优选的方案步骤；

（9）执行优选方案中的措施并监测状况。

第四节　农业嘉年华安全管理

旅游业因其综合性强、关联度高、辐射面广等特性，旅游企业的安全管理显得尤为重要。农业嘉年华作为农业旅游的重要组成部分，是游客旅游的重要目的地和集散地，面临的环境相对复杂，要确保园区与游客的人身与财物安全，确保园区能够持续稳定地发展，安全管理是不容忽视的一个重要环节。在农业嘉年华日常管理工作中，贯彻“以人为本，关爱生命”的指导思想，遵循“安全第一、预防为主、综合治理”的指导方针，努力消除存在的各种安全隐患，积极防范意外事故的发生，成为园区管理者重要的工作内容之一。

一、农业嘉年华防火安全管理

（一）园区消防灭火常识

1. 冷却灭火法

将灭火剂直接喷洒在可燃物上，使可燃物的温度降低到自燃点以下，从而使燃烧停止；用水冷却尚未燃烧的可燃物质防止其达到燃点而着火的预防方法。用水扑救火灾，其主要作用就是冷却灭火，一般物质起火，都可以用水来冷却灭火。

2. 窒息灭火法

可燃物质在没有空气或空气中的含氧量低于14%的条件下是不能燃烧的。所谓窒息法，就是隔断燃烧物的空气供给。采取适当的措施，阻止空气进入燃烧区，或用惰性气体稀释空气中的含氧量，使燃烧物质缺乏或断绝氧而熄灭，适用于扑救封闭式的空间、生产设备装置及容器内的火灾。火场上运用窒息法扑救火灾时，可采用石棉被、湿麻袋、湿棉被、沙土、泡沫等不燃或难燃材料覆盖燃烧或封闭孔洞；用水蒸气、惰性气体（如二氧化碳、氮气等）充入燃烧区域；利用建筑物上原有的门以及生产储运设备上的部件来封闭燃烧区，阻止空气进入。

3. 隔离灭火法

可燃物是燃烧条件中最重要的条件之一，如果把可燃物与引火源或空气隔离开来，那么燃烧反应就会自动中止。如用喷洒灭火剂的方法，把可燃物同空气和热隔离开来，用泡沫灭火剂灭火产生的泡沫覆盖于燃烧液体或固体的表面，把可燃物与火焰和空气隔开等，都属于隔离灭火法。采取隔离灭火的具体措施很多。例如，将火源附近的易燃易爆物质转移到安全地点；关闭设备或管道上的阀门，阻止可燃气体、液体流入燃烧区；拆除与火源相毗连的易燃建筑结构，形成阻止火势蔓延的空间地带等。

（二）园区消防安全管理制度

（1）园区的消防工作贯彻预防为主、防消结合的方针，实行防火安全责任制。

（2）园区应当将消防工作纳入总体规划，确定本单位的消防安全责任人与消防安全管理人，使消防工作与园区建设相适应。

（3）园区应当根据园区建设的需要，成立安全防火委员会，建立专职或义务消防队，并在园区门口设立防火检查站，提示游客不准携带火种进入园区。

（4）园区新建、改建、扩建建筑工程时，应将建筑工程的消防设计图纸及有关资料报送公安消防机构审核，审核合格后方可施工。

（5）经审核的建筑工程消防设计需要变更的，应报原审核单位的公安消防机构审核，核准后方可变更。

（6）建筑工程竣工时，必须经公安消防机构验收，验收合格后方可投入使用。

（7）园区的建筑工程室内装修、装饰应当根据国家工程建筑消防技术标准的规定，使用不燃、难燃材料。

（8）园区应当经常对职工进行消防宣传教育，提高消防安全意识。园区工作人员和园区讲解员在讲解时要随时提示游客严格遵守《中华人民共和国消防法》，不准携带火种进入园区，更不准在园区内用明火野炊。

（9）园区应当制定灭火和应急疏散预案，定期组织消防演练。

（10）园区应当定期组织防火检查和每日防火巡查并建立记录，对发现的和公安消防机构提出的火灾隐患及时消除。

（11）园区应当按照国家有关规定配置符合国家标准或行业标准的消防设施和器材，设置消防安全标志，并定期组织检验、维修，确保消防设施和器材完好、有效。

（12）园区应当保障消防安全疏散通道、安全出口畅通，并设置符合国家规定的消防安全疏散标志；不得损坏或者擅自挪用、拆除消防设施、器材；不得埋压、圈占消火栓；不得占用防火间距；不得堵塞消防通道。

（13）在禁止烟火的地域，园区应当设置“禁止烟火”的标志牌，对游客的吸烟、使用明火行为加以制止。

（14）发生火灾后，应当立即利用现有消防设施、器材，组织专职或义务消防队队员进行扑救，并及时拨打“119”火警电话报警。

（15）在公安消防队赶到火场扑救火灾时，园区应当在条件允许的情况下，为火灾的扑救工作提供便利条件。

二、农业嘉年华治安管理

农业嘉年华治安管理是根基，只有做好治安管理工作，才能使其他方面的工作顺利开展。农业嘉年华治安管理工作主要包括五个方面：健全治安管理机构；制定法规制度；加强安全防范；实施安全检查；建立情报信息反馈制度。

（一）建立健全治安管理机构、安全保卫机构

建立健全治安管理机构、安全保卫机构是开展治安管理活动，实现治安管理目标的组织保障，治安管理的计划、决策、组织、协调、监督、落实等项职能，是通过治安管理机构来实施的。要实现园区治安管理的总目标，必须建立一个结构稳定、职能协调和管理有效的治安管理体系，使管理活动得以有序地进行。

治安管理机构有三个层次：①所在地政府主管部门，对园区的治安工作实施宏观的指导、监督职能；②所在地公安局在治安处科中设专职或兼职负责园区的民警，必要时成立农业嘉年华保卫组，对园区的治安保卫工作具体指导、落实；③对农业嘉年华建立治安派出所或派驻民警建立治安办公室，加强管理。

此外，园区建立内部安全保卫机构，完善和强化治安控制机制，形成完整的安全保卫组织体系。安保机构包括：①设置专门主管安全的领导：依照“谁主管，谁负责”的原则，除园区的法人兼管安全外，还应有主管安全保卫的领导，组织安全保卫工作的实施；②聘请专职保安人员：保安公司的保安，经过较为正规的系统的培训，聘请其加入安保队伍，在要害部位委以重任，规范安保机构建设；③组织成立治安联防队：在园区重点要害部位，可抽调、选拔职工或招聘社会人员组成群众性的治安力量，对园区开展巡逻检查。

（二）治安管理法规化、制度化

治安管理法规化、制度化是园区安全保卫工作稳定协调、规范有序地实施的首要条件，通过治安管理法制化，使各项管理活动都具有法定的标准和依据，从而增加执法的透明度，规范工作体系，加大治安管理工作的力度，提高工作效率。治安管理法制化，需要当地政府有关部门结合旅游安全的特点，研究制定专门的“旅游安全管理规定”，使园区治安管理做到有法可依，加大行政管理力度。

同时，园区参照“旅游安全管理规定”制定《安全岗位责任制》《外来务工人员责任书》《关于对扰乱管理秩序行为的处理方法》《住宿业安全责任书》《机动车辆管理责任书》等内部安全规章制度，形成全面、规范的内部规章体系。

（三）坚持“预防为主，保障安全”的原则

坚持“预防为主，保障安全”的原则，做好安全防范，是治安管理工作处于主动的关键环节。园区具有人员流动性大的特点，一旦发生治安案件，在案件侦破的过程中，公安机关往往要花费大量的精力，且工作上较为被动。因此，农业嘉年华治安管理的各项基础工作都必须以安全为目的，立足于防范。预防是治本之策，预防为主是做好治安管理工作的根本的指导思想。治安管理工作要求有预见性，要善于分析问题，防患于未然。做好安全防范，掌握治安管理工作的主动权，达到保障安全的目的。

（四）安全检查是治安防范的重要手段

对园区定期进行安全检查，是安全防范工作的后期延续。通过检查，发现问题，堵塞漏洞，把一切不安全事端消除于萌芽状态，进一步巩固安全防范取得的成果。同时，在客观上起到了督促园区安全保卫工作落实的作用。园区安全检查由政府主管部门和园区共同组织实施，并作为一项年度常规性工作，使其制度化。

园区除积极搞好年度检查工作外，还应开展以下三方面的安全检查：①日常安全检查：对易发生治安问题和重点要害部位，每日都要进行检查，发现隐患立即整改；②重大节庆日、国内外领导游览期间，需进行一次全面的安检，充分考虑可能出现的情况（客流量等），制定整改措施，确保万无一失；③旅游淡季（冬季）安检：通过安检，对费时费力的治安隐患集中进行整改。

（五）信息反馈制度是准确把握治安动态的保证

建立广泛的情报信息网络，加强了解和掌握治安动态，是做好园区各项治安管理工作的前提。信息反馈制度应遵循以下原则：①及时：重大治安案件发生一起上报一起；②汇总：治安案件每月汇总一次并上报。信息反馈制度汇报的内容包括：治安案件、治安事件、治安灾害事故、园区举办大型群众性活动的数量等。

三、农业嘉年华自然灾害管理

园区要从根本上提高减灾能力，必须建立一套完善的自然灾害防治管理体系。主要从自然灾害的预警、防范和救援三个方面来构架园区自然灾害防治管理的基本体系：

（一）自然灾害的预警

灾害防治管理的关键是灾前的预警工作，这也是减灾的最大效益所在。预警是通过对自然灾害的监测提供数据和信息，从而进行示警和预报。园区建立经济有效的预警体系应该从以下方面着手：

（1）与相关灾害发布机构合作 园区应与地震局、气象局、防汛办等相关灾害发布机构合作，从而随时获取当地未来48h内的天气变化情况和灾害预警信息。

（2）与其他灾害预警组织联盟 缺乏对特定自然灾害的预警系统是很多灾情扩大的重要原因之一，如2004年12月底的印度洋地震发生前，美国地质调查局在检测到地震后试图通知印度洋沿岸各国准备，竟然无法找到与这些国家沟通的途径。所以园区应与区域性或国际性灾害预警组织联盟，实现灾害信息共享。

（3）联络人员 园区安全管理部门应设有专职的联络人员，随时与相关灾害发布机构联系。如有灾害示警立即向上级汇报，并争取舆论主动权，明确信息发布渠道和时间，建立与媒体的合作机制。

（4）对游客的警示、教育 旅游经营者及其从业人员对可能危及游客人身、财物安全的事宜，应及时通过媒体向游客做出公开、真实的说明和明确的警示；并及时采取有效的安全防护措施。预警机制还应对游客进行警示，提示游客某地区正值某灾害多发季节，并告之目前情况和应采取的相应措施。

（二）自然灾害的防范

自然灾害的防范也是园区灾害防治管理很重要的一方面。园区应结合自己的具体情况，积极主动地从各个方面加强灾害防范，以减少自然灾害发生的可能性，降低灾害损失。

（1）救援指挥中心 园区应设立灾害救援指挥中心，由园区最高负责人任指挥长。灾害发生后救援指挥中心负责救灾管理的最高指挥机构，统一安排救灾的各项工作。

（2）灾害防范设施 ①园区内应设有多个24h开通的求助和报警热线，并派有专人轮流值守；②园区的主要景点应有灾害警铃、固定求救电话、广播等示警设备和贯穿整个园区游览线路的广播和警铃系统；③园区安全管理部门的工作人员应配备有可靠的移动通信设备，如对讲机、手机等；④园区应根据当地的气候和天气情况，在易发生自然灾害的危险地段、场所设置规范、醒目的中英文警示标志或禁止进入标志；⑤园区在各个公共建筑、娱乐场所和客流量较大的地段应设有安全出口、应急通道和安全疏散通道，并确保这些通道保持畅通；⑥园区消防管理应符合《中华人民共和国消防法》和其他相关标准的规定，并对消防设施进行定期检查；⑦园区应配备有一定规模的医疗室（站），其设施的配置应达到《旅游规划通则》的相关要求；⑧园区应配备可联网的计算机，与相关自然灾害专家达成协议，能及时针对灾情与其进行网上咨询。

（3）**救灾措施储备** ①园区应针对自然灾害多发期制订周全、合理的特别安全措施，并配合各级旅游行政部门，针对园区可能遭受的自然灾害分别制订多套科学、周密的紧急救援预案；②园区应建立科学、有效的计算机应急决策支持系统，以及时利用地理信息系统的空间分析和模拟技术，确定园区周边地区最近的可用避灾场所；③园区应根据自己的实际情况，联合公安、交警、医院、消防、客运、海事、电力等多个部门对既定救灾预案进行多次实地演习，并请相关专家针对演习中的薄弱环节，完善救灾预案，加强各部门应对灾害时的协调能力。

（4）**相关工作人员** ①园区安全管理部门工作人员的文化素质应符合从业资格规定；②园区应设立多名熟悉地形的当地人作备用人工联系和传达消息者，以防通信设施遭意外破坏时无法顺利沟通。园区安全管理部门应派多名工作人员专职巡逻、检查，并随时向上级汇报灾害检查情况；③导游（讲解员）应持证上岗，有基本的专业知识、很强的防灾救灾意识和责任感。园区安全部门还应该对其员工进行救护培训，使他们掌握基本的急救手段（如人工呼吸等）、自我保护措施和基本救灾方法。

（三）自然灾害的救援

（1）**指挥协调** 园区救援指挥中心的主要负责人应在灾情发生后立即赶赴事故现场，指挥紧急救援，合理安排和协调医疗、公安、武警、消防、通信、交通等多个部门。

（2）**救灾系统的启动** 救援指挥中心应设专门负责人在灾情发生后按指示启动安全管理系统或其他安全控制系统，并能熟练地进行系统操作。

（3）**医疗救护** ①救援指挥中心应统一指挥和调遣园区内参加医疗救援的部门

和个人，并专门派工作人员协助医疗队救援；②在可能引起疫情的灾情发生时，医疗队应派专门的医护人员对园区进行彻底的清理、消毒等防疫工作。

四、农业嘉年华交通安全管理

交通安全管理是农业嘉年华安全管理的重要内容，通过维护道路交通秩序，预防和减少交通事故，保障游客安全，保护景区环境质量，提升服务水平，树立农业嘉年华良好形象。农业嘉年华交通安全管理主要包括三个方面，分别是：周边道路交通组织与管理、内部交通组织与管理、停车场管理。

（一）周边道路交通组织与管理

农业嘉年华位于城市边缘或城市外围，一般来说，其范围较大，并且伴随着城市规模的不断变化而变化。地理位置的特殊性，决定了其周边道路交通特征及所存在的一些问题：①可达性较差，旅游交通供给不足，供给标准也较低，交通路网的布局不合理；②交通的时间性突出、区域性明显，会出现节假日“大高峰”和周末“小高峰”不同高峰期，进一步导致交通供给的相对不足；③道路利用不均衡现象十分严重，交通流呈现出明显的上下午高峰，这导致旅游道路一个方向的交通过度拥挤，而另一个方向道路资源闲置浪费的现象比较严重。针对农业嘉年华周边道路交通组织与管理方面所存在的问题，采取以下改善措施：

1. 出入口设置及管理

对于主入口位置的选择，要联系旅游客流方向来考虑；同时，还应考虑到与旅游集散中心、城市交通枢纽及其他旅游景点的结合而进行设置。如果旅游景区主出入口正对高速道路或旅游干道，在主出入口处采用信号灯进行交通控制。

2. 公共交通组织管理

城市公共交通要实现旅游交通和城市交通的有序结合。农业嘉年华应设置通往城市中心以及城市其他景点的公交线路，提高公共交通的可达性与便利性，满足游客的各种交通需求；同时，公共交通站点要结合景区出入口进行设置。

3. 针对道路利用不均的改善措施

根据农业嘉年华实际需要，在旅游旺季，选择道路设置分时段单向通行（上午设置为驶入景区的方向，下午设置为驶离景区的方向），而其他道路仍为双向通行，组成完善的环形网络，实现农业嘉年华交通需求与供给的动态平衡。

4. 指路标志

从干线公路与通往农业嘉年华公路的交叉口开始引导，在靠近园区的公路交叉口附近，引导出行者通往园区的地方设置旅游交通指引标志。在高速公路或一级公路上，旅游指引标志设置在通往园区进口减速车道的起点，并尽可能与出口预告标志相结合；在一般公路上，旅游指引标志设置于交叉口前不少于60m处。

（二）内部交通组织与管理

1. 内部交通组织与管理原则

（1）内外交通衔接合理，创造舒适、方便的旅游交通；

（2）内部交通应方便可靠，适合旅游景区的特点，形成合理的网络系统；

（3）安全性原则，一切保证游客安全为前提，注意人车分流，减少交通冲突点；

（4）景区内部交通设施与交通管理相结合，确保游客安全、便捷、有序游览景区。

2. 交通指引标志

农业嘉年华内部指引标志主要为指引游客到达各个景点，同时兼顾商业等其他服务设施位置的指引标志。在景区的主要出入口、岔路口、较长的路段中部、游客休憩点等处设置指引标志，方便游客及时获取相应的信息。

3. 步行交通组织策略

（1）构建步行网络系统，沿途设置园林小品、休息座椅等，注重提升观赏性和趣味性，优化步行环境，延长游客逗留时间，增加游客与游客、游客与景点之间的互动性，提高旅游资源的使用效益；

（2）在游客高峰时段，对于流量较大的步行道，可以组织局部单行，或进行道路拓宽、增加分流道路，减少交通拥堵，提供最佳的游览环境；

（3）步行道设计体现“以人为本”的原则，路面宽度应根据游客数量与停留时间来确定，多考虑老年人，减少台阶同时辅以无障碍的坡道，对坡道的材料、坡度等做出精心设计。

（三）停车场管理

农业嘉年华停车管理系统是以计算机网络作为核心，把停车管理信息系统、电子收费系统、环境保护系统、停车诱导系统、安全监控与紧急状况处理系统联系起来，提高游客停车的方便性与快捷性，促进车辆停放的科学、安全、有序以及智能化。

第五章

农业嘉年华种植管理

种植计划制定与管理

设施设备管理

种植流程管理

农业嘉年华种植管理的总体要求

种植制度制定与管理

第一节　农业嘉年华种植管理的整体要求

一、农业科技转化与引领

我国正处于农业科技快速发展阶段，近年来，随着农业领域对科技研发重视程度的日益加深，农业科技取得了举世瞩目的成果。该时期内，国外先进技术及配套资材迅速引进并在国内转化提升，形成农业产业发展的新动力，其中，经济发达地区在农业科技引进及自主研发方面走在前列，特别是当地的农业高等院校及科研院所，借助专家资源及农业技术推广渠道，持续不断地进行农业科技培训与输出，对区域农业科技的发展起到巨大的推动作用。但是仍然不能满足农业产业快速发展对现代农业科技成果的渴望与需求，大量的科技成果依然存在于试验田或实验室，农业科技成果转化率远低于发达国家。农业科技成果转化能更好地促进我国农业产业转方式和调结构，对服务“三农”和实现农业科技创新驱动战略具有重要的现实意义。

农业嘉年华项目作为现代农业科技推广的重要形式，充分调动农业科研院所专家资源，广泛吸纳农业科技服务人才，以嘉年华场馆为展示平台，深度挖掘国内外农业科研成果，积极开展农业科研成果的转化工作，通过技术创新与集成、资材引进与示范等方式，形成以新品种、新技术、新设施、新设备、新理念、新模式为特征的六新农业科技服务模式，辐射带动周边农业产业发展，旨在创建以农业生产、农业研发活动为基础，以农业科技成果转化为渠道，以实现农业科技成果产业化应用、市场化推广为目的的农业产业链。

二、农业景观设计与创新

农业景观设计与创新是农业嘉年华种植管理的重点，将景观塑造的创新理念应用到农业生产中，展现如梦如幻的场景、巧夺天工的造型、色彩绚烂的果蔬、琳琅满目的科技，为大家带来一波又一波强劲的视觉冲击，成为农业嘉年华这一农业庆典活动的特色亮点。农业嘉年华的参观、考察者涉及政府领导、企业家、科技工作者、普通民众、新型职业农民、学生团体等，或调研、或游览、或学习、或合作，无不对农业嘉年华的农业景观创意拍手称赞，并通过微信、微博、抖音等多种途径广为传播，对嘉年华社会影响力的拓展起到积极的推动作用。

为持续不断保持农业嘉年华的社会吸引力，景观设计与创新应作为嘉年华运营管理常态化工作，持续推陈出新，跟随季节变换、节日活动、重大农业政策变化等打造不同的展示主题。农业嘉年华的景观设计与创新有别于园林绿化景观，多呈动态景观，充分应用花、果、叶、藤、根等各种植物元素，利用现代农业种植管理技术，通过特色植物景观造型、不同作物品种的色彩及空间搭配营造优美的环境氛围，做到月月花常在，季季景不同。

三、农业智能控制与管理

智能是现代设施农业产业的重要特点。农业嘉年华所依托的纹络型智能连栋温室配置温湿度控制系统、光照控制系统、二氧化碳控制系统、水肥管理系统、劳工管理系统等功能板块，各系统间通过温室智能管理平台协调运作，满足温室内部环境参数及农事操作环节的智能化控制需求，管理平台接入互联网后，可实现温室环境控制、水肥控制等远程监管功能。

嘉年华运营管理者须树立智能化管理理念，充分了解相关智能控制系统的原理及相互协作机制，将智能控制系统应用于嘉年华种植管理的各个环节，力求通过智能管理实现环境调控、水肥管理、工人管理的最优化配合，提高工作效率，降低监管成本。园区需要配置并培养具有智能管理系统运行能力的团队，熟练操作系统中各种设施设备，及时发现系统运行过程中存在的问题，并能够迅速处理简单的机械故障，保证智能控制系统的高效协作运行。

第二节 种植计划制定与管理

一、品种引进计划

农业嘉年华成为农作物种类和品种的博物馆，将众多作物种类和品种既全面又新颖地呈现在世人眼前，为游客深入了解自然提供广阔的平台资源，特别是对各种新奇特品种的果实形状、花朵色彩、植株形态、种植方式等方面的展现，常常颠覆大众对植物的认知。通常单个农业嘉年华项目建设初期可囊括2000多个作物品种，有时根据项目建设规模和当地产业发展特色，种类数量有所差异，以广西玉林农业嘉年华为例，项目包括中草药植物400余种、瓜菜类210种、叶菜类199种、多肉类186种、花卉298种、茄果类100种、桑树367种、蜜源植物120种、南方果树102种。

农业嘉年华作物品种来源于世界各地的种子种苗公司和科研院所，目前以国内作物品种为主，但每年有一定数量的品种从国外引入。新品种引进是农业嘉年华运营管理的重要年度任务之一。作为生产经营管理者，应做好嘉年华现有品种资源管理工作，准确统计嘉年华场馆现有植物品种，形成自有品种资源库，详细记录作物生长特性，为嘉年华产业联盟新品种引进提供参考依据。管理者根据公司自身情况，制定年度新品种引进计划，并对经济价值高、性状表现优良的品种进行扩繁，扩充集团公司的种质资源库。另外，将各种渠道获取的品种资源同自有品种资源库相对比，为国内外新品种引进工作提供更广更全面的参考依据。

二、茬口安排计划

农业嘉年华项目作物种类和品种众多，其中大部分瓜菜、叶菜以及部分花卉、中草药为一年生作物，生长周期短，需要不断进行茬口更换以保证持续种植效果，因此，制定合理的茬口安排计划显得尤为重要。嘉年华作物主要种植在智能温室内部，环境条件可实现智能化控制，受外界环境条件影响较小，作物茬口计划有别于常规大田作物生产，季节因素不再是影响嘉年华茬口计划的主要因素，有时根据项目需要，茬口计划跟大田生产计划恰好相反。农业嘉年华是一个农业科技推广平台，同时是一个农业休闲观光主题场所，生产计划的制定要围绕科技展示和景观打造这两个重点方向。

对于以产量或品质等生产性指标为主要科技展示内容的品种，茬口安排尽量跟当地大田生产或设施生产时节相适应，以便在品种推广过程中充分利用各地适宜的气候条件、设施条件和农事操作经验。种植过程中，通过农事操作管理，尽可能将收获期控制在游客流量比较大的时间段，展现硕果累累的丰收场景。对于以观赏为主的品种，种植茬口应跟嘉年华旅游部门做充分沟通，根据园区重大节日、旅游庆典、游览活动等来安排种植茬口，如表5-1嘉年华花卉展种植计划，将花卉、绿植等观赏性品种的最佳观赏期设置在节假日游客高峰期。根据营销和旅游活动需要，园区每年设置多个最佳观赏期，利用植株特性与活动时间设置倒推具体的育苗时间，以便达到嘉年华精彩纷呈的景观效果。

表5-1 嘉年华花卉展种植计划

季节	序号	种植展示项目名称	展示区域	展示品种	展示面积/m^2	起始月份
春季	1	新几内亚凤仙	2号馆	超级凤仙	1000	12月25日～次年2月15日
	2	木春菊	8号馆	木春菊	200	12月25日～次年5月5日
	3	天竺葵	8号馆	天竺葵	400	12月25日～次年2月25日
	4	羽衣甘蓝	8号馆	羽衣甘蓝	200	12月25日～次年2月15日
夏季	5	夏堇、四季海棠	8号馆	夏堇	1000	4月5日～6月5日
	6	美人蕉	7号、8号馆	热带风情系列	100	6月18日～9月18日
	7	向日葵	连廊	无限阳光	200	7月18日～8月18日
	8	鸟尾花	各馆	橙色、黄色	200	4月5日～7月5日
秋季	9	千日红	8号馆	乒乓系列玫红色	200	6月5日～8月15日
	10	百日草	各馆	百日草	500	6月5日～8月15日
	11	五星花	7号、8号馆	五星花	200	6月5日～8月15日
	12	虾衣花	8号馆	虾衣花	200	6月5日～9月15日
	13	一串红	8号馆	展望系列3色	200	6月5日～9月15日
冬季	14	菊花	1～4号馆连廊	菊花	3000	11月25日～12月15日
	15	大南瓜	1号馆	巨型南瓜	30	11月1日～12月20日
	16	观赏凤梨	各馆	鸿运当头、小红星、卡丽等	100	12月1日～次年3月1日
	17	三色堇	各馆	三色堇、角堇	100	12月25日～次年2月25日

制定合理精准的茬口安排，需要对植株生长特性有充分的了解，掌握不同作物的植株高度、冠幅大小、叶片颜色、果实形状和色彩等，了解作物从播种到开花、开花到坐果、坐果到成熟以及挂果期等不同时期在不同季节的时间历程，便于根据时间节

点安排播种时间，从而保证花期或者果期在预设时间范围内。该项工作在嘉年华建设初期便开始，由景观设计部的植配师负责完成，通常以嘉年华开园时间作为最佳观赏期，营造色彩斑斓的开园效果，同时也会根据项目需求进行不同程度的调整，达到月月有花开、季季有果采的种植布局。开园后嘉年华运行过程中，茬口安排由技术团队和旅游营销团队共同商定，这就要日常种植管理过程中多了解作物生物学特性并计入植株生长档案，为准确设计最佳开花期或坐果期打下坚实的基础，同时要兼顾节假日及活动日的景观营造。

三、投入产出计划

嘉年华运营管理采用年度预算管理制度，运营管理团队每年年底之前制定下一年度整体资金使用计划和年度收入预期，经董事会审核通过后严格按照计划执行，这就要求生产、旅游、营销、工程、教育培训、销售、行政、财务等部门根据各自年度工作计划，制定准确翔实的年度投入产出计划，以保证嘉年华整体有序运营。在整个嘉年华运营过程中，种植管理环节的资金投入和产出占有很大比例，生产投入产出预算是嘉年华年度投入产出计划的重要工作，种植管理部门可以根据以往管理经验结合下一年度经营目标反复推敲核定，将资金使用和具体生产环节一一对应，促使各种植管理措施有序落地，同时结合当地市场行情，通过产量预估、游客量及消费能力预估制定适宜的生产计划。

嘉年华种植管理分为产出型种植管理和展示型种植管理。产出型种植管理以农产品的生产和销售为目的，通过销售环节实现农产品价值变现；展示型种植管理以农产品的生产和展示为目的，通过旅游门票、活动体验的形式实现农产品价值变现。相应的投入产出计划分为产出型投入产出计划和展示型投入产出计划两种类型。两种类型的投入产出计划在投入环节类似，主要涉及土地租金、设施设备折旧、种子种苗、水电费、劳务费、管理费等，但产出环节具有明显区别，产出型投入产出计划中是根据农产品预估产量和市场预估单价估算对应收入，要求种植管理部门和销售部门紧密合作，分别对当年产量和价格有比较准确的预估；展示型投入产出计划是根据场地展示效果、游客量预估和门票价格预期来估算对应收入，要求种植管理部门和旅游部门紧密合作，分别对当年种植展示效果和门票收入有比较准确的预估。

嘉年华投入产出计划制定的原则：①强制性原则：各嘉年华须遵循现代企业管理制度，按照嘉年华运营管理制度制定年度生产投入产出计划；②时效性原则：投入产出计划应该在完成上一年度工作总结并对新一年度工作部署做出适当调整后，尽快落实投入产出计划的制定和审核工作，不耽误具体工作开展；③周密性原则：生产投入产出计划须涵盖整个生产经营环节的方方面面，同人员、资材、工艺紧密结合，并经过反复推敲，有效避免管理漏洞出现；④约束性原则：生产投入产出计划对相关业务开展的方向和内容具有强有力的约束，各个操作环节必须严格按照相应计划开展，遇到重大执行困难或计划外的业务内容时须提请总经理办公会，通过反复调研和认真讨论后调整相关业务内容。

种植管理规程、农事操作记录与生产投入产出计划同样重要，缺一不可。种植管理规程是在综合现有种类、品种、资材、技术以及当地气候条件等因素基础上所制定的能够达到作物高产、优质、高效要求的种植规范，内容涉及整个生长环节的农业投入品及操作环节，是生产投入产出计划制定的基础。生产投入计划根据种植管理规程中具体的人力、物力投入，结合当地市场价格核算详细的资金投入。当生产投入产出计划制定后，生产过程将遵循投入计划，做好成本控制工作，尽量避免种植预算超支，并在实际生产过程中做好农事操作记录，通过农事操作记录可以检查投入产出计划执行情况，并能够发现种植管理环节存在的问题，便于及时调整以应对突发状况。另外，完整的农事操作记录还可作为优化种植管理规程、规范下一年度投入产出计划的重要依据。

第三节　种植流程管理

一、育苗管理

（一）订单式育苗

嘉年华场馆植物种类、品种众多，茬口更换频繁，育苗工作繁重。为使育苗工作同实际生产过程环环相扣，向嘉年华场馆及时提供充足、健壮苗木的同时，灵活多样地引进新奇特品种，嘉年华采用订单式育苗机制。

将嘉年华技术团队划分为场馆种植组和育苗组，场馆种植组根据周年茬口计划分批次向育苗组下达订单，明确需要苗木的品种、规格、数量、需苗时间等详细信息，育苗组根据订单要求安排种苗生产。场馆种植组技术人员会对品种特性、育苗流程有充分的了解，提前下单，给育苗工作留出充足的准备及实施时间。育苗组需要根据嘉年华周年茬口安排，提前联系采购人员，准备相应种子种苗的采购工作，根据品种规格、价格等因素，采购数量可比订单量高出5%～10%，对于一年中需要多次播种的品种可以集中一次性购买。

考虑到成苗率，育苗数量可比订单量高出10%～20%。各场馆种植小组用苗时，用苗数量不超过订单数量，防止对其他场馆用苗产生影响，但当同一批次订单完成仍有种苗剩余时，育苗组可通知场馆种植组，将剩余苗木自由领取用于其他临时场景打造，或用于销售部门销售，充分利用种苗资源。

（二）种子种苗管理

为做好种子、种苗管理工作，技术团队需要整理并对内公开现有种子、种苗库存信息。种苗信息可通过百度网盘、腾讯在线文档等电子表格的方式展示，满足多人同时在线查看需求，方便大家及时了解现有种子、种苗的规格和库存数量，实现种子种苗数据实时动态化管理，也为种苗销售工作提供及时的货源信息。

嘉年华本身可以作为中大型苗木的培育场所，可随时根据市场行情将馆内苗木进行销售，当农业嘉年华育苗温室或场馆种苗数量、规格变化时应定期更新种苗库存信息。种子库存信息包含品种名、保质期、品种特性、栽培特性、请购人、库存数量等，种苗库存信息包括品种名、植株高度和冠幅、品种特性、生长阶段、生长状态、库存数量等。

（三）育苗场地配置

嘉年华场馆均配有一定规模的育苗温室，场馆同育苗温室的面积比为6：1～10：1不等，其中花卉、瓜类为主的嘉年华场馆配套育苗温室面积稍大，而以叶菜、中草药、果树、沙漠植物为主的嘉年华育苗温室面积稍小。通常育苗温室常设置在嘉年华场馆远离游客的一端，为保证育苗质量，可采用区域性封闭化管理。由育苗温室通往嘉年华各场馆的道路为苗木转运专用工作通道，同游客游览通道分开，实现人车分流。育苗温室周边配套育苗基质处理场地，用于栽培基质的存放、粉碎、混合、消毒、装杯等操作，可选用露天场地，对于长江以南雨水比较多的地区可选择简易棚室作为育苗基质处理场地，防止雨水冲刷造成基质质量问题。育苗温室配套行车道路同外围交通网相连接，用于栽培基质和苗木的运输，道路应能够满足13.5m长拖挂车等大型车辆的行驶要求，利于一次性完成装卸车工作。

（四）育苗方式

嘉年华场馆作为农业科技的综合展示平台，选用水培、雾培、基质培等多种栽培方式，栽培方式的多样化决定了育苗方式的多样化。按照栽培基质可分为土壤育苗、沙培育苗、无土混合基质育苗和水培育苗；按照栽培容器可分为穴盘育苗、营养杯育苗、控根容器育苗、盆栽育苗；按照灌溉方式可分为潮汐式灌溉育苗、滴灌育苗、喷灌育苗；按照栽培方式可分为直播育苗、块茎育苗、分株育苗、扦插育苗、组培育苗等，各育苗方式相互融合与承接，形成了特定的育苗方案。其中，大部分水培苗前期采用基质播种育苗，苗木两叶一心时转移到水培苗床进行水培驯化，使其适应水培环境，为后续水培定植做好准备。部分水培苗是通过沙床扦插的方式，待幼苗根系建成后再转移到水培苗床，对于一些生根能力比较强的品种，可直接将插穗扦插到水培育苗床中，通过后期养护一次性成苗，减少移苗工序，降低种苗繁育成本。

为保证嘉年华苗木质量，栽培基质宜选择由草炭、蛭石、珍珠岩为主要材料的混合基质，混合基质根据育苗品种的不同采用不同的基质配比，茄果类常采用草炭：蛭石：珍珠岩=2：1：1的配比，叶菜育苗常采用草炭：蛭石：珍珠岩=1：1：1的配比。南方空气潮湿大，可以适当降低蛭石的用量。对于一些珍贵的品种，可以使用国外优质草炭进行育苗。混合基质具有良好的透气和保水作用，适宜绝大多数植物正常生长，为植株根系提供优良的微环境；其次由于混合基质原材料比较纯净，基本不含病原微生物，大大降低了土传病害的发病概率；再者混合基质质地轻盈，一次性运输量大，成本低，场地内外搬运方便，在育苗环节应用越来越普及。

使用过后的栽培基质经过消毒处理后可进行重复利用。旧基质常采用阳光照射、堆制发酵、石灰氮消毒、甲醛消毒等各种物理或者化学的方法进行消毒，其中堆制发酵消毒过程会增加其他有机成分，发酵过程要彻底，防止二次发酵对植株根系造成损伤。采用甲醛等化学试剂进行消毒时，消毒完成后要给予充分的晾晒时间，增加混合基质通风透气量，以使其中的化学试剂充分挥发，避免对植株造成危害。

二、水肥管理

嘉年华场馆涉及水培、雾培、基质培、土培等多种栽培方式，栽培品种众多，栽培区域形状不规则，栽培容器多样，对场馆内植株水肥管理提出更高层次的要求，常规水肥管理措施已不能满足嘉年华种植管理的需要，水肥一体化成为嘉年华水肥管理的重要抓手。

水肥一体化是应用现代植物营养理论，借助智能灌溉设施，通过水源净化、肥料动态配比、灌区分配等措施，实现不同作物的营养液成分、浓度、酸碱度、温度、溶氧量、供应量等精确控制，以达到水分供应同养分供应相得益彰的水肥管理系统。水肥一体化技术能够有效控制水分、养分供给用量，同时在养分分布区域和施用时间上更符合作物吸收规律，更能满足植株的生长发育需要，与传统水肥管理方式相比，具有水肥更均衡、省工省时、节水节肥、减轻病害、控温控湿、增产增收等优势。

（一）嘉年华水肥管理特点

1．系统化

针对不同的作物栽培方式，嘉年华灌溉施肥常采用滴灌、微喷灌、潮汐式灌溉、痕量灌溉、雾化灌溉等多种灌溉方式，与之对应的灌溉终端主要有滴箭、滴灌带、滴灌管、微喷头、潮汐式栽培床、痕量灌溉管、雾化喷头等灌溉设施。按照供肥方式可分为施肥机供肥、变频泵供肥、比例施肥器供肥、注肥泵供肥以及文丘里施肥器供肥等，各种供肥设施连同灌溉管网共同构成了嘉年华水肥管理系统。

2．自动化

嘉年华灌溉过程可实现全程自动化。广泛应用于产业集群设施蔬菜生产的施肥机系统在嘉年华自动化水肥管理中发挥着重要作用，系统配备反渗透净化装置、母液配制装置、自动注肥施肥装置及其配套控制系统。通过计算机可在配套控制系统中设定所需要的灌溉参数，控制系统将根据设定的灌溉起止时间、单次灌溉量、灌溉可溶性离子浓度（EC）、灌溉pH等参数自动启动灌溉系统，将净化后的水按照营养液配方精确添加相应肥料后输送给不同罐区的植物。变频泵供肥常应用于水培设施，营养液储存于营养液池中，变频水泵按照设定的灌溉频率分批次将营养液池中的营养液输送到栽培槽、栽培管道等水培容器中，达到营养液循环利用的目的。比例施肥器供肥、注肥泵供肥以及文丘里施肥器等供肥系统常采用时间继电器实现自动控制，达到设定的时间后系统自动启动或关闭完成灌溉施肥过程。

3．高效性

嘉年华场馆灌溉系统建设过程中采取统一设计，对场馆的常规用水量和高峰用水量进行了充足的预留，除市政供水、地下水、河水之外，还配备原水贮存池，保证各场馆可随时进行灌溉操作。场馆内部灌溉系统同场馆每一区域植物相连通，灌溉轮候区设置时间紧凑，可实现1h内完成整个嘉年华场馆的灌溉任务，便于嘉年华协同管理。

4．节约性

灌溉系统配备有雨水收集及净化环节，将温室顶部的雨水通过收集管网汇总到雨水贮存池，通过净化后进入灌溉管道，有效降低对地下水资源的过度依赖。另外，场馆水肥供应分别考虑植株对水分和养分的需求，给予精量化清水或营养液供应，避免大水大肥造成水源和肥料浪费，充分节约农业生产资源。

（二）营养液控制

1．水源控制

采用施肥机灌溉或生产水培作物时，系统对原水有严格的要求，必须经过反渗透过滤，将河水、雨水、地下水等进行深层净化，有效去除原水中大部分矿物质元素、有机大分子物质等，制备EC为0.5mS/cm左右的纯净水质，最大程度降低原水中矿质元素杂质，保证营养液配方的准确性。反渗透水源处理过程中产生的浓水，EC较高，含有较多的矿物质元素，以钙、镁、钾等元素为主，需要进一步肥料化处理，避免直接排放到河道中造成水体富营养化污染。土壤栽培和有机基质栽培时，栽培基质中含有成分比较复杂，对灌溉水源要求稍低，可将河水、雨水经过初步过滤、紫外消毒后直接配制营养液，但水体相关的重金属含量、化学需氧量（COD）、硬度应该符合灌溉标准。

2．母液配制

母液配制是水肥管理中的核心内容，所配制的母液会对植株生长产生决定性的影响。不同作物会有不同的营养液配方，即使同一种作物在不同的生长时期也会设置不同母液配方。母液可以按照不同的营养液配方进行配制，母液经灌溉系统稀释后形成可供植物吸收的营养液，营养液中含有植物生长所必需的钙、镁、铁、锰阳离子和硫酸根、磷酸根等阴离子，这些阴阳离子在一定浓度下会发生化学反应，形成难溶性沉淀物质，从而使营养液中部分矿质元素缺少，营养液配方比例失调，造成植物产生缺素等症状。因此，在母液配制过程中常将易于发生沉淀的阴阳离子分开，分别溶解在不同的母液罐中，以A肥、B肥、C肥表示。A肥以钙盐为中心，不与钙离子发生化学反应生成沉淀的元素均可配制在一起，一般包括$Ca(NO_3)_2$、KNO_3；B肥以磷酸盐为中心，不与磷酸盐发生反应产生沉淀的元素可配制在一起，一般包括$NH_4H_2PO_4$、$MgSO_4$；C肥以微量元素和螯合铁在一起配制而成。为方便操作，有时将微量元素为主的C肥同A肥融合在一起，水肥系统只有A肥、B肥两种肥料。

3．营养液EC控制

由于作物在不同的生育期对肥料需求不同，供应的营养液浓度也要做适当调整，适合大多数作物的营养液供液EC为1.0～4.0mS/cm，涉及营养元素富集作用，有时无土栽培基质中EC可以达到4.5～7.0mS/cm。通常状态下，茄果类、瓜类所需的营养液EC要高于叶菜类，低浓度的营养液有助于叶菜进行快速营养生长。定植后至幼苗阶段EC可适当低于正常生长阶段，有时为提高幼苗抗性，也可适当提高营养液浓度以增强幼苗抗逆性。

4．营养液pH控制

受营养液配方、作物吸收特性等影响，营养液酸碱度会发生改变，并通过营养元素的溶解度和根系对养分的吸收情况影响植株生长。生产中采用外加酸碱来调控，当营养液pH升高时，营养液碱化，可采用稀硫酸、稀硝酸、磷酸进行调节，但硫酸和硝酸属于强酸，使用过程中危险性比较高，且硝酸使用过量易造成植株硝酸盐超标，现普遍采用磷酸进行酸碱调节；当营养液pH降低时，营养液酸化，可使用氢氧化钠或氢氧化钾进行调节，使用氢氧化钠时会在栽培系统中引入钠元素，钠在植物生长中发挥的促进作用较小，过多引入钠元素还会造成盐分危害，生产中多使用氢氧化钾进行酸碱调控，引入的钾元素可被植株充分吸收。

另外，营养液成分也会对pH产生一定影响，$Ca(NO_3)_2$、KNO_3为生理碱性肥料，用量过多的话，营养液偏碱性；NH_4NO_3、$(NH_4)_2SO_4$为生理酸性肥料，用量过多时会使营养液偏酸。

5．营养液温度控制

不同栽培模式中，营养液温度都会受环境温度的影响发生不同程度的变化，冬季营养液温度低，夏季温度高，特别是营养液循环利用的水培系统，受环境影响更大，栽培管道或栽培槽受阳光照射后水体温度很快升高，空气温度达到35℃时，营养液温度达到28～30℃，不利于大多数作物根系生长和对水肥的吸收，常造成夏季果蔬长势较弱。采用营养液池进行水肥供应的系统，冬季可采用加热棒提高营养液温度，夏季选用制冷机将营养液降温后再输入营养液池；采用施肥机进行水肥供应的系统，水源储存池可选择地下或半地下式，维持较为稳定的供液温度，另外可在供液管道上安装制冷或加温装置，合理调节营养液温度。

（三）灌溉策略

1．育苗灌溉

幼苗叶面积小，蒸腾量比较低，水肥供应过于充足时，短时间不能有效消耗，容易造成徒长，供应不及时易使幼苗萎蔫，因此苗期对灌溉的管理要求比较严格。蔬菜穴盘育苗的水肥供应基本呈现“高—低—低—中—低”的变化趋势。为保证种子萌发过程获得充足的水分，育苗初期维持较高的基质水分含量，出苗后为防止幼苗徒长，基质含水量适当降低，中后期为加快幼苗生长，可维持中等程度的灌溉量，后期为增加幼苗抗性，适当控制灌溉，降低基质含水量，创造适度逆境环境提高种苗抗逆性。

2．水培

水培的灌溉策略即营养液成分的管理策略。水培系统中营养液一次配制可长时间使用，但是在使用过程中，随着水分的蒸发和营养元素的吸收，营养液EC、pH会发生不同程度的改变，受作物对营养元素吸收比例变化的影响，营养液中元素含量配比也会发生改变。为使营养液维持最佳元素配比，需要定期对营养液进行检测，并根据检测结果对营养液成分进行水肥补充。肥料补充时可根据作物不同的生长周期选用不同的配方对营养液进行调整，通过营养液调整达到调控植株营养生长和生殖生长平衡的目的。在不影响作物产量情况下，为节约水肥资源，营养液应尽量延长使用时间，在发生重要根部病害或水体变质时，需要及时更换全部营养液，并做好水培系统的消毒工作。废弃的营养液不可随意排放于河流，可作为大量元素水溶肥应用于园林绿化苗木的追肥。

3．基质栽培

采用椰糠岩棉进行蔬菜栽培时，水肥供应除考虑不同生育期营养液配方变化外，营养液的供应量跟植株接收的光照累积量相关联，以使作物得到与光照相对应的最佳水肥供应量，该过程由计算机控制，例如，当阶段性光照累积量每增加1J/cm^{2}时，系统给予3mL/m^{2}的灌溉量。水肥供应同时与温室湿度相关联，夏季晴朗天气温室内外饱和蒸气压差较大时，植株蒸腾量大，应给予较多的水肥供应，阴雨天气温室饱和蒸气压差较低时，不利于植株蒸腾作用，可适量降低水肥供应。另外，通过栽培槽称重装置，灌溉系统可控制栽培基质相对含水量在60%～80%，或者栽培基质袋排液量在30%左右，以创造植株根系良好的生长环境。

三、植物保护

（一）嘉年华植保特点

1．病虫害源广泛

农业嘉年华场馆周边农田作物种植一般采用常规植保方法，成为区域性病虫害传播的源头，而农业嘉年华作为开放性农业科技展示平台，场馆内外人来人往，进出口常处于开启状态，虫害容易通过温室进出口进入场馆。场馆内部蓟马、红蜘蛛、蚜虫、白粉病、霜霉病等病虫害一旦发生很难根除，给农业嘉年华植保管理带来一定的挑战。

2．病害发生的适宜环境条件

各场馆在保证植株生长条件的同时，为最大限度地满足游客和考察人员的需求，通过各种环境控制设施创造了温暖舒适的环境条件，这样也会让场馆内部的病虫害周年处于适宜的生长条件中，避免了冬季低温对病虫害较强的抑制作用，致使场馆内部虫害迭代发生频繁，病害随时可以发生。

3．消杀措施可操作性低

通过农药熏杀处理可在整个温室内部全面彻底灭杀病虫害，减少温室内部病虫害基数，降低病害发生频率，熏杀处理一般需要1～2d，最短时间12h，但在熏杀处理后场馆内部会残留烟熏剂味道，对人产生潜在危害，在农业嘉年华全年对外开放状态下，熏杀处理可操作性比较低。

（二）嘉年华植保原则

1．预防为主

植保管理工作中预防是最有效、最经济的措施，一方面，可花费最少的投入，降低病害发生的频率和发病面积，避免后期治疗过程中投入更多的人力、物力；另一方面，将病虫害控制在萌芽阶段，植株受损伤少，不会对植株长势产生大的影响，保证嘉年华场馆良好种植效果。

2. 防治结合

场馆内部单一病虫害的发生具有区域性特点，从单个点发生逐渐扩展到小区域，并以此作为病原向周边进行大面积的传播。在明显病源发生后要及时进行治疗，对经济价值比较低廉的作物可直接清理，若是土传病害需要在植株清理后将栽培基质一同更换，防止通过灌溉系统进行传播，在尚未发病区域采取预防措施，达到防治结合的目的。

3. 综合防治

药剂防治过程中，依然有部分害虫、病菌能够幸存下来，通过长时间的农药毒杀，使昆虫种群或致病菌群的生物特性发生变化，对常规药剂产生不同程度的抗药性，致使化学防治难度增加，用药量越来越大，防治效果越来越低，需要采取合理用药方式，减少使用单一药剂进行病虫害防治，减缓病虫害抗药性发生速度。对于一些易受昆虫传播的病毒病害，病毒病的防治和蚜虫、蓟马、白粉虱等传播媒介的防治要同时开展。另外，与传统药剂防治相结合，采取物理、化学、生物、栽培的方法进行综合防治，将农业嘉年华场馆作为一个动态的生态系统，将病虫害控制在一个合理的范围内。

（三）嘉年华植保措施

1. 物理措施

物理防治是指综合利用光、电、温度、湿度等物理元素进行病虫害防控的方法。因其使用过程安全、环保，在国内设施农业中普遍采用，并取得不错的病虫害防治效果，嘉年华可适当选择部分物理防治措施进行场馆病虫害防控。

（1）**黄蓝板**　是将带有黄色或蓝色的塑料带或塑料片上面涂布黏胶或柴油，利用害虫对黄色和蓝色趋性的原理，吸引害虫飞到黄蓝板上后牢固地粘在上面，避免转移危害周边作物，同时也可以用于实时监测虫口密度。其中，蓝板对蓟马具有较好防治效果，黄板对蚜虫和白粉虱具有较好防治效果。

（2）**黑光灯**　能够发出紫外光，利用夜行性害虫对紫外光的趋向性，诱使害虫聚集在黑光灯周围穿梭绕飞，通过在黑光灯外侧设置高压电网，配合负压抽气装置，将黑光灯周围碰触到电网的害虫击杀，特别对鳞翅目、鞘翅目害虫具有很好的防治效果。

（3）太阳能　被广泛应用于无土栽培中的基质消毒环节。嘉年华场馆为便于更换场馆主题景观，大量花卉、蔬菜采用基质盆栽，苗木更换后剩余的基质可能残存大量病原微生物，直接使用将会对下一茬作物产生不良影响。消毒过程中可将栽培基质平摊于水泥地面在强烈阳光下暴晒，对杀灭病原菌和线虫具有较好的效果，对于湿度比较大的基质可用农膜覆盖后暴晒办法，产生类似闷棚的效果，提高栽培基质的温度，以杀灭病原微生物。

（4）通过湿度调节减少病害发生　大多数植物病害发生都需要一定的湿度条件，通过空气湿度调节改变病原孢子萌发所需要的最适环境，直接影响病原菌的蔓延。例如，黄瓜白粉病分生孢子发芽和侵入的最适湿度75%以上，草莓炭疽病是典型的高温高湿性病害，夏季育苗高温高湿条件下容易发生病害，通过降低温室内部湿度可有效降低炭疽病发病概率。

2．生物措施

生物防治是利用自然界存在的天敌生物、寄生虫、有益微生物等，通过捕食、寄生、种间竞争等方式降低害虫密度或抑制病原微生物种群发展，达到病虫害防治的效果。生物防治的最大特点就是取之于自然用之于自然，安全无污染。随着环境保护和食品安全意识的加强，生物防治措施越来越受到市场的推崇，特别是在有机种植领域，生防是植保工作的核心。

嘉年华为半开放性场所，外界病虫害容易随人流进入各场馆，为提供舒适健康的环境，嘉年华采用绿色农业生产标准，最大程度利用生物防治来满足病虫害防治要求，将病虫害控制在最低影响范围内，既不彻底杀灭病虫害，又不影响植株正常生长，创造动态平衡的植保生态系统。

在农业生物防治领域，捕食螨、寄生蜂、瓢虫、螳螂等蛛形纲和昆虫纲的天敌生物应用比较广泛，真菌中的白僵菌和绿僵菌在鞘翅目、鳞翅目幼虫方面具有很好的防治效果。目前，捕食螨成为生物防治的主力军，国内捕食螨生产技术和配套使用方法已趋于完善，针对不同的虫害可选择不同的捕食螨进行防控。茶黄螨可采用斯氏钝绥螨、拉哥钝绥螨和拟伊绥螨进行防控；智利小植绥螨可有效防控二斑叶螨、朱砂叶螨；斯氏钝绥螨是粉虱的理想天敌；巴氏新小绥螨、黄瓜新小绥螨、斯氏钝绥螨、卵圆真绥螨和高山小盲绥螨可作为蓟马的优势捕食螨；另外，丽蚜小蜂在白粉虱防治方面表现良好。

3. 生态措施

利用生物专性寄生、种间竞争、自我保护机制等生态学原理，通过营造特定微生态环境以达到病虫害防治的方法定义为生态防治。部分昆虫具有寄生偏好，例如，菜粉蝶嗜好产卵于十字花科植物，凤蝶喜好产卵于芸香科植物。害虫通过识别植株气味进行寄主识别，选择性产卵后幼虫取食植株造成危害。当寄主气味发生变化时能明显影响害虫产卵行为，生产中可利用蒜、姜等具有刺激性气味的植物源材料制成保护性液体，喷洒于栽培作物上，掩盖原有作物的特殊气味，同时对害虫具有一定的趋避作用。微生物在生长过程中产生的次生代谢物可能对其他微生物种类产生抑制或毒杀作用，同时，种群的壮大能够在生态位占据更大的优势，达到控制病害发生的目的。枯草芽孢杆菌、地衣芽孢杆菌、哈茨木霉菌等常用于土壤改良、重茬病害防治，通过灌根等方式在植株根系周边创造微生态环境，形成有益生物圈，抵挡致病菌群的侵扰，从而发挥植保功能。

4. 化学措施

化学防治是农事种植管理环节中最常见也最行之有效的方法，不但应用于地上部病虫害防治，还可用于土壤或基质消毒，具有很好的预防和治疗作用。近年来，随着病虫害抗药性的发展，单一药剂的药效越来越弱，农药复配成为减缓抗药性和提高防治效果的主流用药方式。在农药复配过程中需要遵循一定的原则，利用一定的方法，以使复配剂型达到最佳防治效果。

灭杀卵、若虫和成虫的药剂复配可对害虫的各个虫态进行灭杀，避免只杀成虫后期大量卵孵化或者只杀卵后期成虫大量繁殖的后果；速效药剂和长效药剂复配，在病害发生时能够迅速起到治疗作用，尽快减少植株受损，并在后续较长时间内维持较好药效；触杀和胃毒作用的药剂进行复配；药剂同有机硅复配可增加药剂在叶片附着性，特别是配合保护性杀菌剂使用能达到很好的防护效果。

药剂复配时要一般不超过3种，酸碱性不同的药剂不复配，作用靶标相同的药剂不宜复配，在不确定药剂复配方案是否合适时，可做小面积喷洒试验。药剂复配时应将药剂按照顺序加入清水中，每添加一种药剂充分搅拌后再添加第二种，大体按照先加水溶肥、水剂，再加悬浮剂、微乳剂、乳油的顺序进行添加。

四、环境控制

农业嘉年华场馆常采用玻璃连栋温室，通过温室环控系统调节内部温度、湿度、光照、二氧化碳等各项环境参数，保证植物生长需求外，同时为游客提供舒适的游览观光环境。

（一）温度控制

1．温度

作物生长过程由一系列酶促反应构成，温度过高或过低都将影响作物体内酶的活性，从而影响作物的矿质元素吸收、光能转化、有机物合成、氧化分解等酶促过程，温度作为生长发育的决定性环境因素，也与不同纬度耐寒、耐热作物品种的分布特征相适应。栽培过程中对植物生长影响较大的温度参数主要涉及空气温度、叶片温度、果实温度、根际温度等，其中空气温度是温室环境调节的主要内容，可通过各种环境控制设施调节瞬时温度，从而影响日均气温、昼夜温差、最高气温、最低气温等。

不同作物对温度的耐受能力不等，由图5-1看出大多数作物适宜的栽培温度在15～25℃，温度低于10℃时易造成低温冷害，高于30℃时光合速率呈现降低趋势。在适宜温度范围内，日均气温越高，植物生长越快，昼夜温差大利于光合产物的积累。通过最高、最低气温调节可有效避免极端温度条件对作物产生的不可逆影响。

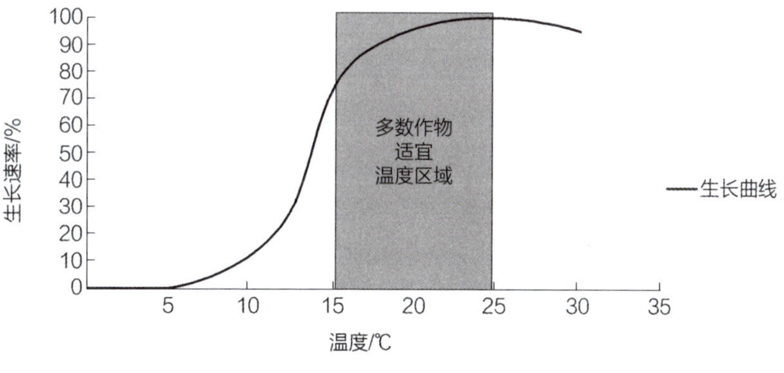

图 5-1　常规作物适宜温度范围

通常作物叶片较薄，传热迅速，很快同周边空气达到相同温度，在受到较强热辐射或周边空气温度较高时，叶片通过蒸腾作用可在一定范围内调节自身温度。果实温度变化较缓慢，在冬季果实温度较低、室内温度升高且空气湿度大的情况下，果实表面易凝结水汽，湿润的果实表面为病原微生物的侵害创造适宜的环境，这在冬季番茄种植过程中常见。一般作物根系适合的温度为13～25℃，最佳温度为15～20℃，水培模式下应特别注意营养液温度的调整，温度过低易造成根系活力降低，矿质元素吸收不平衡，也是造成植株缺素的原因之一。

2. 温度影响因素

（1）**气温影响因素** 太阳辐射是温室内部热量的主要来源，太阳升起后温室内部温度逐渐上升，午后温度达到最大值，随着太阳降落，温室内温度呈逐渐降低趋势。温室透光率直接影响进入室内的光照辐射量，从而影响室内温度变化。受顶部玻璃透光性、外遮阳结构、内遮阳结构、内保温结构、顶部天沟铝槽等影响，玻璃连栋温室整体透光率为75%～80%，冬季顶部玻璃受灰尘影响，透光性出现不同程度的降低。

温室结构及建造材料影响温室保温性能。内部热空气上升，堆积在温室顶部，若温室顶部存在缝隙，热空气会通过缝隙散失到温室外，从而降低温室内部整体温度，这也是天窗降温的原理。玻璃连栋温室的侧面保温主要通过中空玻璃和侧立面保温被得以实现，温室顶部设置内保温幕，通过阻挡热空气流动和热辐射起到保温作用，在日光温室中，主要通过保温被和被动式蓄热砖墙或土墙进行保温。另外，温室设置加温和降温系统，通过计算机控制实现室内温度自动调节。

（2）**灌溉水温度影响因素** 众多灌溉方式中，原水决定了灌溉水的基础温度，灌溉过程中受工艺影响原水温度出现不同程度的升降。地下水温度一般为15～17℃，直接利用地下水进行快速灌溉时，灌溉水温度基本保持不变，当地下水经净化水系统过滤后存放于净水池时，受净水池结构的影响，水体同外界进行热交换，净水温度冬季达到5～12℃，夏季达到24～26℃，直接使用将对植株根系产生一定影响。采用雨水或河水作原水时，灌溉水温度受外界环境影响较大，通常净水池采用地下式或半地下式，利用地温维持稳定的净水温度。

相对于滴灌，水培系统营养液温度更容易受到外界影响，特别是管道水培。暴露在阳光下的栽培管道管口直径63～110cm，管道本身极易升温，营养液在栽培管道吸收热量后回流到营养液池，造成整体营养液温度升高。各种栽培设施中，管道水培比浅液流容易升温，浅液流比深液流栽培容易升温，需要在营养液池增加温控设备。

3. 温度综合调控

农业嘉年华设置多种温度调控措施，因能耗和温控效果不同，具有一定使用优先顺序，以期利用最少的成本达到最佳的温度控制效果，既能为作物提供良好的生长条件，又能满足游客对环境的需求。

场馆降温，一是减少太阳辐射量，二是增加热消耗量。室外光照充足时，打开遮阳系统减少温室光照辐射摄入量，是有效控制温度过快升高的常用措施。受温室效应影响，嘉年华场馆内部通常比外界气温高，当室外温度适合作物生长时，可优先采用自然通风方式，打开天窗和侧窗将室外空气引入场馆内部，起到降温效果。若受温室结构影响或作物遮挡，自然通风不顺畅，可选用轴流风机进行强制通风，达到降温目的。当嘉年华场馆需要降温、室外温度较高而不适合作物生长时，单纯引入室外空气已经不能有效降温，需要开启湿帘风机或迷雾系统，通过水分蒸发吸收热量，创造冷凉的环境条件。

嘉年华场馆在冬季升温，一是减少室内热量散失，二是增加场馆内部热量供应。采用内保温幕可有效减少冬季夜间场馆内部热量散失，清晨太阳升起，内保温顶层空气升温后，将内保温幕打开，有效减少温度晨降范围。确保温室密封性的前提下，采用水暖加温是嘉年华场馆的常用供暖方式，可有效抵御北方极端寒冷天气，南方地区加温需求较少，有时采用燃油风机产生热气对场馆进行加温，起到很好的增温效果。

（二）湿度控制

1．湿度

湿度是作物生长过程中重要的环境因素，直接影响作物蒸腾作用，并进一步影响根系对矿质元素的吸收，常用相对湿度和绝对湿度表示。绝对湿度为每立方米湿空气中所含水蒸气的质量，即水蒸气密度，单位为g/m³，相对湿度为湿空气的绝对湿度与相同温度下能达到的最大绝对湿度之比或空气中水汽压与相同温度下饱和水汽压的百分比。种植管理环节常关注的湿度有室外湿度、室内湿度以及植物气孔内湿度。作物正常蒸腾作用的湿度值条件是：室外湿度<室内湿度<气孔内湿度，其中气孔内湿度一般默认为100%，水蒸气由湿度比较大的叶片上气孔扩散到温室内部，并进一步扩散到温室外部，完成整个蒸腾过程。叶片散失的水分由根系吸水后通过维管束向形态学上端运输，最终到达叶片进行水分补充。

湿度调控主要指室内湿度的控制，一般控制温室内湿度在60%～75%，夜间天窗关闭后湿度比白天湿度稍大，冬季为保温，温室常处于封闭状态，有时湿度可达到90%左右，此时需要强制除湿。湿度过大除影响作物蒸腾作用外，还为病原微生物分生孢子萌发提供适宜的环境条件，易于造成植株病害发生。

2. 湿度影响因素

湿度受当地气候条件影响较大，南方闷热多雨气候普遍比同时期北方温室室内湿度大，冬季受保温措施影响，室内外空气交换不够通畅，温室内空气湿度相对较大。除大环境影响之外，室内湿度主要受室内作物蒸腾作用的影响，涉及皮孔蒸腾、角质层蒸腾和气孔蒸腾，其中气孔蒸腾是蒸腾作用的主要方式，水分由根系吸收后经维管束运输，最终通过叶片散失到温室内空气中，部分水蒸气在温室顶部玻璃冷凝后形成水滴，沿玻璃下滑到室内集露槽内。嘉年华场馆深液流水培、浅液流水培、管道水培、气雾培均采用封闭设计，很少能够对室内湿度产生直接影响，但基质栽培经常使用喷灌方式进行水肥供应，裸露的基质可以通过蒸发作用影响温室空气湿度。另外，在加装迷雾降温的场馆中，迷雾系统喷出的细小水滴迅速吸收热量气化成水蒸气，可瞬间提升周围空气湿度。

3. 湿度综合调控

嘉年华湿度调控的主要任务是满足作物蒸腾对空气湿度的要求，避免因湿度过大造成作物病害爆发，同时为游客提供舒适的湿度环境。空气对流成为场馆降低湿度的主要措施，室内外温度适宜条件下，通过天窗能够将室内水蒸气散发到室外环境，或者利用轴流风机进行强制通风，通过场馆侧窗引入室外干燥空气。湿度调控有时受温度影响，冬季室温较低时，不宜直接开窗散发水蒸气，需要提前利用加热系统升高室内温度，再进行适量通风，达到温度和湿度的协调控制。湿度同样影响温度调节过程，室内外湿度较小时，湿帘风机降温系统水分蒸发量大，制冷能力较强，室内外湿度较大时，湿帘风机降温系统水分蒸发量小，制冷能力较弱。在温度和湿度不能达到协调控制时，可通过环流风机系统在封闭系统内部扰动空气形成局部气流，增加叶片周围空气流动，从而促进叶片水分蒸腾。

种植管理过程中常采用相对湿度作为参考值，但在室内相同的相对湿度下，因叶片温度不同导致作物蒸腾速率发生较大差异。如图5-2所示，室内同样为20℃，相对湿度为80%，绝对湿度为13.9g/m^3，气孔中湿度处于饱和状态，但由于叶片温度不同，气孔内外绝对湿度差分别为0、9.2、16.5g/m^3，叶片30℃时蒸腾作用最为强烈。

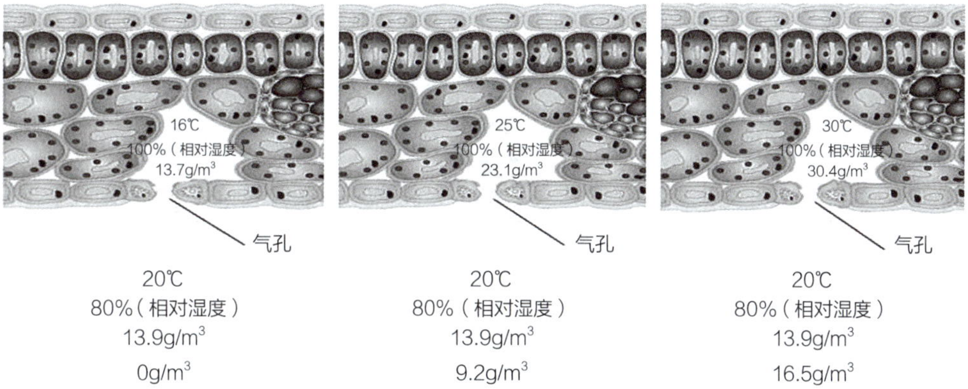

图 5-2 不同叶片温度下气孔内外湿度状况

（三）光照控制

1. 光照

光照是作物进行光合作用的直接驱动力，植物细胞通过光合传递链将光能转化成化学能用于光合产物的合成及其他生命活动。光照通过光强和光质对光合作用产生影响，决定光合速率的快慢。在适宜光照强度范围内，光合速率随着光照强度的增加而逐渐增加，当光照强度达到某一数值后光合速率不再上升，此时的光照强度称为光饱和点，不同作物光能利用率不同光饱和点也不同，同种作物在不同生育期光饱和点也不同，番茄光饱和点在70000lx，适宜光照强度为30000～50000lx。晴天时太阳光照强度呈先增加后降低趋势，作物光合速率呈现类似的规律，早晨开始光合速率逐渐上升，中午时分达到最高值，继而光合速率逐渐降低，但在中午光照特别强烈时，过多的光照辐射会对光合系统Ⅱ造成伤害，产生光抑制现象，另外，中午时分，强烈光照造成温度升高，气孔关闭间接影响作物蒸腾作用和二氧化碳的吸收，从而影响光合速率提升。

光质用来描述光的组成，太阳光由不同波长的光构成，可见光指380～780nm波长的光，常用lx作为衡量单位。光合有效辐射是指波长为400～700nm波段的光，通常采用W/m^2或者$\mu mol/m^2s$作为衡量单位。生产中使用lx作为光照强度单位，具有一定的参考价值，但也有一些出入，因此在环境控制系统参数设定时多采用W/m^2或$\mu mol/m^2s$作为单位。

光除了作为一种能源促进光合作用，还作为一种触发信号影响植物的发育。有效光合辐射中包含蓝光400～500nm、绿光500～600nm、红光600～700nm、红外辐射700～800nm几部分，光信号被植物体内不同的光受体，即光敏素、蓝光/紫外光A受体、紫外光B受体等感知，进而影响植物的生长发育。其中红光抑制节间伸长，促进横向分枝和分蘖，远红光很多情况下可以抵消红光效应。红光处理可提高香椿芽苗菜的粗纤维含量，而蓝光处理则降低香椿芽苗菜粗纤维含量，合理的红蓝光配比能够全面促进蔬菜产量和质量的提升。植物在生长发育进程中，必须经过一定时间的适宜光周期后才能开花，否则一直处于营养生长状态，这种昼夜长短影响植物开花的效应称作光周期现象。一般将植物分为长日照植物、短日照植物和日中性植物，长日照植物需要必须长于一定时间的光照才能开花，日照时间越长，开花越早，如冬小麦、大麦、油菜、萝卜；短日照植物必须短于一定时间的光照才能开花，如大豆、玉米、水稻、紫花地丁；日中性植物对光照时间不敏感，对开花影响较少，如番茄、四季豆、月季、黄瓜、茄子、辣椒等。

2．光照影响因素

受温室结构和覆盖材料影响，场馆顶部对光照辐射具有一定的遮挡作用，一般温室顶部透光率在75%左右。除玻璃自身透光率影响外，温室透光主要受温室骨架、外遮阳、内遮阳、内保温等固定及传动结构影响，夏季室外光照充足时对室内作物影响较小，在冬季室外光照较弱时，受透光率影响，室内会产生低温寡照现象，作物长势较弱。生产过程中采用人工补光措施进行室内光照调节，常用高压钠灯、LED灯等，其中高压钠灯光质比较稳定，LED补光灯常采用红光和蓝光，根据作物生长需要可通过对红蓝光比例的调节进行光质调节，一般红蓝光比例为6：1～9：1。在选择植物辅助光源时，应针对不同植物物种和发育阶段采用不同的光质组合和调控方法，改善植物生长的光照条件。

3．光照综合调控

光照调控主要从光照强度、光照时间、光照部位方面进行，同时考虑其他环境影响因素的协同效应。光照作为作物光合作用的驱动力，在荷兰园艺届有“一份光照，一份产量”的说法。因此，在光照不足的地区或季节主要以补充光照为主要调控措施。周年光照较弱的地区不设置外遮阳，只设置内遮阳，光照较为充足的区域同时设置内遮阳和外遮阳。常用遮阳网的遮光率为50%～80%，通过手动或计算机自动控制调节温室顶部遮阳网展开与收拢程度以实现室内光照强度的调节。

通常自然光的每天光照时间在8～17h，为增加光照时长，提高作物光合产物累积量，对光周期不敏感的作物可采取人工补光措施。例如，番茄生产过程中，可通过人工补光将每天光照时间提高到18h，从每天0：00开始补光，太阳升起后逐渐降低人工光源强度，期间主要利用太阳光，太阳下落过程中逐渐增加人工光源强度，18：00停止补光，始终保持室内光照强度600～800W/m^2，人工补光期间需要提供适宜的温度、湿度和二氧化碳条件，才能满足光合作用需求。对短日照和长日照植物可通过遮光和人工补光达到花期调控的目的，为将菊花开花时间延迟到春节，常对菊花进行人工补光处理。

补光灯一般安装在温室顶部，对大多数植株生长起到较好的调控作用，受冠层影响底部果实光照不充足时可在株间进行人工补光，为加速番茄果实转色，常在番茄果实周边加装LED补光灯，通过增加光照加速果实成熟。

（四）二氧化碳控制

1．二氧化碳

二氧化碳是光合作用的原材料，充足的二氧化碳供应是作物高产的基础。二氧化碳吸收量同果实产量的对应关系：果实产量＝0.7·（30/44·A–0.015·Y），A表示二氧化碳吸收量，Y表示植株鲜重。二氧化碳的吸收量决定作物光合产量，除掉呼吸作用消耗的量便是净光合产量，其中约70%转化成果实。空气中二氧化碳浓度为360～420μL/L，植物在温度、湿度、光照等其他环境因素适宜条件下最佳二氧化碳浓度为900～1000μL/L，因此，在设施农业生产中，补充二氧化碳对提高产量尤为重要，二氧化碳常作为气体肥料进行使用。

2．二氧化碳影响因素

场馆内部二氧化碳浓度受多方面因素影响。顶开窗、侧开窗通风是场馆二氧化碳浓度降低的主要影响因素，作物的光合作用消耗二氧化碳会降低场馆内部二氧化碳浓度，夜间通过呼吸又会造成场馆内二氧化碳浓度升高，大量游客参观时呼出的二氧化碳一定程度上也会增加场馆内二氧化碳浓度。生产中提高场馆内部二氧化碳最有效的方式是人工释放，二氧化碳气体主要来源于液态二氧化碳释放，锅炉加热系统产生的废气二氧化碳含量丰富，去除二氧化硫、一氧化碳、一氧化氮等污染气体后也可作为嘉年华良好的气体肥料。

3．二氧化碳综合调控

农业嘉年华场馆具有丰富的主题景观，采用各种栽培模式种植多种作物，并不是每个场馆都需要进行二氧化碳补充，一般在高效生产展示场馆采取二氧化碳人工补充措施，尽可能满足番茄、黄瓜、彩椒等对二氧化碳的需求，实现作物最佳产能。普通场馆通过通风控制基本能够达到作物正常生长需求，特别是在室外温度较低、温室长时间密封情况下，可配合加温措施适当开窗通风，达到二氧化碳浓度调节的目的。

五、采收管理

农业嘉年华根据种植计划每年进行多茬次种植，涉及叶菜、果菜、瓜菜、根茎类蔬菜等多种作物，每茬作物都会产出大量的农产品，合理的采收管理既能维持作物较好的营养生长和生殖生长平衡，展示硕果累累的生长状态，也能通过农产品售卖增加场馆经济收入。农业嘉年华采收工作涉及生产、销售、旅游等部门，采收前需要进行充分的沟通，便于各方面工作协调推进。对于连续坐果能力强、果实成熟快的果实，如番茄、小黄瓜、百香果等达到九成熟便可以采收，采收后植株上仍挂有果实。对于连续萌生能力较强的叶菜，如韭菜、空心菜、红薯叶、红花番杏等可分批次进行采收，保证维持较高的生长速率。果蔬采收工作尽量安排在游客集中游览时间段，采收后通过销售部门在嘉年华场馆附近进行销售，或者根据产量大小销往周边超市。农业嘉年华可提供农产品现场采摘体验活动，如草莓采摘、樱桃番茄采摘、水果黄瓜采摘、莲雾采摘等，也可根据游客需要将自产农产品直接邮寄到指定收货地址。

六、用工管理

（一）长工管理

为助力乡村振兴，做好脱贫攻坚，带动当地农民增收致富，农业嘉年华长工基本选用当地人员，主要负责农业嘉年华场馆的清洁卫生、植株管理、水肥管理、环境控制、采收、售卖、育苗等工作，涉及现代农业生产的众多环节。一般要求年龄不高于55周岁，具有一定作物种植经验，有较好的沟通协作能力，善于学习新理念、新技术。嘉年华长工同其他工作人员执行相同的出勤时间和社会福利待遇。

按照工作方式嘉年华长工划分为普通工人、计件工人和区域分包工人。普通工人的工作内容比较繁杂，具体工作内容由各场馆负责人安排，进行卫生清洁、水肥管理、茬口更换等一般事务性工作。计件工人主要负责内容较为单一、可重复性比较强、工作结果易于计件量化的工作，以提高嘉年华播种、装杯、扦插、造型修剪等的工作效率。区域分包工人主要负责专业性比较强、可独立核算的嘉年华区域经营板块，像食用菌种植区域、芽苗菜种植区域、高密度水产区域，从事种植管理的同时能够提供销售服务，该板块可分包给具体工人，通过结果导向性绩效管理模式，降低管理成本，提高嘉年华长工工作积极性。

绝大多数长工的工作过程需要计划和协调，特别是需要多环节配合时，要制定详细的工作流程和工作标准，准备必要的工具和设备，并同长工队伍进行有效沟通，便于各工种之间相互配合，并达到预期标准要求，促进相应工作的顺利推进。管理团队要给予工人充分的权利，通过设定队长、组长，提高长工队伍的自我管理能力，遇到问题时能够调动相关资源及时应对，管理人员要定期对长工进行技术培训，提高技术水平，也要定期组织开会，听取长工的合理建议，提高工人的工作效率。

（二）临时工管理

临时工的日常组织管理由技术部负责，人力资源中心负责监督与备案管理。技术部门因生产需要，在充分利用在编工人的前提下，确需增加部分临时工时，须提前两天向分管领导上报临时用工计划，并在人力资源中心备案。

临时工主要解决种植管理环节中需要短时间完成的超量工作，此类工作人手越多工作进度越快，常在大量苗木定植、果实批量采收、老化苗木集中清理等工作中聘用临时工。临时工参加的工作劳动强度普遍比在编工人劳动强度大，技术性偏低，需要更多的组织协调，因此对临时工基本条件有特定的要求：

（1）思想品德好、作风正派、遵守国家法律法规。

（2）年龄20～50周岁，身体健康，勤劳能干。

（3）具有较好的沟通协作能力、学习能力，服从指挥，能够参与到新型栽培工艺相关的团队化种植管理环节。

用工部门在制定临时工用工计划时应充分考虑交通和天气状况，做好更充分的准备工作，防止因天气或工具、设备不足等因素影响工作流程，从而降低整体工作效率，造成不必要的成本增加。

七、农业废弃物循环利用

农业嘉年华在种植管理过程中除产出大量优质农产品外，也会产生作物秸秆、废旧栽培基质、枯枝落叶等一些农业废弃物，为充分利用这些资源，防止农业废弃物乱堆乱放造成周边面源污染，农业嘉年华在规划设计之初便引入循环农业概念，通过一定的处理技术将农业废弃物进行资源化利用。

每个农业嘉年华配套一定规模的农业科技园，园区内部除特色种植外设有动物养殖区域。场馆因茬口更换产生的新鲜蔬菜叶、作物秧苗含有丰富的植物纤维、维生素和蛋白质，可作为优质的动物饲料，用来饲喂科技园中牛、羊、鹅、鱼等食草性动物，降低部分饲料成本的同时解决了农业废弃物处理的问题，实现了农业资源的循环利用。

农业嘉年华普遍使用草炭、蛭石、珍珠岩等材料制成混合基质后作为无土栽培基质，为防止土传病害对下茬作物的影响，使用后的混合基质经过太阳能消毒、石灰氮消毒等处理后可进行二次使用，之后进行肥料化处理。废旧混合基质有较高的有机质含量，保水性和透气性较佳，同鸡粪、牛粪、猪粪等动物粪便按照碳氮比25：1混合后可进行堆肥处理，堆肥制作过程中添加嗜热发酵菌，随着发酵过程推进，堆温可迅速上升到50～65℃，并长时间处于较高的温度。发酵产生的高温对病原真菌、细菌、线虫、杂草种子等有害物具有较好的灭杀作用，发酵结束时碳氮比达到20：1左右，再次添加枯草芽孢杆菌、地衣芽孢杆菌等有益微生物菌群制成微生物菌肥。

第四节　种植制度制定与管理

一、种植管理制度

农业嘉年华是现代农业科技发展的阶段性成果，吸纳了国内外现代农业的新理念、新模式、新品种、新技术、新设施、新设备，涵盖农业生产、农业旅游、农业休闲、农产品售卖等环节，是提升农业科技交流、示范与推广，促进区域一二三产业高度融合的农业经济综合体，其种植管理制度有别于传统农事种植管理。农业嘉年华种植管理制度采用现代企业管理理念，将农业生产、科技展示、休闲观光、科普教育等有机结合在一起，对组织机构和岗位职责进行清晰的划分和设定，明确了各部门各环节的工作目标，制定了标准化生产技术规程，优化了具体工作流程，以提高部门间高效合作和全面创新，实现农业嘉年华生产活动的标准化管理。

农业嘉年华是农业经营单元的新形式，其种植管理制度是随着农业嘉年华项目建设和运营状况不断发展和完善的动态制度，受当地气候和风土人情影响，每个农业嘉年华项目都可根据以往项目经验形成针对性的种植管理制度。

二、种植管理制度制定原则

（一）全面制度化原则

农业嘉年华生产是涉及多学科、多部门的综合性生产环节，除做好产前、产中、产后全产业链农事操作之外，更需要其他部门全力配合才能达到理想的种植展示效果。因此，农业嘉年华种植管理制度的制定要遵循全面制度化原则，通过制定系列管理制度以规范技术部内部各项工作以及同其他部门开展的协同工作，避免人盯人的低效管理模式，实现有规可依、有章可循的全面制度化管理。

（二）目标导向性原则

制度的建设具有目标导向性，要明确通过制度管理达到的最终目标。每个制度可设置一个或多个目标。例如，种植管理环节可以设置产量目标、成本目标或者利润指标；流程管理环节可以设置审批时间目标；新品种、新技术引进制度可设置数量、花色等目标。

（三）标准化原则

农业嘉年华中每一种作物代表一种产业，在生产技术规程编制过程中要根据当地行业特色，选择行业内标准化的生产工艺制定对应管理制度，对各种植管理环节进行定性或定量的标定，同时将原有工艺存在的缺陷进行改造提升，形成最新的标准化种植技术规程，便于种植技术的推广。

（四）科学性原则

制度建设应科学合理，涉及的岗位责权明确，同一工作由专人负责，避免多重管理或无人管理；工作推进流程条理清晰，尽量避免反复无效沟通；审批流程简单易操作，提高决策效率；多向信息流保证沟通顺畅。

（五）经济性原则

所制定的规章制度要充分考虑时间成本、经济成本，优化部门间协作机制，避免重复劳动，制度建设利于降低各环节人力、物力、财力等的投入。

三、种植管理制度分类

（一）部门及岗位职责类

完善的部门职责和岗位职责是农业嘉年华种植管理工作开展的重要保障。农业嘉年华可设置技术部、研发部、项目部、财务部、行政部、营销部等部门，各部门之间权责明确，相互配合，有效开展新品种、新技术引进，农业科技成果转化、农业项目申报、农业技术推广、农业种植管理等工作，在长期协作过程中形成各自完善的部门职责和管理办法，如《技术部管理办法》《技术部工作职责》等。部门职责是部门存续的基础，也是评价部门对公司贡献能力的重要参考依据。嘉年华种植管理设置总工、经理、技术主管、技术员四级技术岗位，根据部门职责制定对应的《总工岗位职责》《副经理岗位职责》等，由面到点逐级落实嘉年华年度目标任务。岗位职责是个人开展工作的指导性纲领，所规定的职责是验证工作成效、检验人岗匹配的重要依据，个人工作内容必须与岗位职责一一对应。

（二）规章制度类

农业嘉年华规章制度常用于区域性管理、事件性管理、实物性管理等内容。

区域性管理制度按照农业嘉年华区域特点进行划分，如《嘉年华互动体验区管理制度》《嘉年华巨型蔬菜区域管理制度》《嘉年华售卖区管理制度》等，针对区域性工作特点，制定相应的管理制度，从开放时间、运行方式、服务内容、后勤保障、部门协作等方面管理该区域工作。

事件性管理制度是以具体事件为管理对象，以事件相关部门和工作人员为抓手，为充分调动公司各项资源，简化工作流程，明确各环节责任范围，最大程度促进事件的顺利有序推进而制定。一般流程化特点比较明显的事件性工作，不论事件的大小都可建立相关管理制度，如《节庆活动种植管理制度》《茬口更换管理制度》《育苗管理制度》《应急预案管理制度》《场馆安全巡视制度》《物资采购及领用管理制度》《农产品采收与销售管理制度》等，利于各层级管理人员对事件拥有相同的认识与处理措施，便于不同工作部门之间相互配合，实现人尽其才物尽其用。

实物性管理制度用于对公司重要物品的管理，以使嘉年华财产得到合理使用和维护，涉及《施肥机使用管理规定》《臭氧消毒机使用管理规定》《运输车辆管理规定》等。

（三）种植技术规程

农业嘉年华涉及2000多种作物，300多种技术。根据当地环境特点，针对不同品种和技术制定相应的种植技术规程是做好日常种植管理工作的基础。种植技术规程中品种和种植模式相结合，同一种蔬菜可以形成不同的种植技术规程，如《生菜深液流种植技术规程》《生菜管道水培种植技术规程》《生菜基质培种植技术规程》等。也可以对种植管理环节中普遍存在的技术问题汇总形成《温室蚜虫综合防治技术规程》《基质消毒技术规程》等专项技术规程，指导种植管理工作按照统一标准开展，实现技术的可复制性和可输出性。

单一品种的生产技术规程中主要涉及品种特性、栽培模式、植株管理措施、水肥方案、植保方案、环境控制方案、采收措施、产量保证措施、成本分析、用工分析等方面内容，详细展示单一品种的种植技术，既可作为生产指导材料，也可作为新员工学习材料，帮助农业嘉年华工作人员迅速投入到种植管理过程中，同时为农业嘉年华景观设计或活动策划人员提供重要参考依据。

四、主要种植管理制度

（一）年度生产投入产出计划制度

嘉年华年度生产投入产出计划是嘉年华年度产出计划的重要组成部分，也是对农业嘉年华年度目标任务的具体分解，按层次可分为农业嘉年华整体年度生产投入产出计划、嘉年华各场馆生产投入产出计划、具体品种年度生产投入产出计划。农业嘉年华产出分为产品产出和景观产出，其中产品产出包括水果、蔬菜、花卉苗木、中草药、五谷杂粮等，通过售卖产品得以变现；景观产出指种植管理过程中展现的标准化种植场景、优雅的观赏环境、美轮美奂的景观创意、新奇特品种等，通过门票售卖或者研、学、游活动等得以变现。嘉年华投入产出计划的制定首先根据小区域内单一作物产出预估制定投入计划，从而汇总成为单个嘉年华场馆的投入产出计划，进而形成整个嘉年华的周年生产投入产出计划。该计划明确指出各个生产环节投入情况，对实际生产起到良好的指导和监督作用，需要建立完善的规章制度保障年度生产投入产出计划的制定。制度须明确规定投入产出计划制定的时间、各管理层投入产出计划的文本样式、参考数据来源，要求细化投入产出计划落实的品种、场地、人员、资材、技术等保障措施，标明投入产出计划潜在风险，以促进农业嘉年华项目年度目标任务的顺利推进。

（二）农事生产操作记录制度

农事操作记录是对农业种植管理过程中各种农艺措施的综合记录，包括定植、施肥、打药、清理老叶、疏花疏果、采收等环节，以及用工、用料等资材消耗情况，记录内容的详细程度根据生产方式不同会有所差别。农业嘉年华涉及栽培品种和栽培技术众多，并不断开展品种引进和技术创新，对农事生产操作记录有着更高的要求。详细的农事操作记录能够协助分析植保措施是否得当，清晰了解以往肥料使用情况、植保情况，检查作物长势同室外植株长势的差别，判断植株对场馆环境适应性，以及种植成本核算等，通过农事操作记录可对种植技术规程进行适当修整，以形成最优化的种植技术工艺，同时也为生产投入产出计划的制定提供翔实的参考资料。农业嘉年华农事操作记录的填写是个系统性工程，需要制定相应的制度明确操作记录统计明细、表格格式和版式、协助单位承担的主要工作内容，保证生产操作记录有效保存、查阅方便，力求借助农事生产操作记录逐渐提升嘉年华生产技术综合管理水平。

（三）技术人员专业定向制度

随着农业科技进步，农业技术人员研究领域逐渐由广而全向专而精的方向发展，技术人员由全面型人才向专业型人才方向发展。农业嘉年华承担区域性农业科技展示和推广的重任，涉及农业前沿技术和最新科技成果，需要专业型农业技术人才，而各嘉年华现有科技人员数量不足以支撑如此众多的栽培品种和栽培技术管理工作，为此农业嘉年华可同各农业技术推广组织组建全国农业嘉年华产业联盟，在联盟内部开展农业技术人员专业定向培养工作，并进行制度化管理。

通过制度建设指导技术人员专业定向，通过中长期专项技术研究提高技术人员专业技术水平，通过嘉年华产业联盟内部技术优势互补增强嘉年华整体技术管理水平。制度要求专业定向尽可能细化，并根据个人专业基础制定年度技术提升计划，随着个人技术水平的提高，可按年度扩大专业定向范围，扩大技术发展空间。

五、组织基础与落实

农业嘉年华种植管理制度的建设是一项长期工作。为保证嘉年华种植管理制度的科学性、合理性，需要嘉年华各部门共同参与，成立以技术部门为主导的制度建设小组，负责生产技术规程研讨、生产制度的汇编和调整工作，小组成员包括嘉年华技术总工、部门经理、技术主管、技术员等几个层级的技术人员。制度汇编是嘉年华规范化管理的基础性工作，可借鉴嘉年华产业联盟相关经验迅速推进，制度落实工作则是嘉年华规范化管理的重中之重，需要嘉年华运营管理团队的全力配合。通过制度宣讲，将企业规范化管理上升到较高层次，深入每个员工心中，为制度的执行做好铺垫。成立制度推行与监督小组，负责监督各生产环节严格按照相关制度开展工作，并对制度执行情况进行总结和反馈，更好促进制度改进与完善。

第五节　设施设备管理

农业嘉年华场馆选用纹络型连栋玻璃温室，整体采用热镀锌方钢骨架搭建，表面采用玻璃覆盖，配置内外遮阳系统、保温系统、顶部开窗自然通风系统、湿帘–风机通风降温系统、补光灯系统、给排水系统、电动控制系统等。根据各地气候环境不同，温室系统配置做相应调整，温室中各系统相互配合实现温室内部温度、湿度、光照、二氧化碳等环境参数的调节，为温室内部作物提供适宜生长环境。

一、温室结构

（一）主体结构与维护

温室立柱、桁架等主要构件均经过热浸镀锌处理，工厂模块化生产，运输到现场后进行温室组装。主体立柱焊装在地基预埋铁件之上，顶部结构的零部件均采用标准件栓接，温室南北开间8m，东西跨度9.6m，单栋温室占地5000～10000m^2。农业嘉年华运营过程中注意做好主体结构维护，不可随便改变温室结构，在温室骨架悬挂物品时，嘉年华运营单位须同建造者协商吊挂方案，不可使用氧焊、电焊等破坏钢结构镀锌层的连接方式，物品造成的荷载不得大于0.15N/m^2。由于风、雪等影响，骨架紧固件可能松动，发现松动要及时紧固，温室维护过程中屋面结构承受的临时荷载不许超过0.72kN/m^2，必要时可加临时支撑承担人和维修设备的重量。

（二）温室围护结构

玻璃连栋温室顶部采用4mm厚钢化玻璃覆盖，四周采用单层或双层浮法玻璃，保证温室良好的透光性。玻璃通过铝材同温室骨架相连接，玻璃安装时四周采用密封胶条包裹，并嵌入到铝材框中，玻璃边缘同铝材预留一定空间，防止金属材料热胀冷缩形变时对玻璃的挤压破坏。农业嘉年华运营过程中注意定期对顶部钢化玻璃进行清洗除尘，避免灰尘影响透光率。可采用清水或中性洗涤剂，不宜使用对玻璃和钢材具有腐蚀性的洗涤剂，禁用酯类、酮类、卤代烃类及一切可使聚碳酸酯溶解或溶胀的物质。对于清洗下来的污水需尽早通过天沟进行下排。可采用人工清洗或采用专用温室清洗设施进行顶部玻璃清洗工作。钢化玻璃在生产过程中有硫化镍等杂质带入玻璃中，有自爆现象，清洗过程应注意避免硬物划伤或重压玻璃热造成玻璃自爆。

二、开窗遮阳系统

（一）温室顶部开窗

温室顶部屋面采用单面开窗或双面开窗。开窗机构的驱动系统采用减速电机和轨道齿条推杆，推杆水平滑动时通过支撑杆带动天窗开启和关闭。另外，为防止室外害虫入侵，天窗常在开口处加装防虫网。正常情况下，天窗可顺利开关，冬天大雪或冻雨等极端天气情况下，顶部天窗结冰时不要擅自开窗，否则顶窗容易损坏。

（二）温室外遮阳

外遮阳系统由外遮阳幕、传动装置、减速电机等部件构成，外遮阳幕安装在温室顶部玻璃外侧，通过传动装置实现外遮阳幕的展开和收拢。常用外遮阳幕遮光率50%～80%，展开时降低温室内部光照强度，收拢时阳光直射进温室，增加室内光照强度。外遮阳系统可以通过计算机参数设置实现温室内部光照环境的控制。炎热夏季，遮阳幕能阻挡部分阳光，使阳光漫射进入室内，均匀照射作物，以保护作物免受强光灼伤，同时使温室温度下降。此外，外遮阳幕可遭遇冰雹时展开，防止冰雹划伤温室顶部玻璃。但在遇大雪、大风天气时，须将幕布收起，防止幕布承受不了重力，损坏外遮阳系统。

（三）温室内遮阳与内保温

内遮阳系统安装在温室顶部玻璃下方，由内遮阳网、传动装置、减速电机等部件构成，可同外遮阳网配合使用实现温室内部光照环境的精细控制。内遮阳保温幕为铝箔遮阳保温幕，植入的铝箔材料能够有效遮挡热辐射，对降低温室热量摄入起到较好效果，夜间展开时可降低热量以辐射的形式散失，起到保温作用。通过内遮阳保温幕无法达到夜间保温时，可在内遮阳保温幕下方加装一层内保温幕，内保温幕同内遮阳保温幕结构类似，内保温幕可阻挡温室顶部热量交换，起到较好的保温效果。

（四）开窗遮阳系统保养及常见故障

电机和齿轮齿条保养：每年更换一次电机减速箱润滑油，每3个月用锂基润滑脂进行一次齿轮齿条润滑，每6个月检查一次电机限位开关工作状况，校正偏差。系统运行中发现异常声音或其他情况时，应立即停止运行，检查修复。定期检查顶窗的密封性，发现密封不严或密封橡胶条脱落老化时，应及时更换。

常见故障解决方法：幕布驱动边材弯曲，运行不平稳时，应重新调整推杆–导杆连接卡在推杆上的位置，使之恢复平直。遮阳幕局部下垂时，应检查托幕线是否松弛，一般拉紧托幕线即可解决。遮阳幕收起时面积过大，应检查幕布是否有撕裂现象或活动导杆上固定幕布的定位导向卡是否松动或脱落，并及时修复。

三、湿帘–风机通风降温系统

（一）系统组成及原理

湿帘–风机通风降温系统由湿帘水池、湿帘供水管路、湿帘窗、湿帘、轴流风机构成，采用蒸发潜热原理实现降温目的。湿帘供水装置将湿帘水池中的水输送到多孔湿帘，在湿帘窗和轴流风机开启时，温室内部形成负压，将室外空气引入温室内，当室外空气通过湿帘窗进入湿润的多孔湿帘时，湿帘多孔材料表面的水分汽化过程中吸收空气中的热量，从而降低了室外空气温度并输送到温室内部，起到温室内部气温降低的效果。

（二）使用与保养

1. 湿帘

湿帘使用时须重点检查湿帘水池水质和供水系统性能。为减少湿帘表面形成水垢，湿帘水池内水质应保持清洁，水的pH为6～9，电导率小于1000μS/cm，并定期清洗水池。湿帘水泵启动前检查各湿帘水池水位状况，防止水泵空转，水泵启动后查看湿帘供水均匀状况，并通过湿帘区域供水阀调节各区域出水量。为避免湿帘长期潮湿而滋生藻类，在水泵停止30min后再关停风机，保证每天晾干湿帘。若湿帘表面已累积水垢和藻类，可在彻底晾干湿帘后，用软毛刷上下轻刷，避免横刷、蒸汽或高压水冲洗湿帘，然后启动供水系统，冲洗湿帘表面的水垢和藻类物，再对湿帘水池进行清洗。

2. 轴流风机

准备开启湿帘-风机通风降温系统时应关闭整个温室的天窗及温室门，开启湿帘背部侧翻窗，使温室侧翻窗作为温室内部唯一的进气口，轴流风机排风口作为温室唯一的排气口。轴流风机在运行过程中，应经常查看风机运行状况，如果发现风机有剧烈的振动、撞击、反转、传动皮带松散等现象，应及时停机检修排除故障。为确保人身安全，风机的维护必须在停机后进行。风机停机时严禁使用外力开启百叶窗，以避免破坏百叶窗的密合性。为不影响叶轮的平衡精度，应定期清除叶轮及风机内外表面的积灰、污垢等杂质，防止风机锈蚀。

四、电控系统

每个温室均安装一套电控系统，分别控制温室内的湿帘风机、遮阳系统、补光系统、照明、临时电插座等用电设备。温室电控系统常统一集中在一个控制柜内，通过手动旋钮、按钮直接启动或关停相应设备的运行，也可以跟温室智能控制系统相连接，通过计算机参数设置控制温室设施设备运行。

日常操作人员必须经过严格培训才能进行控制柜操作。手动操作时若发现明显设备异常应立即关停相应设备，并通知维修人员处理。控制柜和用电设备的调试、维修必须由专业电工操作。风机电机、内遮阳电机、外遮阳电机、顶开窗电机均属三相电机，电机转向与电源三相相序有关。例如，电网停电检修后，或备用发电机组供电时，须对电源相序进行测试，相序正确后各设施设备方可使用，避免电机倒转引发机械故障。另外，控制柜注意防潮、防水、防火，做好安全应对措施。

农业嘉年华循环水养殖管理

第六章
农业嘉年华养殖管理

农业嘉年华的管理

农业嘉年华作为综合性农业科技推广平台，不仅涉及粮食、蔬菜、水果、中草药、花卉、棉麻油料等种植领域，还涉及萌宠动物、水产等养殖领域，综合利用生态学原理、循环农业理念，展示现代农业养殖技术及管理方法。本章从萌宠管理和水产养殖两个方面介绍农业嘉年华养殖管理。

第一节　农业嘉年华萌宠管理

农业嘉年华引进萌宠动物构建特色萌宠乐园。萌宠乐园作为城市动物园的一部分，按照动物园管理规范，不断引进新物种，通过设置合理的空间布局和展示方式，优化萌宠饲养和生活条件，为广大市民提供近距离亲近萌宠动物的机会，并逐渐形成自身管理特色。

一、农业嘉年华萌宠养殖的定位

1．科普教育

科普教育是农业嘉年华萌宠管理的首要任务。农业嘉年华萌宠乐园引入各种萌宠品种，通过多种展示和互动形式对游客，特别是青少年进行科普教育，让更多游客认识萌宠，亲近萌宠，了解它们的外形、行为习惯和生活习性等。配合宣传材料和导游讲解，进一步了解珍奇萌宠的生存状况，提高动物保护意识。

2．科技展示

随着养殖科技的迅猛发展，萌宠养殖逐渐采用现代化管理装备，以提高动物繁殖率、存活率以及生活舒适性等。农业嘉年华萌宠乐园引进萌宠时，配套引进国内外先进的养殖设施设备，为萌宠提供舒适的生活环境，同时打造清洁卫生的观赏环境，通过现代萌宠养殖科技展示，提升农业嘉年华对当地的农业科技辐射带动作用。

3．科学研究

农业嘉年华萌宠乐园承担萌宠动物科学研究任务，通过和农科院、动物研究所、畜牧局、兽医站、动物保护协会等开展动物分类、生态学、生理学等学科领域相关的动物形态描述、萌宠饲料开发、行为观察、环境适应性调整、萌宠保护机制探索等研究内容，可作为大学生实习基地，为科学化萌宠养殖提供基础数据支撑。

4．观赏娱乐

同农业嘉年华炫彩华丽的植物品种相呼应，农业嘉年华萌宠大多具有精致的造型、丰富的色彩或者个性的行为特点，极具观赏性，要让游客耳目一新，时常沉浸在大自然鬼斧神工造物的感叹中，并通过设置各种样式的动物表演和互动体验活动，增加游客游园的趣味性、参与性，近距离接触萌宠动物，不断提高萌宠乐园对游客的吸引力。

二、农业嘉年华萌宠的种类与空间布局

（一）农业嘉年华萌宠种类管理

1．萌宠选择原则

农业嘉年华萌宠乐园选择的动物一般性情温顺，具有一定的环境适应性，可在嘉年华场馆半封闭环境中正常生长，避免乱飞乱撞造成动物损伤事故发生；一般经过人工驯化，适应人工饲料，易于人工饲养，对游人不抵触，便于开展饲料投喂等互动活动；外观整洁，易于清洁；不同物种之间色彩丰富，尽可能提高萌宠动物的观赏性；所引进萌宠具有较长自然生长寿命，能够维持较长观赏期，对于自然寿命较短的动物，需要一定的自繁能力，可进行种群的不断扩繁；对于比较贵重的萌宠物种，需要有专业养殖技术服务支撑。

2．动物来源

萌宠引种要遵守《中华人民共和国野生动物保护法》《中华人民共和国动物防疫法》等法律法规所涉及的动物养殖和引种规定，寻找有经营资质的饲养厂家和经营单位作为引种来源。按照规定在引种前做好检验检疫工作，取得合法建议证书，并做好动物引种档案记录工作，便于品种管理和溯源追查。一般选择动物研究所、动物园、动物协会、专业养殖场、正规花鸟市场和萌宠表演团队等作为引种来源，避免通过网络购买国家级野生保护动物。

3．常规萌宠种类

农业嘉年华萌宠乐园适宜选用可产业化养殖、外观漂亮、受人喜爱、亲和力高、寿命较长、环境适应性强、抗病力强的种类。常用动物有昆虫、鸟类、鱼类、两栖类、哺乳动物等。其中，昆虫种类比较广泛，涉及蝴蝶、蜜蜂、蛐蛐、蝈蝈、螽斯、家蚕、蝉、黄粉虫、蝗虫、萤火虫、独角仙、天牛等；鸟类以鹦鹉、八哥、黄雀、百灵鸟等观赏家禽为主；鱼类除红鲫鱼、中国金鱼、日本锦鲤等观赏鱼之外，还可引入罗非鱼、草鱼、鲈鱼、鲤鱼、泥鳅等可采用高密度养殖的肉用鱼类；哺乳动物选择羊驼、矮马等一些易于游客接近的动物种类。

严禁引入一些具有潜在传染病菌、病毒的萌宠动物，包括果子狸、果蝠、中华菊头蝠、穿山甲等严重急性呼吸综合征（SARS）、中东呼吸综合征（MERS）、2019新型冠状病毒寄主或中间传播宿主的动物种类。

（二）农业嘉年华萌宠的空间布局

1．空间布局原则

为便于科普教育和养护管理，农业嘉年华萌宠按照动物分类学进行分类，将昆虫、鸟类、鱼类、两栖类、哺乳动物等动物分区展示，结合嘉年华场馆主题进行物种空间布局。鱼类、两栖类易设置在水科技场馆，鸟类、昆虫类易设置在花卉或蜜源植物场馆中，食草性哺乳动物易设置在粮食作物种植场馆，部分爬行动物设置在沙漠植物场馆。

农业嘉年华各场馆内部采用种养结合的方式将萌宠养殖和嘉年华景观种植有机结合在一起，充分利用区域微环境为萌宠提供舒适的生活条件，根据不同动物的栖息和活动习性选择适宜种植区域。萌宠养殖区域一般设置在主游览路线上，由不同种类特色的若干小区域构成。

2．空间布局方式

（1）自然式　是模拟萌宠动物野生状态时的生存环境，满足其对栖息、捕食、活动以及温度、湿度、光照等空间特性的需求，展现自然状态下萌宠动物生活状态的空间布局方式。自然式布局萌宠活动空间大，行为更加自由，不受各种网、箱、笼等障碍物阻挡，对于一些环境破坏力比较小的萌宠，如蝴蝶、蜜蜂、鹦鹉等，可以将整个场馆作为活动空间，满足对飞行活动的需求。萌宠需求是这种布局方式的出发点，对于穴居动物要提供土堆供其打洞，猫科动物要提供掩埋粪便的沙土地面，宠物鸟需要沙浴等，人们在这种空间布局中感受萌宠世界真实的状态。

（2）**笼舍式** 是采用木材、钢材、绳索、玻璃等材料制作特定笼舍、隔离区，将某些萌宠动物限制在某一区域以便饲养和展示的布局方式。一般情况下，笼舍式布局中萌宠动物活动空间比较小，能够满足基本的生活需求，动物的天然习性表现得不够充分，适用于一些具有攻击性和环境破坏力比较强的动物，笼舍可聚集也可分散放置，相对于自然式来说，笼舍式更易于日常管理。近距离观察是该布局方式的出发点，通过笼舍限制动物活动空间，有效避免萌宠藏匿，参观者可迅速走近萌宠动物，并通过笼舍隔离作用，有效保护参观者人身安全。

（3）**混合式** 是自然式和笼舍式相结合的空间布局方式。农业嘉年华萌宠种类众多，对空间大小和类型需求各异，单一的空间布局方式不能满足农业嘉年华运营管理需求，通过混合式空间布局既能营造鸟语花香的农业种植科技平台，又能展示各具特色的萌宠园中园。

3. 环境丰度设置

早期的动物园中动物被束缚在狭小的空间，地面是水泥地板的钢架笼子或被关在地窖中供游客观看，动物整日无所事事，长期生长在这种环境中，不利于动物健康，动物行为也会慢慢发生变化。现代动物园通过一系列措施来提高环境丰度，为保持动物野生状态下的行为特性提供条件基础。

嘉年华场馆的萌宠动物活动空间同野生环境相比仍然较小，同样需要为萌宠动物提供更为丰富的活动场地和设施，让动物做一些有趣的事情打发时光，从生理、心理、社会学角度满足动物的全面需求。首先要考虑动物的运动行为，为萌宠动物提供奔跑、攀爬、飞行、游泳的场所，满足萌宠动物对运动空间的需求。例如，灵长类需要攀爬的木桩、树干，有可以荡动的藤索；蝴蝶、蜜蜂、鹦鹉等有可以飞行的空间，空间高度适宜；啮齿类动物有打洞和磨牙的条件。其次，增加觅食的趣味性。猫科动物有嗅探搜索的喜好，可以将食物稍微藏起来，让萌宠寻找；大猩猩有取食白蚁的习性，可以制作人工蚁穴，装入蜂蜜和牛奶，供其用树枝蘸食。再次，有社会习性的萌宠动物，尽量将一个群体安置在一起，增加个体的归属感，也便于社会性行为的展示。

4. 植物配置

农业嘉年华场馆按照完整的生态系统进行建设，萌宠养殖区域植物配置常跟动物野生生境相适应，塑造独特地貌特征，既美观又不影响动物健康和安全。所选择的植株以观赏植物为主，应无毒无刺无有害分泌物，防止萌宠动物因误食造成伤害；尽量选择植株长势中等、修剪工作量少、落叶少的植物，降低养护力度；利用植株特性做好高低灌层设计，营造部分隐蔽环境，满足萌宠躲避心理需求。

三、农业嘉年华萌宠展示内容与形式

（一）农业嘉年华萌宠展示内容

1. 形态展示

农业嘉年华拥有几十到上百种萌宠动物，不同品种之间形态各具特色，对参观者形成极强吸引力，萌宠动物形态展示成为农业嘉年华最迫切需求。萌宠形态展示分为外形展示和行为展示。外形展示主要向参观者展现动物的体型轮廓、外表色彩、皮肤及附属物质地等外表特征；行为展示方面主要展示萌宠动物的行走、奔跑、跳跃、飞翔、游泳、觅食等个体行为，以及群居性萌宠动物的合作分工、群体养育、信息分享交流等社会行为展示。

2. 生活史展示

生活史指动物一生中所经历的繁殖和发育的所有历程，是萌宠动物展示的重要内容。例如，蝴蝶、蜜蜂等部分昆虫属于完全变态发育，一生经历卵、幼虫、蛹、成虫四个虫态，而螳螂、蝗虫、蟋蟀等需要经过卵、若虫、成虫三个发育过程，没有明显的幼虫和蛹的特征，属于不完全变态发育。与变态发育不同，哺乳动物一般一生保持比较一致的形态。通过生活史展示可满足参观者短时间内全面了解萌宠的需求。

3. 生境展示

自然选择的过程也是动物同生存环境相适应的过程，通过生境展示可更深入了解动物生活习性。生境展示内容既包括地质、地貌、植配、水源、温度、湿度、光照、降水等非生物因素，又包括分解者、竞争者、天敌等生物影响因素。农业嘉年华萌宠乐园选择具有代表性的生境因素同萌宠动物进行组合展示，为参观者留下整体感知印象。

4. 设施设备展示

随着农业科技发展，萌宠养殖环节逐步实现设施化、自动化、专业化，特别是在圈舍建造、饲料加工、饲料投喂、饮水供应、环境调控等设施方面发展迅速。农业嘉年华萌宠乐园除营造萌宠野生生境外，大量引进现代萌宠动物养殖设备，搭建小型萌宠动物养殖示范点，通过养殖管理流程演示，展示萌宠养殖设施设备功能和养殖技术。

（二）农业嘉年华萌宠展示形式

1. 品种展示

参观游览是农业嘉年华萌宠体验的主要形式，也是参观者最基本的需求。为满足参观者猎奇心理，农业嘉年华萌宠乐园设置在各场馆主游览路线，展示上百种萌宠动物，参观者可根据个人喜好选择不同的萌宠种类和展示内容进行参观游览，观察动物外观和行为习惯。农业嘉年华萌宠乐园配备讲解人员，在固定地点向参观者讲解动物生长过程、生活习性以及相关典故、传说等，便于参观者更全面了解萌宠动物各个品种的特性。自然式空间布局中，观赏距离相对较远，参观者主要观赏萌宠动物自然活动状态；笼舍式空间布局中，观赏距离相对较近，参观者主要观赏人工养殖条件下萌宠动物活动状态，对萌宠动物的了解更加细致。另外，对于一些夜间开放的农业嘉年华，萌宠乐园开放夜行性动物展示活动。

2. 互动活动

为增进参观者同萌宠之间感情，提升动物保护意识，农业嘉年华萌宠乐园提供形式多样的互动体验活动。萌宠动物饲喂是农业嘉年华萌宠乐园最常见的互动体验活动之一，特别受家长和小朋友喜爱，参观者可在农业嘉年华购买特定萌宠饲料，并将饲料投喂给特定萌宠动物，以近距离观察和亲近萌宠动物。部分农业嘉年华提供饲料加工互动体验活动，让参观者参与到萌宠动物日常饲料配制环节，了解动物营养需求和饲料制作工艺，更全面了解萌宠动物饮食起居。另外，农业嘉年华主题萌宠乐园提供矮种马、骆驼、鸵鸟等骑行体验活动，以展现萌宠动物的速度、力量、呆萌等特性。

3. 动物表演

动物表演是农业嘉年华极具吸引力的萌宠展示方式，表演过程中萌宠动物表现非自然状态下行为特征，起到出其不意的展示效果，让参观者对萌宠动物的观察力、模仿力、平衡力、飞行能力、幽默感等有了新的认识。参与表演的萌宠一般经过特殊训练，且训练周期比较长，部分表演危险系数高，需要专业驯兽员进行操作，因此农业嘉年华萌宠动物表演主要采取外包的方式进行。常规萌宠动物表演涉及狗狗识数、飞鸟叼钱、鹦鹉学舌、山羊走钢丝、猴子骑车、小熊跳舞等，多选择在农业嘉年华主题活动举办期间进行。

4．材料宣传

除萌宠直接展示外，农业嘉年华提供视频、展板、海报、萌宠雕塑等多种形式的材料宣传，为参观者短时间内全面了解萌宠动物提供便利。视频材料可形象生动地展示萌宠动物在各种环境下的行为习性，也可快速描述生活史的整个过程，将缓慢的体貌变化在短时间内呈现，提高信息获取效率。萌宠雕塑分为两种，一种是高仿真萌宠雕塑，将萌宠动物真实形态定格，展示萌宠自然形态之美；另一种是拟人化萌宠雕塑，将萌宠外形和人类标志性动作相结合，让萌宠动物表达人类心情、感情以及体育、劳动等活动，增加萌宠动物亲和力。

四、农业嘉年华萌宠养护管理

（一）萌宠饲养

1．养护人员

农业嘉年华萌宠养护人员负责萌宠动物的饲养和区域管理工作，应具备一定的动物养殖管理经验，动物检疫防疫意识强，保证萌宠动物健康生长和萌宠展示活动正常开展。安全管理工作方面，通过合理分区域布局，有效避免萌宠动物之间相互打斗和不良竞争；做好养护设施维护工作，确保萌宠动物活动范围在有效控制之下，防止动物伤人，落实参观者人身安全任务。

2．日常饲养

萌宠动物一般采用配方精良的混合饲料喂养，混合饲料具有较好的适口性和丰富的营养价值，长期饲喂时萌宠动物易形成采食习惯，新引进的动物应保持同引种地相同的饲料和投喂方式，逐渐根据实际情况进行饲喂调整以适应新的生长环境。另外，不同品种以及相同品种的不同生育期营养需求不同，要根据具体情况进行合理调整饲喂计划，并做好游客投喂互动活动控制，严禁游客自带食物饲喂动物，限量限时供应配方饲料。

（二）环境调控

1. 温度调控

不同萌宠动物对温湿度条件要求不同，特别是昆虫和两栖类变温动物，在一定温度范围内随温度升高活动能力增强，温度降低后活动能力下降，温度下降到一定程度后进入休眠状态。湿度过高时不但给萌宠动物呼吸造成负担，也会增加皮肤疾病的感染概率。农业嘉年华温湿度调节以满足植物生长为主，同时兼顾萌宠动物生长需求，当整体温湿度条件无法达到阶段性需求时，可采用环控设备进行区域性环境参数调节。

2. 光照调控

光照对萌宠动物栖息习惯及繁殖规律产生一定影响，农业嘉年华生产区域进行人工补光时应采取适当的遮光措施，创造适宜的光照时长和光照强度条件，满足萌宠动物光照需求特点。另外，参观者在使用闪光灯进行拍照时，会对部分萌宠动物视觉造成损伤，现场管理人员应做好强光管控工作。

3. 噪声调控

农业嘉年华场馆内部欢闹声、广播、背景音乐等混杂在一起，有时对萌宠动物来说是一种噪声污染，容易对幼龄萌宠动物造成惊吓，甚至会使部分新引进的萌宠动物产生应急反应，严重时造成萌宠生命危险。现场管理中可对个别萌宠进行重点保护，引导参观者不要大声喧哗，选择轻缓的背景音乐在场馆中进行播放，创造恬静的生活环境。

4. 卫生监管

卫生监管是农业嘉年华萌宠管理的基础工作，要严格抓好萌宠动物饮用水、饲料及场地环境卫生环节，通过强制通风、施用微生物制剂等措施有效控制萌宠养殖产生的有害气体，并妥善安排萌宠动物排泄物无害化处理，避免对周边河流、地下水污染，为农业嘉年华参观者提供空气清新、卫生整洁的游览场景。

（三）疾病防控

1. 引进管理

引进管理是嘉年华萌宠动物疾病防控的前置性工作，通过萌宠动物供应渠道优化、检验检疫、产地追溯、进场隔离等措施，将萌宠疾病阻挡在农业嘉年华外部，保证所引进萌宠动物健康状态良好。萌宠动物供应渠道由各嘉年华共同组建的产业技术联盟搜集整理形成共享数据库，各地农业嘉年华可根据需求使用，进入数据库的企业必须具有正规萌宠经营资质，其所出售萌宠均进行标准防疫手续，取得相应防疫证书。萌宠购进后由嘉年华萌宠管理部门做好健康档案管理工作。

2. 定期防疫

萌宠动物管理人员应当提高对各类动物疾病的识别能力，及时发现对症治疗，如季节变化容易引起动物腹泻等常见疾病，采取免疫接种、驱虫、药浴、疫病监测以及消毒、生物安全控制、动物疫病的区域化管理等一系列综合性措施，防治动物疫病，并同当地畜牧兽医防疫站建立密切联系，及时上报疫情发生及治疗情况，积极配合区域性动物疫情防控工作部署。

第二节　农业嘉年华循环水养殖管理

循环水养殖是嘉年华养殖技术集成与系统性技术展示的主要内容，在农业嘉年华场馆中以技术集成体系的形式进行展示，管理工作涉及品种引进、成鱼喂养、水质管理、病害控制等方面。

一、循环水养殖的特点及优势

循环水养殖技术的特点是通过设施设备，利用曝气、沉淀、过滤、灭菌、生物处理等手段除去养殖过程中产生的残饵粪便等有机物，循环净化水质，使养殖水体实现重复利用。在不添加或少量添加补充水的前提下实现流水高密度养殖。同时采取增氧、控温及人工投饲等措施为养殖对象创造适宜的生长条件，通过控制养殖环境条件，实现一定目标的养殖产量。

与传统养殖模式相比，其主要技术特点及优势表现在以下几个方面：

1. 养殖用水的重复利用

养殖用水重复利用是循环水养殖系统的技术核心，是循环水产养殖成败的关键。通过水处理成本的投入实现养殖用水的重复利用，将其他养殖方式转嫁于社会的环境成本通过技术、资金的投入内部消化，避免了对环境的负面影响。设计合理并能正常运行的循环水养殖系统，每天需要交换的水量仅为系统水体的5%～10%。养殖系统可收集养殖废物并转化成农业生产上可利用的有机肥，做到零排污。

2. 跨地区常年生产

因为生产的相对封闭性和养殖条件的可控制性，循环水养殖系统在养殖品种选择、养殖地点选择时有较大的自由度，并可实现不分季节的常年生产。

3. 高密度养殖，可以获得比较高的产量

循环水养殖系统的生产能力完全取决于系统设计与配置，以及养殖品种的选择。根据养殖品种，一般情况下，养殖产量可达到30～50kg/m^3。在条件良好设备条件和良好管理的情况下，养殖密度最高可以达到100～200kg/m^3。

4. 占地少

由于养殖密度高，循环水养殖生产能力可达到传统池塘养殖能力的十几倍，获得同样的养殖产量，循环水养殖系统所占的土地空间可大大减少。

5. 水质容易调控

在循环水养殖系统中，由于采用了水质净化技术和装备，使养殖水体中的溶氧量、氨氮和pH等水质参数可始终保持在适宜生长的范围内，可为养殖鱼虾获得快速生长的条件，同时，环境胁迫和疾病发生的机会大幅降低。

二、种苗引进管理

1. 苗种选择

嘉年华场馆作为农业科技的综合展示平台，循环水系统养殖品种的选择须注意三个要点：一是具有市场性（适销对路）；二是苗种可得性（有稳定的人工繁殖鱼苗供应）；三是养殖可行性（适应当地气候环境苗种）。其次，需要对苗种质量严格把关，

要求品种纯正、来源一致、规格整齐、体质健壮、无病无伤，且苗种的个体规格差异应控制在10%以内。循环水系统的养成通常选择大规格苗种（50～100g/尾）。各场馆根据各自的养殖条件，选择适宜的养殖品种（鲟鱼、虹鳟、鳜鱼、鲈鱼、罗非鱼、对虾、河豚、石斑鱼等）。新系统刚建立的时候，应先选择1～2个品种进行规模化养殖试验，然后根据市场销售情况，选择几个试验品种，做到产品适销对路，避免单一品种养殖，以免遇到病害或者销售不畅造成损失。

2．苗种投放前准备工作

苗种的投放密度是养殖成功与否的关键阶段，应用循环水系统进行养殖时，苗种的投放密度要根据苗种规格和养成规格、养殖池的面积、增氧设施、技术管理水平以及系统的最大承载量来决定。此外，放养的苗种一般是由传统的池塘养殖模式进行培育，在进入循环水系统之前应进行过水操作，即将循环水系统的水体温度调节至与苗种暂养水体（运鱼车、运鱼袋）的水温一致（小规格鱼种养殖池和暂养水体的水温不能够超过0.5℃，大规格鱼种养殖池和暂养水体的水温不能够超过2℃），以降低苗种在入池之后因温度变化产生的应激反应，降低苗种的损耗。对于新建的循环水系统，在投放苗种之前还必须要做好必要的准备工作。首先，要进行试水运行工作，检查循环水系统各部件的运行情况、水体交换情况、进水和排污设施是否达到投放的要求；同时仔细检查拦鱼设施是否安装到位，以防苗种的逃逸。

三、成鱼养殖与收获管理

1．日常投饲管理

投饲是对鱼虾生长影响最大的一个因素，应该建立嘉年华《循环水养殖管理规范》，对投饲管理做出明确规定。如果投饲不均，不但会造成饲料浪费，还会造成有的鱼池鱼吃不饱、有的鱼池鱼撑着的现象，所以投饲管理就显得特别重要。循环水养殖一般选择高品质、适宜循环水养殖的工业制成饲料，不宜用自制饲料和鲜杂鱼等天然饲料。在嘉年华场馆的工厂化循环水养殖生产中，常采用“归类投饲法”，即“把同一批次、同等规格的鱼按同等养殖密度分养于靠近的循环水养殖池中，并把这些尽量靠近的养殖池归为一类”，归为一类的养殖池的饲料规格以及投饲量完全一致。每个类别养殖池的投饲量根据水温、养殖水体状况、苗种规格和密度、实际摄食量、剩余残饲量等加以调整。日常投喂管理中根据这些鱼池的投料总量，平均分配各池饲料投喂量。具体投料方法如下：首先，将嘉年华场馆的每个养殖池按排号、池号进行标号，如六排八号池标号为608号池。技术人员按池号开出投料单，将饲料规格与克数完全相同的鱼池归为一类，列出投饲总量及鱼池数量。例如，几号池至几号池，共喂多少克几号规格的配合饲料，并按这个规律列出所有鱼池的投料单。投饵前工人按照技术人员开出的投料单提前称出所有饲料规格与克数相同的鱼池的饲料，并按每盆喂2～4池的量进行平均分盆，投饵时再将每盆料平均喂给2～4个鱼池。日常投喂遵循四定（定时、定点、定质、定量）以及少量多次原则，将每天的投喂量分3～6次来进行投喂，这样可以有效地提高饲料的转化效率。

2. 定期分选调整养殖密度

随着养殖鱼虾个体的逐渐长大，水体的养殖负载越来越大，因此，需要及时对嘉年华场馆循环水养殖系统的养殖鱼虾进行分疏，以便使养殖量不超过养殖水体的负载能力。分疏工作要定期进行，需要注意三点：一是将同池不同规格的鱼虾重新按相同规格进行倒池分养，保证每个池的养殖鱼虾基本一致；二是分疏倒池后，每个池的养殖量要低于养殖池养殖负荷的50%以下；三是分疏时操作要谨慎，谨防鱼虾体受伤感染。

3. 捕捞及上市

嘉年华的生产分为产出型生产和展示型生产，产出型生产以农产品生产和销售为目的，通过销售环节实现农产品价值变现；展示型生产以农产品的生产和销售为目的，通过旅游门票、活动体验的形式实现农产品价值变现。而嘉年华场馆循环水养殖系统除了作为农业科技展示平台之外，其生产的养殖鱼虾还可以作为高端农产品进行市售。为了获得较高的养殖经济效益，销售管理人员需要提前了解鱼虾的生长情况和市场价格，做到及时上市。每一种养殖鱼虾都有其最佳生长时期，如最佳生长时期过后，其生长速度开始减慢，饲料转化率下降，这时饲料成本会大大增加。所以养殖鱼虾已达到出池规格就应及时上市，这样才能达到高密度循环水养鱼高产、高效的目的。同时循环水养殖系统可以实现起捕率达到100%，这样既降低劳动成本，又减少能源的消耗。

4. 养殖记录

做好养殖记录是嘉年华场馆循环水养殖的日常管理的重要工作之一。在养殖过程中，要完整记录苗种放养、投饲、用药、伤亡、水质检测指标以及能耗等情况，同时技术人员需要定期抽样检查鱼类生长情况，以便及时调整喂养计划。

四、水质管理

1. 水源管理

嘉年华场馆引入循环水养殖系统，需要提供充足的水源，同时源水的水质指标必须符合养殖水质标准（酸碱度、水温、溶氧量等），以便快速在循环水养殖系统中营造一个适宜鱼虾生长的生态环境。

养殖水源有两种形态：地表水和地下水。地表水是在有河流或湖泊的地方取水，此类水含有大量的无机盐和有机物以及各种杂质，也含有大量的微生物、生虫和有害物质。地下水是北方养殖用水的主要来源，使用地下水养殖鱼，需要经过曝气或24～48h晾晒，让空气中的氧气充分融于水中。自来水虽然经过沉淀过滤和消毒等工序处理，没有微生物、寄生虫和有害污染物，但溶氧量较低，还有氯气残留对鱼类有害，必须经过曝气或24～48h的存放晾晒才可以使用。大多数鱼喜欢中性水质，当养殖水源的酸碱度偏酸时，鱼的食欲下降，生长缓慢。当水的碱性过高时，鱼鳃的分泌物凝结导致呼吸困难，影响鱼的生长。养殖鱼水的pH应控制在7.0～8.5，最适pH为7.5～8.5。鱼虾类是狭温性动物，对水温要求比较苛刻，对水温的变化特别敏感，冷水性鱼类的适宜水温一般为15～20℃，而普通养殖鱼虾适宜水温是25～30℃，循环水养殖系统要求水体水温昼夜温差不能超过5%。水温的稳定通常采用两种方法，一是根据不同水温的水源进行混合来调整养殖水体的水温，这适合在饲养大量鱼时使用；二是通过人工加热或制冷的方式来保持养殖水体的适宜水温。循环水养殖系统应使用仪器设备持续监测养殖水体的溶氧量，水体溶氧量应该保持在5mg/L，为保持足够的养殖产量，最好使水体溶氧量保持在8mg/L以上。因此，嘉年华场馆的循环水养殖系统在使用地表水或地下水来进行养殖时，则要事先对水质做化验，并将检验结果与《渔业水质标准》（GB 11607—1989）对比，以判断项目所在地水质是否满足养殖需求，若水源不能够满足养殖需求，则应另寻水源或通过设施设备处理水源，使之符合养殖需求。

2. 养殖水体水质检测与水质管理

（1）监测循环水养殖系统水质因子　嘉年华场馆的循环水养殖系统配备了常规水质指标监测的仪器和试剂盒，相关技术人员每天定时监测水质变化，重点监测水温、盐度、溶氧量、pH等容易波动的水质指标，定期抽样检测氨氮浓度、硫化物含量、有害重金属离子等水质指标，以便能及时准确地了解和掌握水质的动态变化。应该考虑采取信息技术对水质动态变化进行记录，以便进行养殖问题分析。

（2）养殖水体的水质调节　嘉年华场馆循环水养殖系统调节水质的方法主要有换水、倒池、清污消毒、增氧、减少氨氮和硫化氢含量，其中通过调节养殖用水的交换量是控制循环水系统养殖水体水质最有效的措施，换水量的多少应根据水质情况、养殖密度、养殖鱼类的个体大小、水温及供水状况等因素进行综合考虑。低温季节每天只需换一次水，常温和高温季节早晚需要分别换水一次，每次换水量控制在总水体的5%左右。倒池时间根据循环水养殖水体水质的污染程度而定，通常只有在养殖水体发生严重污染或严重传染性病害的情况下才会采取倒池处理的方式。倒池时操作要细心，轻拿轻放，严禁机械损伤，发现有化皮现象的要及时处理。倒池后，用高锰酸钾或双氧水对池壁和管道进行消毒，并清洗池内和附着基上的污物，然后用漂白粉或次氯酸钠浸泡池底和附着基。需要注意的是消毒后要将消毒剂冲洗干净，以防影响循环水养殖系统中生物膜的培养。另外，养殖池还要配备足够的增氧设备，全天24h增氧，保持水体的溶氧量在8mg/L以上。有条件的话，最好定期使用有效微生物菌群、光合细菌等有益微生物制剂降解循环水养殖水体中的氨氮、亚硝酸盐等有害物质，以保持良好的水质。

（3）生物膜培养　嘉年华场馆循环水养殖系统的生物净化是水处理的核心，生物净化是指以细菌、微藻、大型海藻或水生植物等生命体为介质来吸收、分解养殖水中氨氮、亚硝酸盐、磷酸盐、有机物等对养殖生物有毒、有害物质的水处理过程。在循环水养殖系统中，生物净化是附生在生物填料表面的生物膜完成的，生物膜是指由微生物、原生动物、多糖组成，具有生物降解、硝化功能、亚硝化功能及硫代谢功能的生物絮团。生物膜是通过人工培养起来的，生物膜培养是循环水安全运行的重点和难点。目前，常用的生物膜培养方法有预培养法和负荷培养法两种。嘉年华场馆循环水养殖系统采用的方式为负荷培养法。生物膜预培养法是指在系统启动前，在生物净化池接种相关菌种，并通过添加人工氮源，事先培养具有一定消氮能力的菌膜以后再养殖生物，试验表明：高温、高氨氮、高有机物环境有利于生物膜培养，生物膜预培养时间一般需要20～45d，预培养的生物膜在系统启动以后，由于人工氮源培养的微生物不能很好地适应养殖生物代谢氮源，系统运行20d左右往往会发生一次“脱膜”现象。生物膜负荷培养法是指系统建好后，直接放养养殖生物，通过控制投喂量、补充新水量和养殖密度，把养殖水中的氨氮、亚硝酸盐浓度控制在既满足生物膜生长所需的营养条件，又不影响养殖物生长的安全浓度，生物膜负荷培养需要50～80d，初始养殖密度应控制在10kg/m^{3}之内，初始补充新水量应控制在50%左右，随着水质指标的好转而逐渐加大养殖密度、减少新水补充量。

（4）**循环水养殖水体的pH缓冲**　鱼类代谢和细菌的硝化作用会产生酸，降低水体的缓冲能力和pH。虽然很多鱼类可以耐受pH 5～10的变化，但满足生长的最适pH为7.0～8.5。施用生石灰和碳酸氢钠补充CO_3^{2-}可以弥补损失的碱度和维持水体的缓冲能力。生物膜介质（如牡蛎壳）和养殖系统的其他部件（如混凝土养殖池）也能提供一定量的碳酸盐。嘉年华场馆的循环水养殖系统需要根据养殖品种的特点及养殖场地条件来监测和调节水体的硬度、碱度和pH。

3．循环水养殖系统换水管理

嘉年华场馆循环水养殖系统水体出现严重水质污染情况时，则需要通过大量换水来实现水质的调节，但大量的换水不仅仅是增加成本和浪费资源，它更会造成水温的波动以及水中各项理化指标的变化。而且嘉年华场馆循环水养殖的成鱼池水体较小、又是人为营造的生存环境，当变化产生时，水体自身修复的功能就很差。鱼长期处于一个不稳定的水环境中，会产生不适，甚至会影响摄食和对营养物质的吸收，也就是平常所说的“应激”现象，会直接影响了鱼的生长以及免疫力的降低。加之有时需要定期对池壁进行清洁，难免对鱼体带来损伤，导致发病率升高。因此嘉年华场馆循环水系统则是通过选择更有效的手段维持水环境的稳定，比只通过换水来实现水质的洁净更有意义。

五、病害防控

1．循环水养殖病发原因

循环水养殖系统是一个省地、省水、高产量的生产工具，养殖用水经过固液分离、蛋白分离、生物过滤、消毒、增氧等工序处理后，得以循环利用，从而减少用水量，提高养殖密度，保持水温稳定，又经紫外线杀菌从源头上堵截感染源，降低受到外界影响感染病害的概率，控制药物使用来提高成活率，从而实现绿色环保养殖。循环水养殖是实现水产养殖业可持续发展的重要途径，因此，这也是嘉年华场馆引进循环水养殖作为高效农业展示的重要原因之一。循环水养殖的主要特点表现为生产的连续性、无季节性和主动控制性，而主动控制环境和营养供给是工厂化循环水养殖生产的核心。主动控制主要包括：水体循环、水体控温、水质监测、生物过滤、充气增氧、饲料投喂和污水处理等，水质监测的控制范围从过去主要上下限到现在一些单项达到任意要求控制，通过收集和分析有关养殖水质和环境参数数据，如溶氧量、pH、温度（*T*）、总氨氮（TAN）、水位、流速、光照周期等，结合相应的报警和应急处理系统，对水质和养殖环境进行有效的实时监控，使封闭循环水养殖水质和环境稳定可靠。有的循环水养殖系统还采用计算机图像处理系统监控养殖生物，通过获取鱼的进食、游速、体色等情况，利用专家系统自动调整最佳饲料投喂量，以获得最佳转化率。因此对于循环水养殖来说，养殖过程中的各个环节都是稳定控制的，理论上来说养殖动物应该很少发病，但在实际养殖过程中，仍然有一些病害的发生，原因主要有以下几个方面：

（1）**病原侵害**　病原就是致病的生物，包括病毒、细菌、真菌和寄生原生动物、单殖吸虫、复殖吸虫、绦虫、线虫、棘头虫、寄生蛭类和寄生甲壳类等寄生虫。在养殖过程中，投喂过期的饲料、引入未经检疫合格的苗种、养殖器具混用都可能造成病原生物的快速传播和病害的发生。

（2）**环境因素**　水循环系统未正常维护，导致某一环节未正常工作，养殖水体的温度、溶氧量、酸碱度、光照等理化因素变动，超越了养殖动物所能忍受的临界限度就能致病，如微生物优势菌改变导致不能有效地降解氨氮，紫外灯管未及时更换导致杀菌不完全，用药不当引起的中毒等。

（3）**营养不良**　投喂饲料的数量或饲料中所含的营养成分不能满足养殖动物维持生活的最低需要时，饲养动物往往生长缓慢或停止，身体瘦弱，抗病力降低，严重时就会出现明显的症状甚至死亡。营养成分中容易发生问题的是缺乏维生素、矿物质、氨基酸，其中最容易缺乏的是维生素和必需氨基酸。腐败变质的饲料也是致病的重要因素。

（4）**种质原因**　养殖个体先天的或遗传的缺陷，如某种畸形。目前苗种繁殖出现管理不够规范，部分养殖品种出现了亲本种质退化现象，苗种选育方向主要集中在其生长速度、个体大小而忽略其抗病力，使得一些养殖品种对水产养殖病害的抵抗能力下降，病害的发病率自然会提高。

（5）**机械损伤**　在捕捞、运输和饲养管理过程中，往往由于工具不适宜或操作不当，使饲养动物身体受到摩擦或碰撞而受伤。受伤处组织破损，机能丧失，或体液流失，渗透压紊乱，引起各种生理障碍以至死亡。除了这些直接危害以外，伤口又是各种病原微生物侵入的途径。这些病因对养殖动物的致病作用，可以是单独一种病因的作用，也可以是几种病因混合的作用，并且这些病因往往有互相促进的作用。

2. 循环水养殖病害特点

（1）病害以生物源性疾病为主　主要是细菌病和寄生虫病，病毒性和真菌性疾病较少，不存在藻类性疾病。

（2）发病广，无明显的季节性　我国主要循环水养殖品种都有不同程度的病害发生，且由单一病原引起的病害发展为混合型、多病害的并发症为主，综合发病呈普遍趋势，这与目前的养殖方式、养殖环境等因素密切相关。由于水温稳定，循环水养殖动物的发病时间也无明显的季节性，全年均可发病。

（3）传播快，难控制　循环水养殖为高密度集约式，病害一旦发生可迅速通过水循环系统进行传播，药物治疗又存在着成本高、操作不易的特点，而且目前水产养殖滥用渔药现象仍然存在，病原耐药性不断产生和增强形成恶性循环，进一步为工厂化养殖病害控制增加了难度。

3. 循环水养殖病害防治

（1）苗种检疫　水产养殖业的迅速发展，使地区间苗种及亲本的交流日益频繁，对国外养殖种类的引进和移植也不断增加，如果不经过严格的疫病检测，就可能造成病原体的传播和扩散，而引起疾病的流行。因此必须购买经检疫合格，并取得《动物检疫合格证明》的苗种，这对于苗种的养殖尤其重要。嘉年华场馆循环水养殖系统引进苗种时，在运到之后下池之前，均先用适当的药物进行消毒，在有条件的嘉年华场馆则可针对性地选育抗病力强的种苗进行养殖生产。

（2）提早预防

①保持优良水质环境：嘉年华场馆的循环水养殖系统在养殖生产过程中对疾病的防控以预防为主，通过保持良好的养殖环境、水质、投喂新鲜饲料并定期检查、及时将病鱼隔离等基本措施；同时，在日常管理操作中遵循规范的运输、卫生管理和精细化的操作，以达到防病抗病的目的。日常管理中经常巡视检查水循环系统、水质在线监测系统是否正常工作，并通过定期检测水体中各种氨氮、亚硝酸盐、微生物总量等是否在正常范围内，监测水体中致病性微生物的数量，以起到病害监控与预警的作用。同时，管理人员在日常管理中通过观察池中鱼的生理状态变化，及时捡出活力弱或摄食不佳的鱼隔离饲养，采取有效的消毒措施，降低养殖密度，使用免疫增强剂增强鱼的体质，减少鱼体应激，倒池时小心操作尽量避免鱼体受伤的措施来降低疾病的暴发概率。

②保持合理放养密度：嘉年华场馆循环水养殖系统前期投入成本较高，养殖密度

也较高，但过高的养殖密度往往会造成鱼体长时间的不适，长时间处于一种环境胁迫的状态下，从而导致抗病力下降。同时，密度过大也会使疾病的传染更加迅速，最终造成更大的损失。

以嘉年华场馆养殖鲟鱼为例，5～10cm规格的苗种，较适宜的放养密度一般为100尾/m^3左右。随着养殖时间的延长和鱼体的增长情况，还要适时进行倒池、分池操作以降低养殖密度。倒池过程中同样要细心操作，避免因鱼体的机械损伤而造成病原的继发感染，倒池操作前后也要选择合适的消毒工艺进行消毒处理。切断病原的来源途径：不新鲜的饲料往往是病原的携带者，养殖动物摄食后容易引起疾病的暴发和流行。除了要把好饲料关，对水源、工具、人员、车间进行定期或经常性的消毒也是避免疾病发生和流行的必要措施。要选择正确、恰当的消毒处理工艺，谨慎选择消毒药物，防止因滥用药物而造成更大的损失。

（3）**药物防治和免疫防治** 化学药物防治的主要目标是防病、治病，并且具有操作简单、使用方便、药物来源广泛、疗效明显等特点，往往用药对症就能起到预期的防治效果。然而，化学药物的使用是建立在正确诊断、对症下药、合理用药的前提下，一旦未能对症下药，后果更加严重。

嘉年华场馆循环水养殖系统的养殖过程中，管理人员需随时观察养殖个体是否出现异常，及时对异常的鱼进行诊断以确定病因，综合考虑疾病的种类、病症轻重、病灶部位、水质环境等条件后制定最佳的治疗和用药方案，切忌无病用药、胡乱用药和加量用药而耽误治疗时间和造成药害。渔用疫苗被认为是鱼病控制的安全有效的手段。长期以来水生动物疾病防治的经验教训使人们对抗菌素等药物使用的安全性日益重视，已从以前关注的“养殖动物安全”过渡到“人类食品安全”和“环境安全”，而水产疫苗在提高鱼类特异性免疫水平的同时亦能增强机体抗不良应激的能力，且符合环境无污染、水产食品无药残的理念，已成为当今世界水生动物疾病防治界研究与开发的主流产品。

4. 循环水养殖有机废弃物的利用方式

（1）**鱼菜共生种养结合模式** 嘉年华水科技馆都建设有水产养殖产生的有机废弃物质循环利用的鱼菜共生种养结合系统，鱼菜共生是基于生态共生原理，在同一系统中把水产养殖与蔬菜种植有机结合，实现养鱼不换水、种菜不施肥的资源可循环利用的综合种养模式。即在水产养殖系统的末端设置废物集中生化处理区，将养殖产生的有机废弃物质分解，转化为植物生长所需要的营养物质，再通过在循环水养殖系统末端种植蔬菜，利用蔬菜根系发达、生长时对氮和磷需求高等特性，实现养殖废水的循环利用。通过水质原位生物调控方式，在系统内形成“鱼肥水-菜净水-水养鱼”的循环系统，达到鱼和菜和谐共生。该技术具有原位生物调水，吸收养殖废水中的氮、磷等营养物质，缓解池塘水体富营养化，充分利用土地（水面）资源，通过光合作用增氧，遮阳避暑，提高水产品品质，卖菜增收，减少水、电、药投入以及制造景观工程等诸多优势。

（2）人工湿地　嘉年华水科技馆都建设有人工湿地，对于大型循环水养殖系统，人工湿地可用于将水产养殖产生的有机废弃物质循环利用。人工湿地是指用人工筑成水池或沟槽，底面铺设防渗漏隔水层，充填一定深度的基质层，种植水生植物，利用基质、植物、微生物的物理、化学、生物三重协同作用使养殖污水得到净化的系统。当循环水养殖系统产生的养殖污水进入人工湿地时，其污染物被种植床体吸附、过滤、分解而达到水质净化作用。按照水体流动方式，人工湿地分为表面流人工湿地、水平潜流人工湿地、垂直潜流人工湿地以及由前面几种湿地混合搭配的组合式人工湿地或复合人工湿地。复合式湿地循环水养殖系统较传统池塘养殖模式，可减少养殖用水90%以上，减少氮、磷和COD排放80%以上，具有良好的“节能、减排”效果，符合我国水产养殖可持续发展要求。我国采用人工湿地技术处理污水的研究起步较晚，20世纪90年代初，国家环保总局在深圳建设了国内首套真正意义的人工湿地污水处理工程，揭开了人们研究人工湿地相关技术的序幕。近年来，随着国内水产养殖水域环境污染的压力越来越大，人工湿地技术作为一种有效的生态净化养殖水体技术逐渐受到重视，相关研究也逐步深入，并取得了一定进展，但整体上技术仍不完善，在某些因子的处理机理与应用方面还需要进一步的研究。另外，人工湿地净化污水技术的研究目前主要集中在淡水养殖的水处理方面，海水养殖体系的人工湿地处理系统并不多见，处理对象主要以鱼、虾养殖外排水为主，湿地面积也较小，因此，建立海水或半咸水人工湿地生态系统进行养殖废水的处理也是嘉年华水科技馆的一个值得深入研究的课题。

附录：《嘉年华循环水养殖系统管理体系规范要则》

1. 养殖用水和水循环管理规范

水环境作为水生动物生存栖息的环境，水环境的好坏直接关系到养殖水生生物的生长健康。

（1）水源的选择及处理 嘉年华场馆中的循环水养殖采用的是地下井水或自来水。地下水具有水质清洁、微生物含量少、溶氧量低、温度与空气温度相差较大、硬度偏高等特点。在采用地下井水作为养殖水源时，需要向当地水务局了解当地附近是否有大型工业、矿业、化工等可能对地下水造成污染的企业，并抽取水样送到检测机构对地下水进行检测。检测指标需符合《渔业用水标准》（GB11607—1989）。地下水满足渔业用水的情况下，需要做的使用前处理就比较简单了，一般只需要对水体进行消毒、调温、曝气、增氧就可以了。消毒、调温、曝气的工作需在种苗进池前5～7d进行。消毒、控温及曝气只需要把水源引入系统内，通过系统的各个单元的设施即可完成，亦可通过加入消毒药品进行消毒，需要单独设立蓄水调节池。

（2）水循环控制 循环水养殖系统是一个统一的系统，水体的循环利用是其最突出的特点。水循环的次数直接关系到水体的颗粒物的去除效果、紫外线杀菌器的灭菌能力、二氧化碳残留量以及氨氮亚硝酸盐的水体含量。所以在设计一个循环水养殖系统时需要考虑到养殖品种、密度等因素设计水体循环次数为每天4～48次。

由于蒸发作用和排污用水，循环水系统需要每天进行水量的补充，补充量为5%～10%，具体视现场情况而定。

（3）水质控制 养殖水环境的稳定是养殖水生动物进行快速健康生长的必要条件。循环水养殖系统主要是通过保持水体长时间的满足养殖生物的最适生长条件来加快养殖动物的生长速率，缩短养殖周期，除了必要的营养供给外，还需要稳定适宜的水体环境。循环水养殖中，固型颗粒物的去除主要是竖流分离器和微滤机的共同作用，必须保证其运转正常，筛网的清洁不堵塞来保证过滤效果；灭菌的紫外线发射器的表面要保持清洁无脏污；氨氮亚硝酸盐的含量与残饵粪便的多寡及生物浮床的微生物的挂膜效果有必然的联系，为了保持水体中其含量保持在较低浓度，就要安排合理的投饲量，残饵粪便及时排出，生物浮床充足氧气的供应。

（4）养殖系统的维护与管理

①每天上班后根据系统缺失水分的多少补充至保持养殖桶内水体达1～1.1m。

②巡视紫外电控箱、微滤电控箱是否正常运行（紫外电控箱正常：电源指示灯亮，六个小指示灯亮。微滤电控箱正常：电源指示灯亮，手自动旋钮指向自动。反冲洗期间微滤机电机指示灯亮，水泵运行指示灯亮）。如有异常，及时联系技术人员。

③检查四台水泵是否运行正常，正常情况两用两备。

④开盖检查微滤机内部，运行正常，无缺水、阻流现象，过滤筛网完整无破损无堵塞。

⑤巡视溶氧锥、杜瓦罐、水泵运行正常，杜瓦罐阀门压力运行正常，制氧机运营是否正常，定期检查其制氧能力。

⑥巡视总电控箱，确保运营设备旋钮指示灯亮。

⑦检查风机，正常状态下一备一用，每日切换。通过生化桶开窗观察曝气情况，如有异常及时联系技术人员。

⑧检查排污阀，确保排污阀开启。

⑨每小时整体巡视一次。系统不可处于长时间无人看管状态。

⑩根据养殖情况、投饲情况及排便情况，每天对竖流分离器进行排污2～3次。

⑪每10～15d人工开启一次发电机，每次开机15min左右，以保证发电机电瓶的电量充足；同时检查发电机是否运行正常，燃油是否缺少，并根据具体情况做出相应措施。

2．养殖与投饲管理规范

嘉年华中循环水养殖以科普与技术推广为主，要根据场馆的运营管理及场馆的环境条件选择适养的品种。场馆冬季循环水温度保持在24℃，可以选择暖温带品种进行养殖，养成密度以40～60kg/m^{3}水体为宜。场馆水温保持在16℃左右，可以选择冷水性亚冷水性的品种；还可以根据运营方式选择品种，夏秋温度较高时选择暖温带品种，冬春季节温度较低时选择冷水性品种养殖；亦可以根据运营期养殖一季适温的品种，其他季节不再放养。

嘉年华循环水养殖一般需要投放稍微规格大一些的苗种，一般选择8～10cm的苗种，这种苗种一般全部都驯化好了，可以正常投饲，方便管理。选择苗种的标准：体表完整，无缺损，体色无异常、光泽度好；游动有力，有顶流能力；身体完整、无炎症、无脏污，无寄生虫，规格整齐，差异小。苗种放养前，需要对苗种进行消毒和调温处理。消毒药品使用5～10mg/L的高锰酸钾溶液浸浴15min或者15～20mg/L聚维酮碘溶液浸浴20min，亦可用3%的淡盐水浸浴苗种。苗种的运输水温需与放养池的水温相差不到1℃。

饲料选择正规厂家，通过质量检验标准的营养均衡的全价颗粒饲料。饲料的规格大小根据鱼苗的规格进行购买，选择适口性好的颗粒饲料。日均投饲量占养殖鱼类1.5%～10%：小苗时期投饲率为8%～10%，随着生物的生长，慢慢投饲率降为1.5%～3%。

关于分苗和分池这块的管理相对来说，难度系数不是很大，随着养殖的进行，同一批次的苗种经过20～30d的生长，表现出了规格大小差异，这时就需要把规格相同的、差异小的苗种分到一个养殖池进行饲养，一方面是为了更好地投饲管理，另一方面也是为了苗种更好地生长、出售做准备。市场上有专门用于分鱼的设施工具，可以从市场上按需购买。

3. 养殖记录管理规范

为了实现循环水养殖的健康进行，需要每天监测水体的水质参数并记录，氨氮、亚硝酸盐、pH、温度等水质参数每天早上投饲前和下午下班前各检测一次并做好记录，发现异常做出相应的措施并上报。水体中的溶氧量除了早晚的检测外，需要根据情况进行多次检测调整。

为了能够实现精准投喂、科学投饲，需要对养殖生物的生长情况做详细的称量和记录，根据其生长态势精准地调整投饲量。一般7d测量一次养殖品种的生长状况并记录。根据上周的生长状况以及生产计划周期等结合实际情况，分析判断调整饲料的型号、用量。

养殖记录主要包括苗种的采购及投放记录、药品采购使用记录、饲料的采购使用记录、车间及养殖池的消毒记录、设备的维护记录、养殖生产记录、养成销售记录等。

4. 疾病和防疫管理

水产动物的生活环境是在水中，水产动物疾病相对于陆生动物疾病更难发现和确诊。水产养殖疾病主要采取以防为主、防治结合的策略。

水产养殖疾病的防治主要从以下几个方面进行：

①养殖水源的充足量、流动性、水质达标，符合养殖生物的生长需求，好水养好鱼。

②养殖水产品疫苗防疫，注射疫苗，增强水产品的抗病力，起到综合防治的作用。

③养殖水产品的品种选择上要选择抗病力强、病害少的品种。

④养殖水产品的进场投苗前要进行消毒处理，从而减少养殖中疾病的发生。

⑤饵料的消毒、养殖场的消毒、养殖工具的消毒、养殖场的清洁卫生都可以起到预防疾病的效果。

⑥养殖生产人员进入养殖车间前需要消毒、换衣，避免将病原微生物带入车间，造成交叉感染，也是综合防治的措施之一。

⑦分池倒鱼时，动作要轻柔，防止水产品的机械损伤，造成后继感染，从而达到防治的目的。

第七章

农业嘉年华科技服务管理

农业科技服务进展

农业嘉年华科技服务内容

农业嘉年华科技服务模式

农业嘉年华科技综合服务措施

第一节 农业科技服务进展

一、国外农业科技服务状况

（一）德国农业科技服务

德国农业科技服务由政府农业部门和非政府服务组织承担，并以政府农业部门为主导，非政府服务组织在政府农业部门的领导与管理下开展农业科技服务工作。

1. 政府农业部门

政府农业部门由各州农林部和县一级的农业办公室构成。农林部具有两大职能，一是公共服务功能，利用国家各项农业政策做好农、林、渔、土地、规划等的农业管理工作；二是技术指导和服务职能，为农民提供农业技术指导和信息咨询服务，并对基层农技人员、管理人员、农业干部等进行职业培训。

2. 农业协会和农业职业联合会

农业协会和农业职业联合会是德国非政府农业科技服务组织的重要组成部分。农业协会按照“自我帮助、自我负责、自我管理”的原则建立，代表农民和农业企业的利益。资金来源于政府资助和非会员服务单位，通过实际考察调研，发现农业生产经营管理中存在的问题，予以指导和帮助，并将有关问题反馈政府管理部门，促进相关政策法规的合理制定及修订。

农业职业联合会作为农业科技服务组织仍然承担部分农业管理方面职能。将中央联合会作为最高管理机构，下设农民联合会、农民合作社和信贷互助联合会、农林场主协会、农业协会四个联合会。其中合作社又分三个层次，分别是基层合作社、区域合作社联盟和全国性合作社。基层合作社为种植者或企业提供农业专项服务，真正体现了专业的人做专业的事的理念。区域性合作社联盟类似于国内的农业合作联合社，主要负责协调区域性农民与合作社之间及合作社相互之间的关系，为合作社成员提供教育培训和市场信息咨询服务。全国性合作社为种植者和农业企业提供更全面的资源协调和咨询服务。

（二）法国农业科技服务

法国同我国现在的农业发展状况有几分相似，分散经营的土地不便于采用大型机械耕作，生产效率低，为改变这种状况，法国政府相继出台了一系列农业政策与农业法规，逐步开展土地流转，构建政府公共服务机构、集体与合作组织和私营企业等相结合的农业科技服务体系。

（1）政府公共服务机构起指引和监管职能，主要负责农业政策制定、农业基础研究、农业教育、农技传播与推广、质量监管等职能。

（2）集体与合作组织中农业合作社数量众多，已成为法国农业社会化服务的主体。按照合作社的组建模式，又可将其分为基层合作社和合作社联盟。种植者为解决实际生产过程中遇到的问题自发成立基层合作社，不同合作社之间不断扩大合作与交流，成立了合作社联盟，在农产品生产、加工、运输与销售方面获得更多的共享资源。农业合作社提供服务的主要内容包括：农资采购、技术指导、农产品质量检测、农机租赁、农产品贮藏与加工、运输和销售、信息传播与咨询等。

（3）私营企业是法国农业科技服务的重要组成部分，分为综合性农业服务企业和专业性农业服务企业。综合性农业服务企业为服务对象提供产、供、销等全产业链的服务，服务内容丰富而全面，极大降低了农业经营主体的管理难度；而专业性农业服务企业只对农业生产经营链条中的某一个或几个环节提供针对性服务。专业性农业服务企业不但为种植者提供农资供应、技术指导等服务，还通过订单农业的形式收购部分农产品，在促进农产品加工和销售方面发挥着重要作用，业务量甚至超过部分农业合作社。私营企业还同合作社组成私立性研究机构，侧重于实用技术研究，以便更好地通过教育培训、农技推广工作，将研究成果应用于农业经营管理。

（三）美国农业科技服务

美国作为世界顶级农业强国，在土地政策和经营管理模式方面取得巨大进步，构建了由公共农业服务系统、合作社农业服务系统与私人农业服务系统组成的农业社会化服务体系。

（1）政府部门在不直接干预农业生产情况下组织农业科研、农业教育与技术推广，为农业提供公共服务。设置农业部农业研究局、林业局、农业科研中心、联邦农技推广局及州、县农技推广机构、各州赠地大学农学院及其附属的农业实验站与合作推广站。

（2）美国合作社成员由大型农场主构成，合作社为成员提供购买、销售、信贷、技术、灌溉、运输、仓储、加工等服务。根据合作社成员和服务范围不同，可分为生产型合作社、销售型合作社、购买型合作社和服务型合作社，分别对种植者提供相应产业服务。

（3）私人农业服务系统主要由各种专业化私营企业提供，通过签订技术服务合同参与农业生产管理环节，满足种植者对农业科技的多层次需求。

以联邦农业科研机构和赠地大学为代表的公共农业服务系统通过理论研究和探索，不断更新农业知识和技术，增加了农业科技含量，促进农业机械化的快速发展，使单一农场经营面积不断扩大，劳动生产率大大提高。

（四）荷兰农业科技服务

目前荷兰农产品出口量仅次于美国，成功步入农业强国行列。种植领域中花卉产业和蔬菜产业是荷兰农业的重要支柱，两大产业成功的背后除政府正确领导外，更重要的是农业科技服务企业的专业化分工。

荷兰农业科技服务企业按照生产管理环节可划分为；温室工程服务公司、种苗公司、肥料供应商、营养液检测公司、植保公司、消毒公司、劳工管理公司、农业废弃物处理公司等，几乎涵盖种植管理的各个环节，种植者只需要做好环境调控、植株管理和采收等基本工作，剩下的工作环节完全可以由农业科技服务企业负责。灵活多样的社会化服务使农业科技交流和推广更加迅捷，大大提高了作物产能，荷兰的黄瓜平均产量达到80kg/m^2，番茄60kg/m^2，彩椒45kg/m^2，成为世界蔬菜单产最高的国家。

在荷兰政府引导下，荷兰的农业科技服务已经走向世界，在全球范围内开展业务，或进行单项农业技术输出，或各农业科技服务企业组成联合体，统一承接农业科技服务。我国部分玻璃连栋温室产业项目由荷兰引进，荷兰方面提供温室建设、设备安装、种苗培育、肥料供应、营养液检测、技术培训和远程技术指导服务，并逐步扩大在国内园艺界的影响。

（五）日本农业科技服务

日本的农业社会化服务体系除了负责农业科研、农业技术推广、信息服务等政府部门外，由农民自发形成的农协组织，在农业科技服务过程中发挥着举足轻重的作用。日本农协多为综合性农业服务组织，对农业生产经营管理过程中的产前、产中和产后提供全方位的科技服务。

产前阶段，农协为种植者提供农资采购服务，将分散的采购订单汇集成大订单，以大客户的身份对接农资供应商，帮助种植者审核农资质量，对农资价格具有更大的话语权；生产环节为种植者提供技术指导服务，全面解决生产过程中遇到的实际问题；产后为种植者提供农产品加工和销售工作，汇总分散经营的农产品进行有计划销售，以大型农产品供应商的身份对接农产品采购商，提高了市场定价权，规避许多中间环节，最大程度保证种植者利益。

二、国内农业科技服务状况

1．农业科技服务主体

中国农业科技服务主体包括科研院所、农业院校和涉农政府机构。各地科研机构主要负责农业基础理论研究和技术研发，对农业技术进步起着决定性作用。农业院校负责农业技术培训、农业科技成果转化和部分研究工作，培养农业综合管理人员和专业技术人才。涉农政府机构由农业农村部、农业农村厅、农业农村局、林业局及各地土肥站、植保站、农业技术推广站等构成，负责农业技术、科技产品的推广示范工作。在农村土地承包经营管理制度下，发挥了重要的农业科技提升作用。

随着农业科技发展和农业经营形式的变化，逐渐出现一些新型农业服务主体。农民合作社是农民自发组建的相互帮助的科技帮扶组织，通过技术交流、自发培训进行农业科技的快速传播，并在农资采购和农产品销售方面开展不同程度的尝试，有效增加了农民效益。随着种植团体逐渐发展壮大和农资市场竞争加剧，农资供应商逐渐发展成农业科技服务主体的一员，供应农药、种子、肥料的同时，提供其他配套农业科技服务，为拓展自身市场更趋更多优势。

2．科技服务所面临的问题

（1）缺乏合作　现有农业科研、教育与涉农机构各司其职，缺乏有效沟通，很多科技成果被束之高阁，不能有效进行科技转化。农业科学家和种植者之间缺乏合作，研究内容和现实需求脱节，中间服务环节没能起到较好的沟通作用。

（2）服务内容单一　随着农业科技的发展，技术专业化程度越来越高，研究越来越细，很少有科技服务主体能够从产前、产中、产后过程提供全产业链的科技服务，大多数重点提供某个或某几个环节的服务，农业经营主体需要多方面求助才能解决一个问题，从而对整体过程做出合理的决策。

（3）缺乏激励机制　农业属于薄利行业，从业人员数量呈降低趋势，农业科技工作人员奖励制度不完善，基层工作人员积极性不高，需要创新农业人才管理制度，在农业人才保障上做好基础性工作，增加服务三农热情。

3．农业科技需求

随着土地流转工作的推进，各地涌现出大量新型农业经营主体，经营模式多种多样。只靠科研院所、政府涉农部门和村民自助服务已远不能满足农业多样化发展的需求，需要借鉴国外发达国家农业科技服务的发展经验，吸引更多社会资本投入到农业科技服务领域，深入挖掘种植者需求，加强农业科研队伍同种植者之间的沟通，促进农业科技研发与时俱进，做好科技服务团队建设，提高农业生产效率，增加科技贡献率，保障农产品安全，同时协助各主管单位做好产业布局，做到产供销有效对接。

第二节　农业嘉年华科技服务模式

一、农业嘉年华科技服务组织

作为综合性农业科技服务平台，农业嘉年华在完善自身科技服务队伍建设的同时，尽可能整合社会资源，坚持农业政策指导，借助农业科研院校科技研发力量和涉农政府机构农业科技推广经验，充分调动种植者互助服务和农业科技服务企业积极性，构建新型农业科技服务平台，并加强各服务主体之间的沟通和协作机制。

1．涉农政府服务机构

涉农政府服务机构主要提供公益性农业科技服务，在现代农业科技服务体系中处于主导地位。因组织机构划分精细，从业人员素质较高，掌握大量现代农业科技和农资、农机具资源，长期跟农民打交道，积累了大量农业科技推广经验和方法，为农业嘉年华科技服务提供了基础，并成为农业嘉年华公益性科技服务的重要合作方。

2．农业科研院校

农业科研院校拥有众多专家、教授，他们有的把毕生精力投入到了农业科技研发当中，创作了无数的科研成果，成为农业嘉年华进行科技成果转化和科技服务的技术源泉。专家、教授可作为农业嘉年华专业技术顾问，协助审核、改进农业嘉年华科技服务过程中方案制定，同时也是嘉年华科技服务平台实时解答农业科技问题的核心力量。

3．农业科技服务企业

由农资、农机具供应商转化而来的农业科技服务企业拥有自己独特的产品和推广渠道，是农业嘉年华科技服务的重要合作伙伴，能够配合开展综合性农业科技服务，占领更多市场资源，达到双赢目的。纯粹的农资、农机供应商可并入农业嘉年华科技服务平台，实现供应商到服务商的角色转变。市场化龙头企业可提供产前、产中、产后服务，是对农业嘉年华科技服务模块的有效补充，在产业带动和新兴产业开发过程中将发挥重要作用。

4．农业合作社

农业合作社拥有大量乡土专家、农机手和农机装备等科技服务资源，是组织技术服务的重要力量，也是农业嘉年华科技服务的主要对象，他们最擅长发现生产经营管理过程中的技术、布局、渠道、市场问题，对农业科技服务的方向具有导向作用，有力地促进了农业科技的研发、科技成果转化以及市场调节机制的完善。

二、农业嘉年华科技服务目标

1．组建新型农业科技服务网络

汇总一切可利用资源构建新型农业科技服务网络，综合应用线上线下途径缩短农业科技服务主体同农业经营主体之间的距离。为种植者提供优质种子种苗、肥料、农药等农资及农机具产品和种植技术，为销售环节提供优势销售渠道，为农产品价值变现保驾护航。

2．优化产业布局

将全国气候、土壤、水文等自然环境以及产业基础、消费习惯等进行大数据分析，以县域为单位做好农业种植规划，整体优化产业布局，合理利用周边优质人力、物力、财力资源，促进农业供给侧结构性改革，大力推进订单农业，促进农业供需平衡。

3．提高农业经营管理科技含量

用现代农业经营理念武装农业生产，增加科技成果转化和前沿科技应用，提高农业机械化水平，提升农业生产效率，促进农产品深度开发，增加农业附加值，创新农产品销售模式，打造智慧农业典范。

4．提高农产品质量

通过新品种、新技术、新模式的引入，结合物联网技术，构建农产品质量控制系统，不断提高农产品产量、优化口感；通过农业投入品控制，降低农残含量，提高食品安全性，并通过追溯系统有效打击造假掺假等不良行为。

5．农业增产增收

对农业种植项目进行全产业链投资效益分析，构建合理的产、供、销经营方案，突出农产品地域特色，通过品牌效应增加农产品附加值，促进农业增产增收，助力乡村振兴建设。

三、农业嘉年华科技服务运行机制

（一）公益性与经营性服务相结合

为全面推动农业科技发展，打破农业科技水平地区间限制，缩短同发达国家农业科技之间的差距，国家成立农业专业管理机构，配备大量人力物力开展新品种、新技术推广以及农产品质量安全监督和指导服务，很大程度上解决了农业生产经营者对农业科技的需求。

政府机构的农业科技推广由国家财政支持，很大程度上属于公益性行为，农业嘉年华科技服务是对政府公益性服务的补充，全面搜索社会潜在农业科技成果，并通过考察、调研、访谈等形式，深入了解现代农业发展过程中遇到的实际问题，采用公益性与经营性服务相结合的运行机制做好农业科技服务工作。其中展示和宣传形式的公益性服务部分同政府机构服务内容相辅相成，借助政府职能机构扩大新品种、新技术、新设施的推广力度；以农业规划设计、农业工程建设、农业托管运营等经营性服务部分由农业嘉年华科技服务负责策划和具体实施，对社会提供专业化服务。

（二）自上而下的顶层设计

农业发展，规划先行。农业嘉年华科技服务站在世界农业发展的高度，根据国家近期农业政策导向，结合地域性自然禀赋、市场环境、交通条件、消费及耕作习惯，制定针对性农业发展规划。全面汇总各领域专家意见，分层次、分版块、分阶段制定农业科技服务方法和内容，协助国家做好农业产业布局，充分发掘县域资源优势，推进节能增效农业落地，并通过制度创新、技术创新、行业引导，为国家粮食安全和食品安全做好顶层设计提供参考。

（三）自下而上的需求导向性机制

农业产业发展存在地域性差距，处于产业链条的不同区位差异化依然显著，若要做好农业科技服务，在整体把控农业科技发展同时，还要对实际生产经营管理有充足的了解。农业嘉年华科技服务团队不定期对区域内农民、农业合作社、农业龙头企业、家庭农场等农业经营主体进行调研，充分掌握当地种植行业发展近况、存在问题、急需得到哪些帮助等一线行业信息，据此调整阶段性农业科技服务的重点，使农业经营主体得到合理有效的科技服务，避免张冠李戴的盲目服务。自下而上的需求导向性机制使经营性科技服务同公益性科技服更好地互补，充分发挥科技服务行业价值。行业起始阶段，主要提供农业咨询服务，协助农业发展方向的选定，助力发展阶段，培育成熟阶段。

（四）多元化协作运行机制

作为社会化服务体系的一部分，农业科技服务需要社会多元化的参与。政府组织既承担宏观把控职能，又组织实施农业科技推广工作。科研院所是农业科技创新的主力，通过系统分析农业经营管理过程中的问题，理论论证和试验后形成新的科技成果。农业经营主体通过问题反馈参与农业科技创新，既是农业科技服务的受益者又是奉献者。作为企业，农业嘉年华打造多元化科技服务平台，采用更加灵活的方式将众多的科技工作者组织在一起，从各个层面出发服务于农业全产业链价值链的提升。

（五）客户评价机制

嘉年华科技服务平台设置线上客户评价系统，接受社会对平台本身和服务内容的客观评价，促进科技服务水平提升。平台将根据客观评分对农资供应商、农技服务人员、农产品销售商等进行排名，便于优质资源宣传，利于服务对象选择最佳服务内容和方式。

第三节　农业嘉年华科技服务内容

一、农资供应

以农药、种子、肥料为代表的生产资料是农业生产的物资基础，其质量的优劣是决定农业是否能够获得高产、保证国家粮食和蔬菜安全的重要因素。目前农资供应市场产品种类繁多，质量良莠不齐，新型农业经营主体往往由于缺乏产品质量鉴别能力，选用劣质低价农资，对生产造成严重影响，因此新型农业经营主体对优质农资具有强烈的需求。现有农资供应网络由区、市、县、村的农资经销商构成，农资售卖时，只是简单介绍产品功能和用途，不能结合作物生产状况和种植技术提供配套农资，没有发挥农药、肥料等农资最大效能。随着农资供应市场竞争的加剧，各大农资供应巨头开展技术服务型农资销售模式，一定程度上促进了农资与农业生产技术的优化匹配，但各农资供应商所提供的农药、种子、肥料仅限于自有品牌的产品，一般不推荐使用其他品牌，对新型农业经营主题的自主选择权有所限制，不便于降低综合生产成本。

农业嘉年华科技服务平台提供农资供应服务是在优化种植技术方案基础之上，综合考虑生产者投入产出计划、作物产能、生长状态、施用条件等因素，给出农资采购方案，供农业经营主体参考选择。农业嘉年华科技服务平台同国内外知名农资品牌建立购销合作管理，为农业经营主体提供农资统购服务，保证农资质量的同时，获取团购价格优势，降低种植生产成本。

农资供应采用线上线下两种供应渠道，种植者可随时通过各地嘉年华官方网站联系购买或预定农资，选择物流配送或上门自提货物；也可以到农业嘉年华自营实体农资超市查看农资样品并进行自主选购。

二、种苗服务

小农经济模式下，生产者负责农业生产的整地、育苗、定植、灌溉、修剪、采收等各个环节，生产任务繁重，另外受专业技术和个人经历等影响，生产效率普遍低下，不同生产者种植水平高低不平。特别是育苗环节，种子购买随意性强，容易跟风，没有品牌意识，育苗设施简陋，育苗方式粗放，生产的种苗长势弱、产能低、带病害，成为制约农业高效生产的源头问题。

在农业种植技术发展和生产社会化分工快速发展的今天，新型农业经营主体更加注重农业生产的标准化、专业化管理。为控制作物长势一致，配合种植后期修剪、采收等农事操作，新型农业经营主体对种苗质量、规格提出更高要求，并逐渐将育苗工作交由专业的育苗公司，为育苗环节的社会化分工提供了市场保障。目前育苗已经可以作为一个独立的环节从农业生产中分离出来，由专门的个体经营，在提高种苗质量和社会化分工协作方面做出重大贡献。

荷兰在种苗服务方面走在世界前列，育苗公司可向荷兰国内及周边欧洲国家提供花卉、蔬菜、果树等标准化种苗。种植者可自行购买种子交由育苗公司培育或者直接签订购苗合同明确品种、高度、分枝点、苗龄等信息，在规定的交货时间运输到指定收货地点。我国整体种苗服务还没有达到如此高的程度，但个别种类的种苗服务已趋于成熟，像草莓种苗供应，由专门育苗公司负责，向全国范围内提供种苗服务。在一些蔬菜主产区，除满足自身种苗需要外，还对周边育苗能力较差的地区提供优质番茄苗、黄瓜苗、西瓜苗等种苗销售服务，为农业嘉年华种苗服务平台的建设提供了社会基础。

农业嘉年华科技服务平台借鉴国内外种苗服务模式，结合各地区种植业发展特点，以农业嘉年华为核心，向周边地区提供蔬菜、花卉、绿化苗木、果树、中草药、杂粮等优质种苗服务，以期提高当地种苗质量，缩短种植周期，提高土地复种指数。为充分做好产销对接，对于蔬菜、花卉、中草药等一年生作物的种苗，一般采用订单销售方式，成苗后及时转送到种植基地定植；对于花卉、绿化苗木、果树中的多年生作物可预定，也可随时到嘉年华育苗场地选购。

嘉年华设有自营育苗场地，采用先进的育苗管理设施设备，由专业育苗技术团队负责，严格把控农资投入和生产管理环节，保证优质种苗产出。自营育苗场地是嘉年华种苗的主要来源。另外，为助力乡村振兴，带动当地产业发展，农业嘉年华种苗培育采用同当地种植单位合营模式，由嘉年华育苗技术团队提供种源、种植管理技术和监督管理，种植合营单位提供场地、农资和劳工，共同开展种苗生产工作。所生产的种苗由农业嘉年华技术服务平台统一对外销售，并标注生产方式和产地。为保证充足的种苗供应，农业嘉年华同社会第三方育苗机构建立了广泛的业务合作关系，第三方种苗可通过农业嘉年华技术服务平台进行销售，满足社会对优质种苗的大量需求，但对第三方种苗有着严格的质量把控措施，并通过合同或保证金等方式提高第三方质量重视程度，最大限度保证种植者权益。

三、技术指导与创新

科技是第一生产力，农业科技对农业生产的推动作用要通过农业科技成果转化成具体的农业技术或产品而实现。我国农耕文明悠久，在长期的种植生产过程中，种植技术不断提升，但同国外种植技术和技术服务相比仍然存在较大差距。许多科技成果被束之高阁，存在于研究机构、大学的书本和论文之中，同生产管理环节缺乏沟通环节，没有形成成熟的种植管理技术和产品，以至于农业科技研发同实际生产过程存在断层。

农业嘉年华作为科技服务平台，具有技术集成和输出功能，汇总了国内外先进的种植技术，服务于广大农业经营主体。科技服务团队在嘉年华营运管理过程中掌握了2000多种作物的种植技术规范，并通过实际生产验证，为嘉年华周边作物的标准化种植管理做好了充足的准备。科技服务团队一般由5～10名技术骨干组成，通过走访调查、电话沟通、现场咨询等方式，对周边提供土壤检测、土壤改良、测土配方施肥、水质监测、品种改良、整枝嫁接、疏花疏果、防灾减害、农业废弃物资源化利用等技术指导服务。

随着嘉年华对当地技术服务范围广度和深度的扩大，新型农业经营主体对农业嘉年华科技服务的需求更加强烈，为充分满足种植者对种植技术更广泛、更高效的交流需求，嘉年华科技服务团队组建了线上技术交流平台，同时邀请行业内众多专家、农艺师、农业技术推广员、种植技术员、乡土专家、农业种植能手等参与平台交流互动，快速有效地解决实际生产过程中遇到的技术问题。

嘉年华科技服务团队同当地以及全国范围内的科研院所建立了紧密联系，作为农业科技研发和应用的纽带，农业嘉年华承担着新型农业技术推广的重要责任。将农业科技成果分类整理，筛选出适合当地耕种特点和经济条件的新型实用技术，通过展示、培训、跟踪指导服务，确保技术落地、技术扎根，扩大农业新型实用技术推广面积，提高当地农业生产科技贡献率。技术团队将生产过程中遇到的技术问题汇总后反馈相应科研机构，促进农业专项技术研发，实现农业科研和生产应用的有效对接。

四、农机服务

随着工业化和城镇化的深入推进，大量农村劳动力向城镇或非农产业转移，许多地方出现了青壮年劳动力结构性短缺的现象，留守农村的基本上是妇女、儿童和老人。“谁来种地？种什么？怎么种？”已成为当前农业生产中亟待解决的重大课题。例如，我国东部地区小麦种植户的农机社会化服务水平高于中西部，平原地带高于丘陵和山区，种植大户高于普通种植户。

农机服务产业化是以市场需求为导向，以节本增效为核心，按照科学化配置、专业化经营、企业化管理、社会化服务的原则，为农业生产、农民增收和农村经济发展提供全方位、系列化农机技术服务的农机经营体制。

我国的农机市场发育还不够成熟，服务体系还不够健全，市场秩序还不够规范。从服务环节看，农机化服务以产中为主，产前、产后服务能力还有待加强；从市场机制看，现有的社会化服务体系基本为政府主导型，而市场驱动力量还没有充分发挥。

农业嘉年华科技服务团队组织提供包括土壤旋耕、水田整地、起垄覆膜、机械移栽、农机采收、机械分选等农业产前、产中、产后农机服务内容。在农机服务市场中发挥着桥梁和纽带作用，主要农机服务类型：

1. 直接农机作业服务

农业嘉年华技术服务团队购买农机装备，对周边地区提供直接农机作业服务，快速有效解决小型农业经营主体无力购买大型农机装备的问题。

2. 间接农机作业服务

利用网络平台，将实时农机服务需求推送周边农机服务单位，实现农机服务供需紧密衔接，特别是在农忙季节，促进有效利用农机资源完成农业抢种抢收工作。

3. 农机直租服务

建立农机租赁网络服务平台，为农机拥有者提供畅通的农机出租渠道，通过规范化渠道管理，将分散在各家的优质农机输送到需求端，减少农机闲置，实现农机资源最大化利用。

4．农机融资租赁服务

农业嘉年华作为农机租赁服务平台，一是承租人同农机销售方达成销售意向后，向农业嘉年华提出农机租赁需求并签订农机租赁合同，由农业嘉年华负责购买农机设备再出租给承租人；二是承租人购买农机设备后转售给农业嘉年华，再同农业嘉年华签订租赁合同。两种租赁模式均由服务平台出资购买农资设备，但在增值税方面差别较大。

5．合作组织

农业嘉年华技术服务团队同当地农机户成立农机专业合作社，充分利用现有农机资源，开展更广泛的集中性农机耕种工作，同时便于为农机购买获取更大政策优惠。

6．农机手服务

组建农机手输出服务平台，满足新型农业经营主体对熟练农机手的需求，实现农机操作人员和农机设备有效配置。

五、植保服务

（一）社会需求

化学植保技术的出现让作物一定程度上免遭病虫侵害，大大提高了作物产量，在确保人民温饱问题方面发挥着举足轻重的作用。但受教育程度和经济水平影响，不同地区植保技术水平参差不齐，用药不规范，也造成一些严重的负面影响，如由于过量用药一度出现毒豇豆、毒黄瓜等农残超标事件。随着农业产业结构调整的深入、农产品质量安全监管力度的增强及生产观念的增强和转变，社会对植保技术的推广提出了更高要求。

（二）农业嘉年华植保服务目标

1．提高植保效能

茁壮成长的作物是获得高产的基础，不同生长期的病害都会对作物产量或品质产生一定程度的影响，因此，农业嘉年华植保服务团队根据作物种植规程制定详细的植保方案，预防为主。同时，对已发生的病虫害综合防治，将病害影响强度和时间缩短到最低，保持作物的良好生长态势。

2. 保证农产品质量安全

农药残留问题主要是由过量或盲目的使用农药造成，农业嘉年华植保服务团队以保障农产品质量安全为己任，从产前、产中、产后三个环节开展植保服务。在产前环节严格把控植保产品质量，对接正规厂家优质供货资源，避免假冒伪劣农资进入种植经营者手中。产中环节根据实际情况制定针对性植保方案，预防为主，降低病害发生概率，减少后期用药量，治疗过程对症下药，科学合理进行农药复配，避免盲目混配造成药效降低而使总用药量增大的情况；同时，采用精准施药技术，直接送达病害发生部位，减少药物喷洒面积，极佳的雾化性能使药剂均匀分散，避免过量药液积滞；采收期合理控制采收安全间隔时间，促进农药自然分解。产后提供农残检测服务，做好产品上市前质量检测工作。

3. 维护农业生态系统平衡

充分利用种间竞争、互利共生、生物本能、微生态平衡等生态学原理和生物学特性，科学采用物理防治、生物防治、农艺措施等环境友好型植保方法，不断降低有害生物量，降低化学防治对土壤、水源以及生物多样性的破坏，降低有害生物基数，维持种植区域生态平衡。

（三）农业嘉年华植保服务基础

1. 专家技术团队

农业嘉年华专家技术团队涵盖植保、农药化工、农药药械、农业生态学、昆虫学、生物防治学、植物病理学、作物栽培学等多个学科领域的专家，以及各市（县、区）植保站、农药企业、农药器械企业、植保作业企业等专业工作人员和民间植保能手。庞大的专家技术团队是嘉年华植保服务的核心力量，能够在各个层面上针对不同植保需求制定专业解决方案，同时也是植保科技交流平台的运营管理人员，可以提供实时植保咨询服务。

2. 信息化植保服务系统

信息化植保服务系统是农业嘉年华植保服务的载体，以电脑客户端和手机App①

---

① App：应用程序，Application的缩写。

形式搭建信息双向交流通道，提供植保技术讨论和一对一农业病虫害诊疗服务。系统支持文字、语音、视频交流功能，并可上传、下载图片、视频、文档等学习材料。种植者可以在讨论群中就植保相关问题进行讨论、提出问题、分享经验，给出个人见解，嘉年华植保服务团队引导并给出合理性植保建议。生产过程中遇到的病虫害可通过植保服务系统进行智能识别，并能发布识别结果上传数据库，完善植保系统大数据建设，专家团队对数据库进行人工矫正甄选，提升系统识别准确性。该系统同时搭载植保产品销售模块，用户可直接网络下单，购买优质农资产品。

（四）农业嘉年华植保服务范围

农业嘉年华植保服务分为大田植保和设施栽培植保，两者受栽培环境影响，植保服务范围略有不同。露天种植在开放空间，植保重点在于区域性统防统治，设施栽培在相对封闭的空间，植保重点在于小型生态环境的控制。

大田作物植保服务过程中，采用现场调研，结合种植者、农业技术推广站、植保站等渠道获得区域性病害发生发展状态，及时发布病虫害预警信息，并组织区域性统防统治工作，有效避免各自为战、病害多点交相传播的局面。联合政府相关单位，针对跨区域苗木调运工作，提供植物检疫服务，阻断病虫害人工传播途径，保护当地农业生态系统平衡。

设施栽培系统的植保服务采用程序式植保作业，植保过程同作物种植方案相融合，根据作物品种和栽培方式，制定作物各个时期的植保策略，并结合信息化植保服务系统做出突发植保问题的预案。

六、农产品产销对接

（一）农产品主要供销矛盾

近年来，农产品供应和需求产生信息不对称，经常出现农产品滞销的情况，而消费者却得不到质优价廉的产品，造成农产品销售难和消费者购买难的两难的境地，其原因存在于生产供应链条的各个环节。

1．生产环节

农产品种植往往受当地气候条件和种植者个人意愿决定，在没有经过充足的市场调研和销售渠道搭建情况下，大多数种植者盲目跟风，选择当下价格比较高的农产品进行种植，以至于当年同种农产品大量上市供应，价格降低，种植收益相应降低。受此影响，下一茬次农作物种植面积又会大量降低，如此反复，造成农产品价格起伏不定。

生产环节缺少区域性种植规划，不能形成地方特色，单品种植面积少，不具备规模化优势，在跟渠道运营商合作洽谈中没有议价权，很容易被压低价格。小规模经营不便于机械化，普遍采用劳动密集型生产模式，劳动生产成本较高。

农产品市场投机取巧行为影响优质农产品供应，市场不当竞争行为时有发生，对行业健康稳定发展和农产品品种更新换代带来不利影响。

现在农业经营主体中农民组织依然占大部分，普遍缺少合约精神，在同涉农企业合作过程中违约现象时有发生。农产品市场价格低于收购价格时，要求收购商按照最低协议价收购农产品，市场价格高于收购价格时，往往违约卖给出价更高的第三方客商，损害了涉农企业权益，阻碍了地方涉农企业同周边农民组织长期有效的合作，加剧了农民种植的盲目性。

2．流通环节

现有农产品供应链条较长，从种植者到地方收购商，再经过批发市场之间跨区域流转，最后经过各地商超到达消费者手中，经历4～5次转手，每次转手都进行不同程度的加价，让原本低廉的农产品价格一路飙升。流转环节一方面压低农产品采购价格，令没有议价权的零散种植者苦不堪言；另一方面抬高销售终端的农产品价格，使消费者难以承受。

流通市场的信息化程度低，对产地生产状况不了解，有些地区产品产能严重过剩，农产品无人问津，同时另一地区同类产品成为紧俏物资，不能形成科学的资源配置，在种植产业布局方面没有统计数据给出合理的种植建议，无形中提高了生产者和消费者之间交易的成本。

3．消费环节

虽然现在是买方市场，消费者处于优势地位，但消费者无法支配种植过程，没有有效的途径对农产品品种、规格、质量等提出要求，只能选择目前市场上供应的农产品。个体消费者很少有渠道能够订购农产品，没有议价权，只能在销售链条末端被动接受逐渐堆高的物价。因此，需要市场提供定制化的农产品供应渠道，满足人们丰富多样的农产品需求。

（二）农业嘉年华产销对接服务

农业嘉年华搭建“多线程”的农产品产销对接服务平台，以拉近生产者和消费者之间的距离，提供优质农产品，以实现农产品资源优化配置为目的。产销对接平台设置线上和线下两个渠道，通过市场调查、产地调查等提供真实有效的市场信息，协助生产者做好种植产业布局，满足消费者多样化的农产品需求。

1. 线下服务

农业嘉年华作为农旅和科技展示项目每天吸引大量游客参观，为满足这些潜在消费者的多样化需求，各嘉年华场馆均设有销售区域，除销售自产农产品外，对游客提供本地特色农产品，并取得优异成效，成为农产品产地销售强有力的实体平台。种植者可自行到嘉年华场馆内开展农产品售卖活动，也可以将产品交由农业嘉年华运营管理团队进行售卖。

农业奥特莱斯是农业嘉年华对农产品售卖功能的增强板块，配套在嘉年华周边开放区域，游客在未进入嘉年华之前就能够选购优质农产品，除提供优质农产品外，同时供应种子、肥料、农药、农机具等设施和农业耗材，是农业生产综合性服务的实体辅助平台。在周边地区发挥农产品集散功能，农业个体户、大型种植基地和种植合作社的产品交由农业奥特莱斯进行销售，农业奥特莱斯负责对接市级范围内超市和个体消费者，并负责运营农产品网络销售平台。

2. 线上服务

农业嘉年华搭建产销对接网络服务平台，平台设置市场信息发布、电商门店、自营门店、私人定制等服务板块，平台服务内容涉及部分政府管理职能，需要农业局、统计局、农业技术推广站等相关单位的数据支持。

网络服务平台根据当年农产品种植地理位置、种植面积、种植品种，结合往年价格和年度天气预报情况，预计本年度农产品销售情况，为农业种植者和农产品销售团队销售策略的制定提供参考依据。通过消费者购买习惯、购买能力及消费结构调查分析，协助种植者做好产业布局，防止盲目跟风种植，实现农业供给侧结构性优化，均衡农业生产和农产品需求平衡。

平台设置电商门店，农户、农业合作社、涉农企业等农产品生产经营单位电商入口。入住前，平台将对农产品质量进行全面评估，筛选具有口感好、保鲜能力强、耐储运等特性的绿色农产品，并在日常经营管理过程中不定时抽查，保证优质农产品质量稳定性。根据经营范围不同，入驻单位交纳相应数量的保证金，以加强平台对生产经营单位经营生产过程的监督管理强度，最大化保证消费者权益。除生产经营单位自发参与外，平台将积极组织农业嘉年华周边优质农产品种植单位，采用平台自营的模式将相同规格、品质的农产品统一包装销售，维持农产品的持续供应。

平台面向全国，市场主要对接社区商超和个体消费者。支持团购预定业务，由社区商超或个体消费者发起团购订单，订单详细描述农产品规格、供货时间、供货地点、包装形式等信息，其他消费者可在订单截至日前自由加入，生产管理者根据自身经营业务能力选择签约相应订单。团购发起者可根据预计订单量和市场行情制定团购价格，具有充分的市场议价权，并可自行设定供货时间，以提前预订下一年度农产品的采购，保证自身农产品需求的同时，利于种植者根据订单做好生产计划。平台将对签约的种植管理者进行全面审核，确保订单能够落实到位。

第四节 农业嘉年华科技综合服务措施

一、农业科技展示与示范

嘉年华作为农业科技服务平台，承担着科技推广的重要责任，通过农业科技引进、展示和示范，同时服务于科技需求端和输出端，从优质农作物品种、配套农业资材到相应生产技术出发，全面推动当地农业科技发展。

（一）品种展示

农业嘉年华通常囊括叶菜、果菜、水果、花卉、中草药、粮油、棉麻桑等国内外2000多个作物品种，成为当地颇具规模的种质资源库。国内种质资源现在主要保存于科研院校、种苗公司，嘉年华场馆可根据区域农业产业的需求引种展示，经授权后进行品种推广，部分稀缺品种多存在于地方性市场，由嘉年华技术团队汇总展示。国外大型种苗公司普遍在国内设立分支机构或同国内公司建立合作关系，为国外品种的引进提供方便。通过品种展示开阔种植者视野，打破了农作物品种的地域限制，增加了农业生产的品种选择性。

场馆中每个品种采用多种栽培模式种植，最大程度表现作物栽培品种特性，并根据当地环境条件和消费习惯制定最佳栽培管理规程。品种展示侧重两个方向，对于观赏性品种，现场塑造清新亮丽的景观效果，突出品种的环境美化功能，对于生产型品种，展示硕果累累丰收场景，突出品种高产特性。嘉年华品种展示一年365天不间断进行，并借助节庆活动、文艺表演、科普教育等内容加强展示效果，逐步提升品种宣传影响力。品种展示不局限于嘉年华场馆内部，嘉年华技术团队还将通过农业博览会、农业科技展览、农民丰收节等农业展览、展会进行品种展示与推广，扩大嘉年华品种推广范围。

农业嘉年华选择具有当地产业基础的品种加强宣传展示，采用产业化种植模式栽培，针对作物种子、种苗、植株的开花期和结果期以及农产品成熟期进行全生育期展示，让种植者对作物整个生长过程一目了然。种植者可选择嘉年华场馆中适宜的品种进行产业化种植，更换现有老旧品种，提高作物综合产能，实现增效增收。

除服务于广大种植者外，嘉年华技术服务团队同时和种子、种苗生产或经销公司、农产品加工企业合作不定期举办新品种发布会、品种品鉴会、农产品展销会、农产品擂台赛等营销活动，协助种子、种苗企业迅速拓展当地销售市场。

（二）资材展示

农业嘉年华是现代农业科技的集成，内部的农业设施和资材使得农业科技显性化，为达到农业科技引领和示范作用，无论在设计过程还是后续运营管理过程，嘉年华都高度重视农业设施和资材的引进和创新。决定种植模式的栽培设施在科技展示中发挥着重要作用，通常每一种栽培设施规模放大后都可以形成一个产业，进行特定种类的作物规模化生产。

1. 水培

水培是将作物根系浸润在营养液中的栽培方式，根据营养液供液方式不同又分为营养液膜栽培、深液流栽培、浅液流栽培等多种栽培方式，目前针对每种栽培方式开发出管道水培、链条式水培、双层深液流水培（DFT）、多层浅液流水培（NFT）、漂浮板水培、螺旋仿生栽培、储气储液栽培等20多种栽培设施。除精美而富有现代感的设施造型外，嘉年华场馆重点展示水培设施优良的营养液控制系统，包括营养液的循环路径构建、营养液溶氧量调控装置、营养液EC和pH调控装置、营养液温度调控装置等，给予参观考察者更深入的水培知识，为新技术的推广做好基础工作。

2. 气雾培

雾培是将雾化后的营养液喷洒到作物根系周围，为根系提供适宜的水分、养分、空气的栽培模式。作物根系常暴露于空间，因空间的不同分为方形气雾培、圆筒形气雾培、梯形气雾培以及开放性气雾培等栽培模式，每种栽培模式又可根据制作材料的差别开发出泡沫箱气雾培、塑料筐气雾培、薄膜气雾培等多种栽培设施。除栽培设施外，气雾培展示区域将重点讲解雾化系统稳定性、根系周围温度控制等，化解参观者对雾培设备的误解，增加对农业前沿知识的了解。

3. 基质培

作为无土栽培的重要形式，基质培同土壤栽培有着很多异同。基质栽培采用草炭、蛭石、珍珠岩、椰糠等有机或无机基质模拟优质土壤理化性状，为作物根系提供适宜的生长环境，同样可以施入底肥，并能够通过滴灌和穴施有机肥或者化肥。但能根据不同作物对基质中有机质含量、土壤孔隙度、基质含水量进行人工调节，满足作物最佳环境需求。重点展示基质栽培在防治土传病害和基质消毒循环利用方面的技术环节。

（三）技术展示

除实体产品展示外，嘉年华场馆更多的是农业软实力的展示。对农业生产环节中的重要技术环节专门设置场地进行实际生产展示，充分展现农业科技的魅力。各地嘉年华均有温室环控、卫星遥感、农业机器人嫁接、机器人采收、栽培基质蒸汽消毒、生物防治等单项技术展示，或者通过期刊、书籍、宣传展板、宣传视频等形式全方位展示从播种育苗到采收的整套栽培技术。

二、农业生产托管

（一）市场需求

现有家庭联产承包责任制度下，农村家家户户拥有小规模土地，种植过程中管理粗放，机械化程度低，农业收益甚微，为增加收入，越来越多的种植者选择农闲时到城市打工，农忙时期回农村耕种，成为兼业型农民，农业丰产丰收无法保证。因城乡收入差距的增加，部分兼业型农民农忙时依然留在城市工作，通过雇佣当地工人进行耕种或采收，这种现象也越来越普遍。随着我国城镇化进程推进和农村人口老龄化加剧，有更多的农业生产活动需要第三方提供支持，逐渐催生了针对农村个体种植户的生产托管服务。另外，涉农企业引进新品种或新型栽培模式时，在没有完全掌握生产工艺之前，同样需要前期生产托管服务，实现迅速投产。

（二）托管内容

农业生产托管是在不发生土地经营权转移的前提下，将农业生产管理环节中的整地、播种、施肥、采收等环节部分或全部委托给第三方服务组织的经营方式。随着农业科技发展和社会化分工的演变，农事生产操作过程被进行详细地划分，农业嘉年华技术服务团队根据市场不同需求将从以下环节提供农业生产托管服务：

1．种苗供应

种苗质量是农产品品质的决定因素，也是农业丰产丰收的基础，在农业社会化分工浪潮下，涌现出一批专业化种苗公司。农业嘉年华技术团队拥有蔬菜、花卉、中草药、果树、杂粮等多种种质资源，配套现代化育苗设施，在品种选择和种苗培育方面具有得天独厚的优势，对外提供新品种特性咨询、种子销售和种苗代育服务。目前广泛承接水稻、菜心、草莓、西瓜、甜瓜、番茄、黄瓜等蔬菜、瓜果育苗订单，并取得较好行业口碑。种植者可自行购买种子交由嘉年华育苗，也可全权委托农业嘉年华技术服务团队采购种子并育苗。

2．作物耕种

作物耕种环节劳动强度最大，也最需要农业生产服务。嘉年华利用自有农机和设备资源优势，对周边种植单位提供大田土地耕整、播种等服务。随着农业科技发展，嘉年华引进种苗移栽设备，配合育苗板块工作，可提供种苗培育、移栽等环节配套服务，并从大田作物开始逐渐发展到温室种植的土壤消毒、整地起垄和定植工作。

3．田间管理

无论是大田种植还是设施栽培，田间管理时间跨度均比较大，操作环节断断续续，对于兼业型农民和大型农业种植公司，需要将部分种植环节外包以尽可能降低用工成本，提高作业效率。田间管理主要集中在中耕除草、田间灌溉、病虫害防治、植株调整等环节。其中，病虫害防治是田间管理的重中之重，按照“预防为主、综合治理”的植保方针，嘉年华技术服务团队对单一种植单位或多家种植单位采用物理、化学、生物等综合性植保措施，充分发挥技术优势，提高防治效果，提升现代农业环境保护水平。更多的引进机械化除草、整枝、打叉、疏花疏果设备，加强现代化农业装备装配力度。广泛采用蜜蜂、熊蜂代替人工授粉，降低劳动强度，促进传统农业向绿色农业持续转变。

4．采收加工

农产品采收是农业生产中又一劳动密集型环节，采收成本的投入决定种植项目的直接营收水平，有时农产品会因人工采收费用过高而放弃收获，直接旋耕还田，严重影响种植效益。嘉年华技术服务团队将对耗时耗工、可机械化操作的农事操作环节提供采收服务，已经成功开展水稻、小麦、玉米、马铃薯、红薯等大田作物的采收，并通过设备改进增加了花生、韭菜、生菜、甘蓝、大葱等的机械化采收服务。同时在酿酒葡萄和榨汁水果方面，通过引进国外进口设备，加长了水果行业产业链。应市场需求，果蔬分级被越来越多的种植者接受，农业嘉年华团队提供苹果、大青枣、柑橘、沙田柚、核桃、栗子、山楂等清洗及分级服务。

5．农产品检测

嘉年华技术服务团队配备非破坏性果品检测设备，能够快速检测水果糖度、成熟度，保证农产品最佳采收期。通过与科研院所合作，快速检测有机磷类、氨基甲酸酯类等农残含量，提高农产品市场接入标准，并结合自有物联网追溯系统，提高农产品食用安全。

6．农产品售卖

农产品滞销一直是困扰种植者的难题，特别是零散种植户，没品牌，没销路，售价有时低于成本价，减价销售或扔掉，辛苦忙碌一整年，收益低于预期。涉农企业疲于同小农户竞争，无法很好把控优质农产品市场。嘉年华技术服务团队将周边优质农产品分级筛选后统一包装，充分利用嘉年华品牌效应，开展嘉年华实体店销售、线上线下销售和大潮来网络销售相结合的服务模式。线下实体店销售服务又分为购销服务、卖场出租服务、实体店代管服务、订单采购服务等，线上销售服务分为网店自营、网店托管、代理发货、认种领养、农业众筹等模式，全面协助种植者完成农产品售卖工作。

（三）农业生产托管优势

（1）**利于加快城镇化过程**　更多的兼业型农民可以摆脱农业生产低效环节，全身心投入到城镇建设，并加入到城镇居民队伍，促进农村人员城镇化进程。

（2）**加速土地流转，促进规模化经营**　农业生产托管后，种植者可以将土地种收工作转交托管服务机构，便于统一耕种管理，提升规模化经营效益。

（3）**降低农业投入品投入成本**　农业生产托管面积达到一定程度后，托管机构代表众多种植者同农资供应商对接时拥有更多话语权，能够获得较低的农资采购价格。

（4）**利于农产品质量管理**　农业生产托管后，便于统一管理，采用标准化生产工艺流程，规范农药使用，统一农产品采收规范，结合农产品分级分选，有效把控农产品质量。

三、科技合作与开发

农业涉及土壤肥料学、植物营养学、植物生理学、气象学、农田水利、农业机械化、设施农业、作物栽培学、农业生态学等学科和领域，现又延伸到农业物联网、农业大数据、农业区块链和农产品新零售等技术板块，是多学科交叉、多种技术综合的生产经营行业，需要农业经营管理者同政府涉农机构、农业科研院校、农业生产服务组织共同参与，充分利用现有科技成果，并通过合作开发不断创新农业科技。

1．产品测试

农业科研院所每年研发众多作物新品种，通过实验室小规模试种成功后，进一步进行中试种植，验证品种产能、性状稳定性等指标。农业嘉年华具有经验丰富的技术人员、先进的环境调控设施、精良的灌溉系统以及配套的土地和资材，可对农业科研院所提供品种测试服务，按照科研院所指定的种植方法进行作物耕种，通过农业物联网系统汇总各项生长指标，分析并解决生产管理中遇到的各种技术难题，汇总整理出一套适合当地耕种习惯和气候条件的作物种植技术规程，为新品种的推广提供实际参考价值。除农作物品种测试外，对于一些新型生物农药、水溶肥料、有机生物菌肥、叶面肥、富硒产品以及土壤消毒剂等农业投入品在不同作物上进行测试，通过对比检验产品在增强作物长势、增加抗病性、提高坐果率、增加产量、提升功能成分含量以及改善农产品品质等方面的功能，给出针对不同作物的试验效果和使用建议。

2．科技开发

农业嘉年华除科技展示馆外同时配套农业科技园，园区内设置实验室和组培室，针对农业生产中遇到的科技难题，同广大涉农企业建立密切联系与合作，开发相应产品或技术，通过农业科技进步带动产业增速发展。种苗退化和携带病毒是无性繁殖植株常见问题，也是影响植株产量和品质的重要因素，特别是种苗带毒问题，往往给种苗产业和实际生产环节带来毁灭性打击。在草莓苗、香蕉苗、西番莲苗等苗木脱毒方面具有较强烈的市场需求，各地嘉年华项目在脱毒种苗培育方面积极推进，通过组培技术进行苗木脱毒，经人工驯化和规模试种，获得优良脱毒种苗，承接涉农企业各种苗木脱毒开发工作，均取得不同程度科技成果，得到周边农业企业和当地种植者的一致好评。

3．产业提升

农业嘉年华技术服务团队同当地农业局、林业局、农机局、农业技术推广站等不同层次和领域的涉农政府机构开展合作，在产业提升方面承担科技服务企业应有的责任。以广西玉林农业嘉年华为例，联合广西农业科学院荔枝龙眼创新团队，在玉林市五彩田园开展荔枝高接换优项目，将当地荔枝老品种六月红通过高枝嫁接技术更换成受市场普遍欢迎的桂味品种，前期通过100亩定点示范，2年后挂果丰产取得果农认可，后期逐步扩大品种更换范围，将荔枝种植收益扩大2倍以上，有效带动当地荔枝产业发展。另外，桉树作为广西主要经济树种，种植面积广，但由于种间竞争能力强，生长过程耗水量大，生态环境破坏比较严重。广西玉林农业嘉年华同中国热带农业科学院南亚热带作物研究所合作引进澳洲坚果，在玉林地区开展种植示范工作，取得突破性进展，为当地林业经济和环境保护提供了新的思路。

四、农业科技企业孵化

大众创新、万众创业潮流下，有志青年返乡创办农业企业，开展多种新式的生产经营活动，为当地农业产业发展注入新的活力，受到当地群众和政府的普遍欢迎。农业因其投资大、见效慢、风险大、利润低，对于缺乏管理经验的初创农业企业起步经营阶段困难重重，为此政府及社会组织专门设立农业企业孵化器，协助涉农企业的创办与发展。

企业孵化器，是一种新型的社会经济组织。它通过为创业企业“提供研发、生产、经营的场地，通信、网络与办公等方面的共享设施，系统的培训和咨询，政策、融资、法律和市场推广等方面的支持”，旨在“降低企业的创业风险和创业成本，提高企业的成活率和成功率”。

农业嘉年华科技孵化服务是对孵化器的完善和补充，旨在利用自身科技、人才、资源等优势，打造一批覆盖农业工程建设、农业生产、加工、销售全产业链的农业企业，促进农业供给侧结构性改革，加速农村一二三产业融合，带动当地农业产业发展，全面推进乡村振兴建设工作。

农业嘉年华科技孵化服务主要内容如下：

1．企业创办

协助创始人解读国家政策，根据行业发展状况进行市场调研，确定公司经营范围，明确公司主营业务和产品，设计合理的商业模式，树立科学的企业愿景并对全面委托的创始人提供企业注册服务。

2．场地设施

农业嘉年华为企业创始人提供注册地址和办公场所，配套网络、餐厅等服务设施。对于生产型农业公司，以土地租赁形式提供农业生产用地，对于销售型公司可在嘉年华场馆内部或奥特莱斯板块提供优质农产品展销区域。孵化企业经营场所常在农业嘉年华经营实体范围内部，外部依然享受各种孵化优惠条件和支持。

3．科技支持

土地流转后，农业规模化生产迅速发展，相对于传统农业，耕作方式发生巨大变化。农业嘉年华服务团队帮助初创企业引进优良品种，筛选适宜的生产技术规程及农产品加工工艺，实现传统农业向现代农业的快速转变。以农业嘉年华为平台，将农业科研院所和农业创业企业有效对接，促进前沿科技成果转化，提高初创农业企业科技水平。

4．企业管理咨询

农业企业创办可在短时间内完成，如何提升企业自身造血功能，达到持续盈利目的便成为企业日常管理的重要任务。农业嘉年华根据不同企业类型，从人力、财务、营销、法律咨询等方面提供相应服务。借助嘉年华产业技术联盟雄厚的人力资源储备，全域内搜集生产、销售、管理等农业稀缺人才，优化初创企业组织框架，保证初创企业正常起步。服务团队可对创业公司提供记账服务，或者委派财务人员到创业公司挂职服务，满足短期内创业公司对财税工作的需求。营销是企业做强做大的必要手段，农业嘉年华利用自身强大营销渠道，分阶段重点推进创业公司营销工作，协助做好销售渠道和品牌建设工作，并为创业公司设计适合自身条件的营销销售方案，促进自我开发与创新。另外，服务团队提供法律支持服务，以应对国家政策调整以及创业企业同农民打交道过程中潜在发生的法律纠纷问题，确保企业合法稳定经营。

5. 资源对接

农业是个复杂的系统工程，从种植到销售环环相扣，每个环节必须拥有优质的资源才能让企业具备行业领先地位。农业领域嘉年华拥有无可比拟的资源优势。

（1）**品种资源** 嘉年华技术团队关注全球范围内优质农产品资源，持续推进杂粮、水果、蔬菜等种质资源库建设，率先引进五色水稻、红藜麦、指橙、红心柚、四季草莓、阳光玫瑰葡萄、无限生长型特色番茄等品种，深得消费者喜爱，使相关企业占尽市场优势，并在农产品生产和品种推广过程中收获颇丰。

（2）**专家资源** 农业嘉年华涉及农业生产的方方面面，可同中国科学院、中国农业科学院、农业农村部规划设计研究院、北京市城市规划设计研究院、北京市农林科学院、中国农业大学、北京农学院等各地科研机构和农业院校的专家逐步建立联系，在农业规划、景观设计、温室工程、农业自动化、植保技术、肥料技术、灌溉技术、农产品加工、农业经济管理以及蔬菜、花卉、果树、中草药栽培等领域开展合作，为创业公司提供全方位咨询和技术支撑服务。

（3）**渠道资源** 优质农资是农业生产经营的基本保障，嘉年华技术服务团队在农业生产管理过程中经过反复对比筛选出一批优质农药、肥料、种子、农机具等农业投入品，构建了完善的供应渠道，保障农业投入品的质量和时效性。创业公司可直接使用渠道资源，选购优质农资，避免农业种植陷阱，顺利闯过起步阶段。嘉年华产业联盟拥有强大的销售团队，不断探索农产品供应渠道，在嘉年华周边各大商超、酒店、社区以及重要批发市场拥有成熟的销售渠道，不但在线下销售方面积累了丰富的农产品销售经验，在网络销售方面同样取得相当可观的成绩，通过天猫、淘宝、盒马鲜生、微商城、小程序等众多网络销售平台广开路径，迅速抢占市场份额。

第八章

农业嘉年华教育培训管理

针对中小学生的综合实践活动课程

老年教育

农民教育培训

受国家政策导向的影响，农业嘉年华教育培训业务近年来发展迅猛并迅速成为农业嘉年华较重要的业务增长点之一。以山西大同农业嘉年华为例，自2019年7月开园以来，仅中小学生研学业务收入占总收入的比例就达到10%左右，且占比不断提高。鉴于此，本书将农业嘉年华教育培训业务管理作为单独一章进行分析，以帮助类似园区更好地开展相关业务。

第一节　农民教育培训

一、农民教育培训的政策背景

农民教育培训目的是培养具有科学文化素质、掌握现代农业生产技能、具备一定经营管理能力，以农业生产、经营或服务作为主要职业，以农业收入作为主要生活来源，居住在农村或集镇的农业从业人员。在目前的情况下，农业的发展方向就是农业现代化，城镇化建设则加快了农业从传统向现代的转型，在这个过程中，高素质农民是中坚力量，其既是职业农民，又是具有新特征的现代化农民，其不仅为我国城镇化建设提供必要人力资源，还为现代农业发展提供优质人才保障。

在这样的背景下，各级政府为培育高素质农民持续出台鼓励与保障政策。

2012年中央一号文件中明确指出需要大力加强新型职业农民的“培育”工作。随后，农业部开始在全国100个县推行培育试点工作。同年，党的十八大提出“四化”同步、协调发展，其中第一个就是农业现代化，有力促进了新型职业农民的培育。十八届三中全会提出农民应拥有更多权利和利益、推进城乡发展一体，奠定了培育新型职业农民的坚实基础。

2013年中央一号文件首次重点提出“家庭农场”，为新型职业农民培育工作提供契机。

2014年8月农业部和财政部在《关于做好2014年农民培训工作的通知》中对推进新型职业农民培育工作提出要求，即首先从制度上保障新型职业农民培育工作，培养一批合格的“有文化、懂技术、会经营”的新型职业农民队伍。

2015年政府工作报告中提出要培养“新型职业农民”。十八届五中全会提出“培养新型职业农民”，以及构建培育新型农业经营主体的政策体系，深化农村金融改革，完善农业保险制度等配套制度。

2016年政府工作报告也提出加快发展现代农业，持续促进农民增收。与此同时，中央一号文件也提出培育新型职业农民的相关要求和诸多措施，如将职业农民培育纳入国家教育培训发展规划、开展新型农业经营主体带头人培育行动等。农业部《“十三五”全国新型职业农民培育发展规划》提出到2020年新型职业农民的总量超过2000万人的目标。

2017年中央一号文件《中共中央、国务院关于深入推进农业供给侧结构性改革加快培育农业农村发展新动能的若干意见》更是指出围绕新型职业农民培育开发农村人力资源等意见，培育新型职业农民上升到国家战略层面，我国政府对培育新型职业农民提出更高、更明确的要求。

2017年2月，在中央政治局第三十九次集体学习中，指出要加大落实“教育扶贫”政策的力度，这决定了教育扶贫在扶贫工作中的重要基础性地位。

2019年，农业农村部将“新型职业农民培育工程”转型为“农民教育培训三年提质增效行动”，统称“农民教育培训”。

虽然农民教育培训工作不断受到国家的重视，中央和地方政府对于农民职业方面培训的财政投入不断增加，各地农民职业相关的培训“层出不穷”，但仍有很大一批农民对于农民教育培训不甚了解、不够重视，参与积极性不高，致使培训效能不高。农民教育培训工作尚未形成大气候，各地培训规模和效果有待提升，“优质培育源”相对短缺、监督管理机制还需优化等问题依然存在。

二、农业嘉年华园区开展农民教育培训项目的优势

（一）地域与政策优势

各地农业嘉年华在承接农民教育培训的工作中具有地域与政策优势。嘉年华类型园区一般都是所在地重点投入的农业项目，投资方一般是有政府背景的投资公司，园区立足当地，能获得当地政府较大的政策支持。

（二）硬件优势

农业嘉年华园区具有较完备的成为农民教育培训基地的硬件条件，以江苏洋河农业嘉年华为例，园区位于江苏省宿迁市洋河新区，是洋河国家农业公园核心引爆项目，占地面积567亩，其中游客中心4915m^2，8个主题场馆面积64404m^2，生态餐厅

6451m²，育苗温室7411m²。建有主题场馆区（蔬菜馆、谷实馆、纤维馆、花卉馆、果树馆、中药馆、水科馆、沙漠馆）、休闲体验区（萌宠乐园、精品采摘）、科研创新区（研发中心，育苗温室）、乡村品牌区（品牌精品店）、综合服务区（生态餐厅、商业街、游客中心）等五大功能区。园区内集中展示新理念、新技术、新设施、新设备、新品种、新模式，全年展示动植物品种1600种、现代农业高新技术250余种、栽培模式50余种，能满足从理论培训到实战训练的各种需求。

（三）技术优势

农业嘉年华园区的技术优势体现在自身的技术储备，体现在对相关智力资源的整合能力上，也体现在与当地相关农业产业的紧密结合上。

（1）农业嘉年华园区有相对完备的技术团队与技术研发体系，能够针对当地农民在生产过程中遇到的实际问题，较快地形成低成本解决方案并规范化、课程化。

（2）农业嘉年华园区有专门的负责整合行业专家资源的部门设置，能对接当地行业专家资源，当农业嘉年华园区处于一个联盟时，知识资源的对接范围甚至能扩展到全国、全世界。

（3）因农业嘉年华园区本身的技术优势，承接了大量当地相关政府部门的科技研发项目，这些项目本身就是为解决当地某项产业的弱项所设计，相当于已经为农民教育培训做了长久的知识储备。

（四）渠道优势

农业嘉年华园区都有较完整的市场营销销售团队与专职的生产资料采购人员，与市场对接联系较为紧密，能为农民受训后的生产活动有效地降低成本，拓展销售渠道。

（五）带动优势

农业嘉年华园区普遍在周边区域内有较大影响力，具有较强的示范带动作用，更有利于农民教育培训成果的转化。

上述还只是农业嘉年华园区处于孤立存在的情况下开展农民教育培训相关工作的优势，如果处于某一集团产业链内或处于某一农业嘉年华联盟内部，这些优势将进一步扩大。

三、开展农民教育培训工作的目标与实施策略

（一）开展农民教育培训的目标与现阶段存在的差距

农民教育培训是为了培育出以农业为职业，具有较高的科技文化素质、专业农业生产技能、经营管理能力，充分利用市场并追求报酬最大化的农业从业者。与传统农民相比，他们更加专业化、信息化、市场化，他们以从事农业作为固定乃至终身职业，对他们的核心要求是“有文化、懂技术、会经营”。现阶段，在以下几个方面仍存在较大问题。

（1）目前我国农民整体文化素质水平仍较为低下，农村劳动力在城乡间的非均衡流动导致农村人力资源大量流失。

（2）大部分农民掌握一定的传统农业生产技术，有一定的农业生产经验，但又无法满足农业现代化的需要。

（3）经营管理能力不足，市场主体意识薄弱。

除上述三个方面存在的问题之外，现阶段农村劳动者在公民基本素质、身体素质、现代法律意识等方面也同样需要提升。

（二）组织实施农民教育培训项目的针对性策略

在农民教育培训的实施过程中，一般存在三个主要参与者：作为主导者的政府相关部门、作为受训主体的农民和作为培训组织实施者的培训方。从目前各地农民教育培训项目的实施情况来看，三个主体各自都存在不少问题，除了农民自身存在的局限性外，政府相关部门也存在政策体系不健全、支持扶持政策缺失、培育资金投入不充足等问题，而作为农民教育培训具体组织实施者的培训方也存在课程设置不合理、不能以农民需求为导向、培训方法不科学、师资力量匮乏等问题。下面就从培训组织实施者的角度出发，探讨农业嘉年华园区到底应该如何开展农民教育培训相关工作。

1．加强与政府相关部门的联系，取得相应资质

政府相关部门是农民教育培训工作开展的主导者，也是教育培训资金的主要提供者，因此政府相关部门在农民教育培训工作上的政策导向具有较强的指导作用。同时在初期受训主体的筛选、教育培训课程的设定、培训效果评估、后续跟踪服务等方面，也有自身的长处。要积极发挥这方面的优势，协助、影响政府相关部门更好地开展农民教育培训相关工作。另外，有数据显示仅有12%左右的农民愿意参加社会培训

机构组织的培训，农民更倾向于参加市县、乡镇涉农部门、高校、科研院所、省级政府机构组织的培训，而对于社会培训机构组织的培训，农民参与的积极性不高。因此嘉年华园区在组织实施农民教育培训工作时应借助政府强大的公信力，积极申请国家及省市级相关资质，主动参与前期工作，以此取得受训主体的信任，提升培训效果。

2．完善教育条件

教育条件直接决定了教育水平和农民所获得的教育“产品”的质量，进而影响教育成果的转化与农民的满意度。教育条件包括教育环境与管理、教学安排、师资质量等。从理论上讲，这几方面的条件所带来的影响力是不同的，下面从这几方面出发，介绍农业嘉年华园区应该如何完善教育条件。

（1）合理安排教学时间、教学形式，确保教学活动开展应具备的硬件条件 有数据表明，农闲、夜间等时间段农民参加培训的意愿较为强烈，同时，超过八成的受访者表示，希望一次完整培训课程的持续时间控制在15d之内。在教学形式上，田间或课堂等现场讲授的形式得到超过70%农民的支持，而选择通过视频学习方式的农民较少。

（2）融入当地，深入了解当地农业发展状况，针对性设计教学课程 农民参与培训，主要是为了获得知识、技能水平的提高，期望接受与农业生产、经营、管理、市场营销等有助于提高农业效益的培训内容。培训内容从农民需求出发，农民更愿意参加培训，越有积极性，意愿更高。

从不同渠道汇总的数据来看，在农民期望接受的培训内容中，种植、养殖技术培训仍然是农民参加培训的主要选择，这部分人数将近两成。其次，农民对金融政策、经营技能、证书培训、文化培训的需求较高，比例均超过10%。再次，农民对政府政策培训也有较为强烈的需求，接近10%的比例。此外，农民对学历教育、管理技能培训、非农技术技能培训、法律法规培训也有一定的需求。从总体上来看，虽然种植、养殖技术仍然是农民参加培训的主要选择，但是选择金融政策、经营技能、证书培训、政府政策培训的人数也占一定的比例，说明农民的培训需要已逐渐多样化，学习目的已经不再是单纯学习知识，同时也希望提高自身经营、管理技能。

参考上述调查数据，结合农业嘉年华园区自身情况，农业嘉年华在农业生产技术、经营管理能力、市场营销销售等方面开展农民教育培训有较大优势。但同时也应该注意，目前农民的培训需求已经不再是简单的信息获取，而是有了更深层次的需要，因此农业嘉年华农民教育培训的课程设置不能再像以前那样以普及、介绍为主，而应该深入到具体操作实施的细节层面。另外，需要深入了解当地农业相关产业的发展情况，了解农民在生产过程中遇到的实际困难有哪些，做到心中有数，以此为出发点，有针对性地设计培训课程并形成课程体系，再根据培训的实际情况不断进行完善。

（3）**对接较广阔范围内的教育资源，寻找适合的师资力量** 农民是一个重经验和效果的群体，因此具有丰富的农业种植经验、农业推广实践经验、长期从事农业研究的培训师比其他类型的培训师更受农民欢迎。在这方面，农业嘉年华园区应充分发挥自身优势，以专家委员会为基点，对接较广阔范围内的教育资源，寻找经验丰富、理论水平高且有实际动手能力的优良师资力量。

（4）**切实做好后勤保障** 除上述教学相关的准备外，农业嘉年华园区在组织农民教育培训时也应注意后勤保障工作。餐饮、住宿、教学应具备的基本硬件条件、安全等，设计相应的应急预案，保证教学活动顺利开展。

（5）**创新培训方法** 在培训方法上，采用成人培训的理论与方式，以农民实际需求与解决生产过程中的实际问题为导向，发挥培训组织者组织、引导学员间沟通交流的功能。

（6）**充分发挥样板作用** 以农业嘉年华园区为依托，充分发挥样板作用，设立“农民开发日”，让“新技术、新品种、新设施”看得见，摸得着。

3. 培训效果的评估与资格认定

高素质农民是发展现代农业的推动者和实践者，获得相应农业职业资格证书的农民，才能享受国家对农业的扶持政策、资金补助。对应的资格认定是确认、扶持新型职业农民的基础和保障，因此高素质农民的认定程序、标准和管理办法一定程度上影响了农民从事农业生产经营的积极性。为配合培训效果的评估与资格认定，农业嘉年华园区在开展农民教育培训项目时应重视受训主体信息库的建设，重视培训结果的可评估与可量化，重视课程设置与资格认定间的相关联系与转化。

4. 培训成果的转化

目前大部分农民教育培训主要还是以市县乡镇涉农部门、高校科研院所提供的免费培训为主，这类培训在课程设置上大多脱离当地农业相关产业的实际发展状况，同时不注意后续的跟踪服务，使得培训成果的转化相当困难，培训效果不佳。而农业嘉年华园区作为企业型培训主体，应充分利用自身贴近市场的优势，结合政府相关部门的政策导向，灵活设置课程，持续跟踪服务，提高培训成果的转化效率。另外，大部分农业嘉年华园区有配套的科技园，大部分教育培训课程能够得到更直观的展示，同样有利于培训成果的转化。

四、以农业嘉年华园区为培训主体的农民教育培训的发展方向

有数据显示，虽然以企业为培训主体的农民教育培训项目对比其他类型主体有很大优势，但目前相关项目占总量的比例仅在10%左右，总体占比较低，农业嘉年华园区开展农民教育培训相关业务有较大的空间。农业嘉年华园区作为企业，在承担一定社会责任的同时，同样需要关注经济效益，而接受政府委托开展的农民教育培训探讨目的直接收费不应占据主要地位，农业嘉年华园区的教育培训业务的发展方向应该是生态圈和服务平台的建立，以此达到几方共赢的局面，下面从几个利益主体的角度出发，探讨农民教育培训业务的发展方向。

（一）政府相关部门

政府作为整个生态体系的主导者，负责根据当地整体发展战略，把控当地农业发展方向，确定发展目标，制定发展计划。农业嘉年华园区利用自身优势，积极参与相关工作，对接农户、其他关联企业、资本方与外部智力资源，为政府相关部门的决策提供技术支持。

（二）农户

农户作为生产者，在政府相关部门的政策导向下提供高质量、高效率的生产服务。农业嘉年华园区则可以利用自身的优势对接市场，降低生产资料的采购成本，为农业生产活动提供技术保障，协助开拓销售渠道并有效降低经营风险。

（三）其他关联企业

农业相关产业中的其他关联企业如农产品加工企业同样可以纳入生态体系中，大力发展订单农业，一方面保证相关企业的稳定的高质量的原材料供应，另一方面有效降低了农户的生产经营风险。而其他如农资销售企业、农技服务企业等也都可以在生态体系内收益。

（四）高校等科研院所

高校等科研院所在生态体系内承担科技创新的职能，各类农业新技术、新品种、新设施均可在嘉年华配套的科技园中进行前期试验，具备推广能力后由嘉年华通过各类培训、展示活动向农户进行推广，创造更高的经济效益。

（五）资本方

目前，由于国家政策与资源向农业相关领域的倾斜与投入，农业成为了新的投资热点，各类投资主体均不同程度地涉足农业相关行业。但也看到了很多失败的案例，大部分还是因为不了解农业相关产业的发展情况，盲目投资，最终失败。而农业嘉年华园区则可以帮助投资方分析投资热点，帮助他们直接对接生态体系内各方主体的不同需求，提高其投资成功率。

综上所述，农业嘉年华园区在开展农民教育培训相关业务时应该站在一个较高的高度去看待问题，不应局限于眼前微薄的直接收入，而应有整体思维，以服务平台建设、生态体系建设为主，对接各方利益主体，打造一个不断发展壮大的生态圈，形成多方共赢的局面。

第二节　针对中小学生的综合实践活动课程

中小学综合实践活动是从学生的真实生活和发展需要出发，从生活情境中发现问题，转化为活动主题，通过探究、服务、制作、体验等方式，培养学生综合素质的跨学科实践性课程。以2017年9月25日，教育部印发的《中小学综合实践活动课程指导纲要》（简称《纲要》）为标志，强调教育与生产劳动、社会实践相结合的综合实践活动课将成为义务教育和普通高中课程方案规定的必修课程，与学科课程并列设置，自小学一年级至高中三年级全面实施。同时，《纲要》也对综合实践课程的理念、目标、内容、组织方式等作出了指导。《纲要》的印发使得中小学组织综合实践活动成为常态，也使得农业嘉年华园区建设成为中小学综合实践基地并承接相应业务有了市场保障。

但是也要看到，《纲要》中并没有对各省市的具体组织实施方案有明确规定，而是由各地自主统筹安排，这也导致目前各地开展中小学综合实践课程时出现了一定的混乱，而农业嘉年华园区也在开展相关业务的过程中遇到了各种困难，下面就以研学旅行为例，探讨农业嘉年华园区如何更好地开展相关业务。研学旅行是中小学综合实践课程的一种形式，对比其他形式，研学旅行相关业务涉及的主体更多，需要考虑的因素更多，目前开展情况也不乐观，但是从企业经营角度来说，此类型项目的营利性与利润率更为稳定可靠，同时对其他类型的相关业务有极强的指导意义。

一、开展“中小学研学旅行”相关业务的政策背景

2013年2月2日国务院办公厅发布了《国民旅游休闲纲要（2013—2020年）》，提出“逐步推行中小学生研学旅行”的设想，即在放假时间总量不变的情况下，地方政府允许根据学校、学生意见，适当增加春假或秋假，普通高等院校可根据实际情况对寒暑假时间进行相应调整，国家支持鼓励学校组织学生开展“学游合一”的课外实践活动等意见。

2014 年7月14日，国家正式发布《中小学学生赴境外研学旅行活动指南（试行）》。这份指南对于举办者安排中小学学生境外研学旅行活动的教学主题、内容安排、机构选择、合同订立、行程安排、行前培训、行程保障等内容都提出了指导意见，特别是在操作性方面，该指南规范了带队教师人数、教学部分占比、协议规定内容、行前业务培训等具体内容，为整个研学旅行行业活动划定了基本行业标准和实施规则。

2014年8月21日，在《关于促进旅游业改革发展的若干意见》中，国家首次明确了要将“研学旅行”纳入中小学生的日常教育范畴，该意见指出：要积极开展研学旅行。必须全面按照素质教育的要求，将研学旅行、夏令营、冬令营等旅游教育活动作为青少年爱国主义发扬、革命精神理解和基本国家情况认知的基础教育活动，将这类教育活动纳入中小学生日常德育、美育以及体育教育范畴，增进学生自身对于自然原理和社会关系的认识，增强学生的社会责任感，提高学生的综合实践能力。

2016年11月30日教育部、国家旅游局等11部门联合印发了《关于推进中小学生研学旅行的意见》。这份意见明确了研学旅行的现状，要求各地方相关部门把研学旅行活动提上日程，以促进研学旅行活动更快、更好地发展。

2017年9月25日，教育部印发了《中小学综合实践活动课程指导纲要》。

2017年8月17日，教育部印发《中小学德育工作指南》，要求把研学旅行纳入学

校教育教学计划。

2018年3月，《教育部2018年工作要点》对推进中小学生研学旅行提出明确意见。

在国家政策的高度重视下，各地也相继出台相关政策。2018年9月，武汉市旅游发展委员会联合武汉市教育局公布《武汉市中小学生研学旅行导师评定与服务规范》《武汉市中小学生研学旅行服务机构评定与服务规范》《武汉市中小学生研学旅行研学基（营）地评定与服务规范》3个考评标准，对武汉市中小学生研学旅行标准作出了详细规定。此后，广东省教育厅等12部门联合印发的《关于推进中小学生研学旅行的实施意见》指出，要将研学旅行纳入学校教育教学计划，确保每位中小学生在每个学段参加有效的研学旅游。

这些国家与地方政策的出台都说明研学旅行是素质教育的一个全新方向，2015年全国旅游工作会议上，国家旅游局局长李金早提出了新的旅游六要素“商、养、学、闲、情、奇”，更是将研学旅行视作旅游拓展要素和旅游发展要素。目前，研学旅行作为中小学综合实践课程的一种具体形式，已经成为旅游产业新的增长点，当然也成为大部分农业嘉年华园区一个新的业务发展方向。

二、研学旅行的存在基础

（一）什么是研学旅行

研学旅行由“研学”加“旅行”组合而成，是旅行式的“研学”，实为旅行式的教育。首先，教育是其本质。研学旅行的根本目的是探究式学习，这决定了其本质属性是“教育”，任何不以此为根本目的或者教育属性被弱化、形式化的行为都不是真正意义上的研学旅行。探究式学习特别强调问题导向、知识导向，注重过程性。其次，旅行是其手段。研学旅行是一种通过外出旅行的方式进行学习的活动。因此研学旅行中有旅行旅游的元素，但不能完全以旅游为主要目的，研学旅行的这层含义，决定了研学旅行的体验性。再次，中小学生是研学旅行的主体。2016年底，国家旅游局发布的《研学旅行服务规范》（LB/T 054—2016）指出“研学旅行是以中小学生为主体对象”，教育部等11部门联合发布的《关于推进中小学生研学旅行的意见》明确将研学旅行纳入学校教育教学计划。

（二）研学旅行的理论基础

按照现代旅游业的要素分类标准，研学旅行的构成要素研究清晰一致，但目前对研学旅行的本体研究仍显薄弱，教育学意义上的研学旅行理论及研学旅行中的学习机制研究成果较少。

1．研学旅行的构成要素

按照现代旅游的基本要素分类，旅游通常包括游客、旅游主体和旅游中介三个部分，根据此分类标准进行考量，研学旅行包含教育行政管理部门和学校、参加研学旅行活动的中小学学生、研学旅行活动基地以及提供研学旅行服务的旅行社四个重要因素。其中，中小学生是研学旅行的活动主体，教育行政管理部门和学校是研学旅行的保障方、决策者和组织者，研学旅行活动基地是旅游载体和平台，旅行社是联系参加研学旅行的学校学生与旅游目的地资源的中介。

2．研学旅行的理论基础

从研学旅行教育的原则来说，研学旅行是一种自然教育，把教育的场所由封闭的学校引向开放的大自然和社会，对自然万物进行直接的接触、观察、认识并体验，因此，要遵守这种自然秩序和自然本性的教育观。其次，从研学旅行的教育内容来说，研学旅行是一种生活教育，正如教育家陶行知主张的“生活即教育”“社会即学校”“行是知之始，知是行之成”，生活中的一切都可以作为教育的内容，要“教学做合一”。第三，从研学旅行的教育手段来说，研学旅行是一种休闲教育。休闲意味着体验，这种体验特征反映在教育领域里是一种“寓教于乐”的教学方法。

3．研学旅行中的学习机制

中小学生的研学旅行是一种研究性学习和旅行体验相结合的校外教育。学习是一个参与情境的过程，有利于学习发生的情境是一种真实的社会情境、实践情境和文化情境。研学旅行在学习动机上源自于现实情境，在学习本质上参与真实的实践，在学习内容上具有鲜明的文化特性，在学习过程中有实践共同体。

由此可见，研学旅行项目有较强的存在基础，在国家大力提倡素质教育的背景下，农业嘉年华园区承接研学旅行项目有较强的市场需求保证。同时，研学旅行的存在基础，也是农业嘉年华园区开展相关工作的指导思想。

三、开展“研学旅行”的常见问题与解决办法

（一）开展“研学旅行”项目过程中的常见问题

1.“研学旅行”的地位尚未明确，市场较为混乱，对于承办主体并无明确统一的资质要求

当前，研学旅行是否为中小学必修课程并不是十分明确。相关政策文件中虽然指出了将研学旅行纳入中小学教育教学计划，但大部分地区并没有明确其是否为必修课。2017年教育部出台的《中小学综合实践活动课程指导纲要》明确了综合实践课程是必修课程，但研学旅行只是综合实践活动的一种形式，对比综合实践活动的其他形式，如野外考察、社会调查、爱国主义教育、基地时间等，研学旅行耗时耗力，且组织实施者有较大担责风险，因此学校没有必要一定选择研学旅行作为综合实践课程，这客观上在推广研学旅行项目初期增加了不少困难。另外，国家相关规定中只明确了教育部门和学校是中小学生研学旅行的组织者，但对具体的承办者并没有明确的规定。当前全国各地的做法有很大差异，一些省份规定研学旅行只能由旅行社来承办，一些省份规定文化机构、教育培训机构、旅行社均可承办。承办主体的不明确，带来了市场竞争秩序的混乱以及监管主体的不明确。同时，对于承办主体并没有统一的明确的资质要求，各类承办主体泥沙俱下，严重影响了研学旅行市场的健康成长。农业嘉年华园区作为承办者在参与相关项目的实施过程中，经常无所适从，市场开拓遇到较大困难与阻力。

2. 师资队伍建设投入不足

目前大部分农业嘉年华在开展中小学生综合实践活动课程时，相关工作由旅游相关部门的导游负责。这部分员工大多是旅游管理等相关专业毕业，之前的工作也更多的是为成年人进行讲解，因此，他们对于青少年心理并不了解，授课方式更加成人化，授课效果较差。少部分设置专业研学导师岗位的农业嘉年华园区，相关专业毕业的员工也是少数，从国家高校开始设置研学旅行管理等专业的情况来看，随着市场的逐步完善，市场对于授课讲师的要求会越来越高。

3. 课程设计的教育功能不足

目前“研学旅行”项目的实施呈现“旅行”属性大于“研学”属性的现象，研学

课程的设计与教育部印发的《中小学综合实践活动课程指导纲要》中的教学目的偏离较大。造成这种现象的原因一方面是承办主体师资力量不足，另一方面也是各类承办主体参差不齐，出于经济角度考虑较多，不愿意投入较大精力设计专业课程。从长远角度来看，其实在透支研学旅行市场的潜力。随着国家政策、资源的不断倾斜投入，市场势必越来越规范，对于研学课程的要求也会逐渐正规，农业嘉年华园区作为承办主体，越早建立规范的研学课程体系，则越能在未来的竞争中占据先发与主导地位。

4．研学旅行的安全保障不足

推动研学旅行，安全是难关。针对学校和教育部门担心的学生安全问题，虽然各类培训主体采取了很多措施保障研学旅行的安全，但从项目实际实施过程中发现，“安全问题”仍是学校组织研学旅行的最大担忧，如何减少学校因担心“过度担责”而不敢组织研学旅行是急需解决的问题。

（二）农业嘉年华园区开展“研学旅行”项目的针对性策略

在目前的市场情况下，虽然农业嘉年华园区作为研学项目的承办主体遇到了很多困难，但也要看到困难中存在的机会。研学旅行作为中小学生综合实践活动课程的一种形式，虽然目前市场整体并无统一的标准规范，但综合实践活动课程的其他几种形式如课外实践基地等开展时间较长，积累了较多经验，各地相关部门对此类课程的开展有较为标准的规范可供借鉴。如何更好地承接相关研学项目，农业嘉年华园区应从以下几方面考虑。

1．积极申请相关资质，取得入场资格

一般情况下，政府的工作具有一定的连续性，对研学旅行这种新型活动方式的规范不太可能脱离目前中小学综合实践活动课程相关工作的基础。最可能出现的是以目前已经比较成熟的中小学课外实践基地的相关探索经验为基础，将研学旅行作为课外实践的一种升级应用来进行规范。因此农业嘉年华园区要承接研学旅行项目，应积极对接当地政府相关部门，按照要求申请“中小学课外实践基地”等相关资质，完善基础硬件设施以满足开展相关业务的需要。以承接当地中小学课外实践活动作为开始，逐步锻炼队伍，完善服务，主动对接市县区域内的中小学校，主动对接具备相关资源的专业旅游机构以联系省市区域内的中小学校，谋求省、市、县各层级的研学旅行项目的落地。

2. 加强研学导师队伍建设力度

研学旅行要体现其教育性，首先需要解决的就是“谁来教”的问题。按照政府相关政策文件的指导来看，承担这个职能的应该是各学校中专门设立的负责综合实践活动课程的专职教师。但从目前的实际情况来看，很多中小学并未设立专门的负责相关课程的教师，已设立的也存在学校不重视、教师经验不足、教师能力不足等问题，普通的课外实践活动开展都存在困难，进阶的研学旅行更无法有效组织。再看旅行中介机构与旅行承接地的情况，这两者也会配置隶属自身的研学导师队伍，但大部分研学导师是由导游、讲解员转变而来，缺乏教育行业专业知识。各方主体的师资力量目前均无法满足市场需求。另一方面，从相关部门的政策导向来看，2019年10月，教育部公布文件，将“研学旅行管理与服务”列为《普通高等学校高等职业教育（专科）专业目录》2019年增补专业，并对该专业的培养目标、就业面向、职业能力、核心课程与实习实训等做出了介绍，增补专业自2020年起执行，其中“研学旅行管理与服务”专业，主要面向旅行社、旅游景区等机构与单位开展研学旅行的新需求而设立。由此可见，政府相关部门已经开始从政策层面着手解决目前研学旅行市场对于师资力量的需求缺口。那么作为研学旅行的承接主体，农业嘉年华园区应从以下几方面为切入点，建设自身的研学导师队伍。

（1）**严格筛选相关人员专业背景** 从教育部增补专业，到各高校设立专业，再到对口专业人才进入市场仍有一段较长的时间。在这段时间内，农业嘉年华园区应首先严控研学导师的来源，尽量选择有教育相关专业背景的人员，保证良好的专业背景以利于相关工作的开展。

（2）**加强岗位培训学习** 在教育部发布的相关文件中，对于“研学旅行管理与服务”专业的培养目标、就业面向、职业能力、核心课程与实习实训等已经做出了较为明确的介绍。在此情况下，各嘉年华园区应积极组织研学导师队伍进行岗位学习培训。一方面根据岗位职责开展自我学习，弥补专业短板；另一方面，对接外部教育资源，尤其是有相关专业设置的高校，组织对口培训。

（3）**对接服务对象** 积极对接中小学相关负责人员，了解其组织研学旅行的教学目标，结合园区实际情况，协助其制定有针对性的教案并组织实施。对接过程本身也是研学导师队伍的成长过程。

3. 开发课程资源，建立研学旅行课程体系

选择合适的中小学作为合作伙伴，联合组建研学旅行课程研发团队，建构开放的

可持续发展的研学旅行课程体系。一是分类进行，根据学生的年龄和身心发展的特点，分年级进行设置，梯度、序列地开展，彰显活动的序列化和渐进性。二是坚持趣味性、丰富性与自主性，保持其内容的开放性、趣味性。三是保持课程系统性。以主题活动方式系统性开展研学旅行，把研学旅行有机整合起来形成系统化的课程。同时，注重研学旅行活动的总结与提升，开发典型性的课程资料，以丰富研学旅行课程资源。由于研学旅行是一种复杂的综合实践课程，每个学校、每个地方的环境不同、条件不同，课程资源也不同，因此，研学旅行课程开发需要进行本土化，因地制宜地根据本地区经济社会发展、承办单位实际情况、本学校的实际情境和学生具体情况进行开发。每次研学旅行活动结束后，及时总结，根据研学旅行目标与内容，形成分段、分层实施的研学旅行活动课程。在目前市场并不规范的情况下，农业嘉年华园区更应该加大基础投入，以此确定先发优势。

4．协助做好效果评价

研学旅行的效果评价一直是各级教育部门关注的热点问题。研学旅行不像课堂教学一样，可以通过正规的笔试试卷或者量化项目等测试来检验是否达到了理想的学习效果。研学旅行作为一项新的教育事物，全国没有现成的统一的考核机制和监督评价办法。目前，各地教育部门也在尝试开展研学旅行活动课程评价，制定包括研学旅行在内的操行量表，将研学旅行纳入文化综合素质评价体系，如将研学旅行成绩纳入中小学的学分统计。在效果评价体系中，农业嘉年华园区作为研学旅行的实际承办者能获得最多的有效的一手数据，因此应协助各级教育部门做好研学旅行的效果评价工作。

5．安全保障

近年来由于网络媒介渲染报道春游、秋游的安全事故屡见不鲜，“安全问题”是学校领导和老师最为担心的问题，也是许多家长拒绝孩子参加参观考察、社会实践等校外活动的主要原因。如何保障研学旅行活动的安全，不是相关部门的相关安全规定就能解决的问题，农业嘉年华园区作为研学活动的承办主体，应积极参与安全保障工作，提前做好安全工作预案，防患于未然。同时，购买相应的安全保险，在研学旅行活动开展过程中时刻加强安全监督和管理，规避意外安全事故的发生。

四、开展“中小学综合实践活动”相关业务的发展方向

（一）分层分级，解决“出口”问题

根据学生的兴趣大小与对课程的掌握程度对学生进行分层分级管理，解决的是同一阶段内的不同学生个体的差异问题。在保证所有参加活动的学生完成基础教育目标的前提下，势必会有小部分对相关课程感兴趣的学生不满足于基础的教学内容，希望得到更多的指导。针对这小部分学生，农业嘉年华园区可以与各级教育部门积极合作，在完成基本教学目标的基础上，设计渐进式的提升课程。以学生兴趣为基础，自愿参加。同时，对接部分较为权威的国际国内赛事，为“特长型”学生寻找新的“出口”。

（二）打破层级限制，将研学等综合实践活动扩展至全年龄段

目前，农业嘉年华园区针对各类中小学综合实践活动所开展的业务针对对象较为明确，就是中小学生。这部分群体在整个旅游人口中所占比例很小，将综合实践活动略作调整，变成全年龄段都适合的旅游体验项目大有可为。以生态体系建设为主，对接各方利益主体，打造一个不断发展壮大的生态圈，形成多方共赢的局面。

第三节　老年教育

一、政策背景

当前我国已进入老龄化社会，2015年底我国60岁以上老年人口已经达到2.22亿，占总人口的16.1%，预计2020年老年人口将达到2.43亿，未来20年我国人口老龄化形势将更加严峻，且“未富先老”的特征日益凸显，特别是老年人的精神文化和学习需求增长较快，发展老年教育的形势和任务更加紧迫。世界上较早进入老龄化社会的国家和地区普遍出台终身教育、老年教育领域法律法规，并将老年教育政策作为重要的社会政策。许多国家通过兴办第三年龄大学、推动社区老年人互助学习、倡导老年人利用网络自主学习等多种形式发展老年教育。

党和国家高度重视老龄工作，积极推动老年教育事业发展。目前有700多万老年

人在老年大学等机构学习，有上千万老年人通过社区教育、远程教育等各种形式参与学习，初步形成了多部门推动、多形式办学的老年教育发展格局。但同时我国老年教育还存在资源供给不足，城乡、区域间发展不平衡，社会力量参与的深度和广度需进一步拓展等问题。解决这些问题，推动老年教育持续健康发展，是当前和今后一个时期积极应对人口老龄化、大力发展老龄服务事业和产业的迫切任务。

2016年10月19日，在国务院办公厅印发的《老年教育发展规划（2016—2020年）》中提出，以扩大老年教育供给为重点，以创新老年教育体制机制为关键，以提高老年人的生命和生活质量为目的，整合社会资源、激发社会活力，提升老年教育现代化水平，让老年人共享改革发展成果，进一步实现老有所教、老有所学、老有所为、老有所乐，努力形成具有中国特色的老年教育发展新格局。同时，要求各省、市、自治区结合自身情况，积极认真贯彻执行。在此基础上，各地纷纷出台相关政策，加大对老年教育的投入力度，这也为嘉年华园区开展老年休闲教育相关业务提供了坚实的市场基础。

二、如何发挥农业嘉年华园区的独特优势

（一）依托园区，硬件条件优越

农业嘉年华场馆展示区与配套的科技园区天然适合老年教育活动的开展。老年教育更多地体现休闲性、体验性、交流性与长期性，老年人有较多的闲暇时间，能够长期较稳定地参加相关课程，园艺、种植、养生养护等课程均能对老年人产生较大的吸引力。同时，完善的配套设施能较容易地实现养教结合。

（二）与高校资源结合紧密

目前高校是开展老年教育的主要力量之一，高校有较丰富、完善的教育体系，但高校教育更多的施行的是“教、学”的模式，而老年教育属于成人教育的一种，更适用于“学习、体验、交流”的模式，而学校受限于自身条件，并不能很好地发挥组织作用。农业嘉年华园区本身与各类高校有其他合作，在这种情况下，可以作为高校组织的老年教育的有效补充。

（三）与园区主营业务关联性强，可相互促进

目前各地农业嘉年华园区普遍开展了“家庭园艺”“阳台园艺”“家庭农场”等项目，开展老年教育相关业务也能促进这类项目的落地。同时，也能为园区带来丰厚

的门票、餐饮、旅游产品销售、农产品销售收入，实现与主营业务的联动，并相互促进。

（四）能与中小学研学活动联动

目前国内中小学生由隔代人照顾、教育的情况非常普遍，各地农业嘉年华园区基本都是中小学课外教育基地，中小学课外教育与老年教育联动性非常强，可以作为一个业务突破点。

第九章

农业嘉年华运营团队的组织与管理

第一节　农业嘉年华运营团队的组织架构设计

组织架构是一个组织整体的结构，是在企业管理要求、管控定位、管理模式及业务特征等多因素影响下，在企业内部组织资源、搭建流程、开展业务、落实管理的基本要素。同时，它也是企业按照国家有关法律法规、股东（大）会决议、企业章程，结合本企业实际，明确董事会、监事会、经理层和企业内部各层级机构设置、职责权限、人员编制、工作程序和相关要求的制度安排。

首先，组织架构是为了承接企业战略目标而存在的，没有一成不变永远适用的组织架构，一切以适合企业实际情况、适合完成企业目标为第一准则；其次，组织架构受企业内外环境因素、企业自身条件等多种因素影响；再次，组织架构是一个体系，不仅包含各层级的机构设置，同时也要包含保证其有效发挥作用的制度流程设计、部门岗位职权设计等内容。

农业嘉年华的组织架构设计遵循上述大原则，同时又有自身的特点，下面从组织架构整体设计、部门设置、组织架构的底层设计、工作设计与常见问题这四个方面描述农业嘉年华项目的组织架构设计。

一、农业嘉年华的组织架构整体设计

农业嘉年华的组织架构整体设计与其他类型企业的组织架构设计差别不大，主要流程包括明确设计原则、影响组织架构设计的内外环境因素与组织架构类型、组织架构分层及功能性子系统设计。

（一）组织架构设计原则

1．企业的组织架构要能承接组织战略目标的实现

无论是什么类型的组织，都是以一定的目标统合在一起的，企业同样如此，企业的组织架构就是为了更好地协调企业内外部资源，通过分工协作更好地、更有效率地实现当期企业目标。虽然在不同的时期企业的目标是不同的，但从根本上来讲，企业

在某一时期内的组织架构一定是以完成当前时期企业的战略目标为出发点。

2. 精简、高效原则

嘉年华初期的首要任务是生存，对内必须加强成本控制，因此运营团队的组织架构一定要精简、高效。以目前的经验来看，占地1000亩左右的大型嘉年华园区，初期运营团队的人员编制应控制在35人以内。

3. 组织架构应该能快速响应市场和客户需求

嘉年华类型企业的营销销售部门应单独设置，内部分工明确，各类型业务与客户均有明确的部门或人员负责并进行对接，内部信息通道顺畅，管理层级控制在三层左右。

4. 组织架构要考虑内控要求

农业嘉年华运营团队对外需要考虑资产所有方的监管要求，对内因企业规模原因，一般不单独设置监管部门，但要考虑人、财、物的分割，互相监督，确保组织内部的风险控制。

（二）影响组织架构设计的因素与组织结构类型

企业的组织架构设计受企业内外环境因素的影响，通常需要考虑企业发展阶段、企业规模、企业技术水平与人力资源水平几个因素。

以目前农业嘉年华的一般情况来说，运营团队的组织架构在整体应选择直线职能型组织架构，部门设置上需对应嘉年华项目的主营业务，做到有业务开展必有对口部门或人员负责，在人员配置上选择能够胜任多类型岗位的全能型人才。

（三）组织架构的分层与功能型子系统设计

企业的组织架构可以被划分为决策层、管理层、执行层的三层结构，并包含决策子系统、指挥子系统、参谋-职能子系统、执行子系统、监督子系统、反馈子系统等功能型子系统，嘉年华运营团队的组织架构同样如此。其中监督子系统、反馈子系统不能忽略不设，但考虑嘉年华运营团队的规模与成本控制，监督与反馈子系统可以不单独存在，但需要考虑通过岗位设置与制度保证上述两个子系统的功能不缺失。

二、从业务出发的农业嘉年华运营团队的部门设置

（一）嘉年华项目运营团队部门设置原则

（1）承接农业嘉年华发展的总体战略目标。

（2）为提高企业内部资源的利用效率，控制企业运营成本。

（3）建立相对独立的物资使用、采购、库管与财务体系，做到人、财、物相对分离。

（4）作为农业高科技服务型企业，考虑外部智力资源的引入与借用，设置专家委对接并管理企业外部智力资源。

（5）部门间工作衔接配合环节有制度给予保障。

（二）嘉年华运营团队组织架构图与部门职责

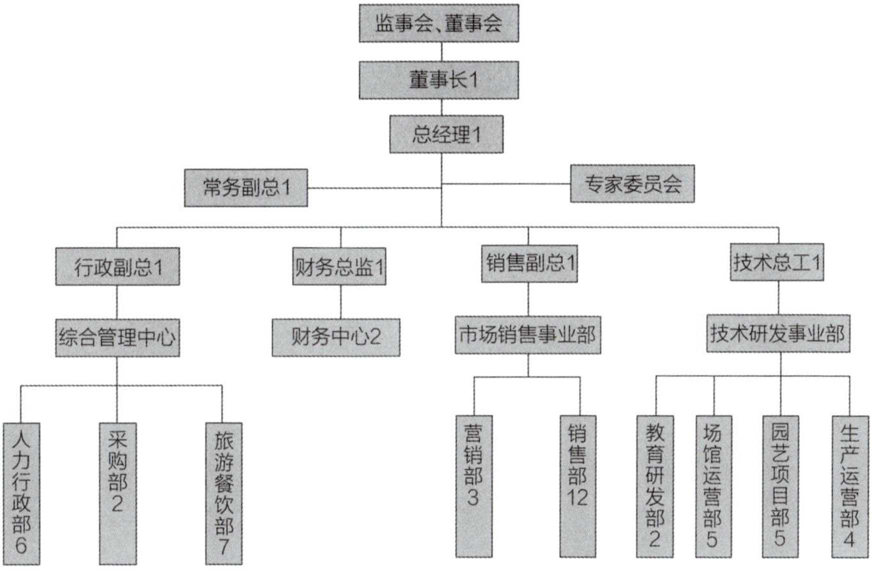

图 9-1 某嘉年华项目运营团队组织架构图

需要提起注意的是，从图9-1组织架构上来看，各部门之上还有事业部或中心这一级别，但此种设置只为统筹组织内部资源。在实际经营中并未独立运营、自负盈亏，因此不算是事业部型的架构，仍是直线职能型。

（1）人力行政部主要负责人才的招聘、配置使用、培养、保留、行政管理、后勤

保障等工作；

（2）采购部主要负责园区生产资料、办公资材的采购、物流、仓储等工作；

（3）旅游餐饮部主要负责园区票务、餐饮、住宿、导游等工作；

（4）财务中心负责园区资产管理、投融资、税务申报、账务处理等财务管理相关工作；

（5）营销部负责园区的对外宣传、活动策划、品牌建设等市场营销工作；

（6）销售部负责园区各类农产品、服务产品的产品研发与对外销售工作，包括但不限于自产农产品、旅游产品、规划设计服务、园艺工程建设服务等；

（7）教育研发部主要负责农民教育培训、中小学生研学、项目申报与实施等工作；

（8）场馆运营部主要负责园区内场馆的运营维护、更新迭代等工作；

（9）园艺项目部主要负责各类园艺工程项目的洽谈、合同签订、项目施工、工程款结算等工作；

（10）生产运营部主要负责园区配套的科技园的种植、栽培、养护、采收等工作。

三、嘉年华运营团队组织架构的底层设计

通过总结过往经验，嘉年华运营团队组织架构的底层设计按如下工作流程进行操作较为适宜。

（一）定岗、定编、定责

通过定岗解决诸如公司里需要哪些岗位、这些岗位分别叫什么名称、这些岗位分属哪些层级、工作内容有什么区别等问题；通过定编解决每个岗位需要多少人的问题；通过定责打好管理基础。

（二）定权

定权的过程其实就是工作流程梳理的过程，通过定权明确企业内部工作流程，这是实现嘉年华运营团队高效运行的基本保证。

（三）定能

通过定能在嘉年华运营团队内界定各岗位的胜任力模型，包括胜任各岗位需要达到的要求、条件、能力，以此作为团队内部人岗匹配的标准。

（四）定薪与定考

定薪是指根据公平公正公开的依据与确定流程，明确不同层级、不同岗位的薪酬等级，以解决经常出现的新老薪酬倒挂、薪酬内部不公平、拍脑袋定薪酬等现象。定考则是根据岗位的工作内容、责任和权力确定考核内容以保证从事的员工能力与岗位相匹配。这两个步骤也可以结合进行。

四、工作分析与工作设计

在企业内部，工作分析一般与岗位评价作为一个整体活动来看，它是采用科学方法收集工作信息并分析工作信息，再按工作的性质、繁简、难易和工作者所需资格条件，分别予以分类与评定的过程。在这一过程中，工作信息收集是基础，工作分析是中介，岗位评价是目的。

工作分析与工作设计是企业稳定发展的重要保障性工作，就农业嘉年华的运营团队来说同样如此。一是因为嘉年华运营团队受地域、成本等因素限制，优秀人才来之不易；二是农业嘉年华运营团队中有很多岗位是经验型岗位，此类岗位的员工，经验越丰富价值越高。因此通过工作分析保证岗位评价的公平合理，通过工作设计保证员工个人价值的持续增长与工作激情，是保证运营团队稳定并持续发展的重要手段。

常见的工作分析方法有访谈法、问卷调查法、观察法、工作日志法等，实际操作中通常是几种方法综合运用；工作设计常见的方式则是工作轮换制、工作扩大化（横向增加工作内容）与工作丰富化（纵向增加授权）。

五、组织架构设计中的常见问题

（一）组织整体结构僵硬

从目前农业嘉年华运营团队的整体情况来看，大部分运营团队的组织结构为直线式职能型，少部分为扁平式学习型。以目前农业嘉年华运营团队的实际情况来说，建议在组建初期采用直线-职能型的组织结构，同时做一定改良。如在各部门的某些岗位设置时，在其职责中加入信息交换、传递的职能，在保证组织规模不变的情况下，建立企业内外信息交换、传递、反馈体系，以此保证整个组织对市场、对内部变化的敏感性；在部分业务部门内部，尝试扁平式组织结构，模糊内部层级，以鼓励创新；在推进一些比较大的、综合性比较强的项目时，建立专项的工作小组，减少管理环节，提高效率。

（二）组织架构无法承接组织战略目标

嘉年华运营团队的组织架构无法承接组织战略目标主要表现在两方面，一是企业在战略目标向下分解时出现盲目乐观的情况，没有考虑企业自身的实际情况，目标或任务标准设置得过高；二是主营业务没有明确的部门、团队或者人来负责，一些保证企业战略目标实现的关键职能缺失，因此出现组织架构无法承接战略目标的情况。

（三）部门设置与部门内岗位设置未考虑协作配合

部门间、岗位间的协作配合问题已成为阻碍企业发展、阻碍企业效率提升的难题，这个难题不光困扰业务复杂、规模庞大的大型企业，一些中小型企业也无法逃脱，农业嘉年华运营团队同样如此。为解决这个问题，在组织架构设计的过程中以工作流程为线，考虑工作衔接环节的配合问题，并以制度保障，同时加强企业文化引导，使员工在完成本职工作的基础上为上下游环节考虑。

（四）组织架构底层设计不完整

在组织架构的底层设计中定岗、定编、定责、定权、定能、定薪与定考等七项工作互相依存、互相支撑构成了一个整体，任何一项工作的缺失都会导致其他几项工作缺乏依据，进而影响更高一层的工作。因此在组织架构设计过程中，应列清各项基础工作的工作产出，以此作为监督底层设计完成情况的依据。

（五）关键子系统缺失

关键子系统的缺失也是嘉年华运营团队在进行组织架构设计过程中的常见问题。以监督系统和沟通反馈系统为例，例如，生产物资采购、保管、使用流程，从采购申请的提出、供货方的选择、生产物资的仓储、使用，除付款环节有财务人员的参与，其他环节均在生产技术部门内部完成，而财务人员因对生产物资的采购并不熟悉，能够监督的只是付款这个环节的合规性。在这种情况下，生产成本的控制很大程度上取决于员工个人的自觉性。

以监督子系统和沟通反馈子系统为代表，因不直接与公司经济指标相关联而经常被忽视。考虑运营成本的问题，可以在各关键业务环节明确部分具体负责人员，并将相关的监督、沟通反馈的职能列入其个人的岗位职责中去，同时辅以合适的考核、奖惩制度，以此保证监督、沟通等功能不缺失。

（六）相同类别人员被人为分割，人力资源统筹使用困难

以农业嘉年华为主体的运营公司，主营业务涉及范围较广，为保证企业的生存发展，大部分企业人员编制控制得较为严格，一人身兼多岗的情况较为普遍。但同时，企业内很多业务受季节影响较大，如北方夏季一般是旅游相关业务的淡季，农产品的销售会受生产周期的影响，淡季、旺季的反差较为明显。这种情况，也让我们有了统筹安排企业内部人力资源、控制企业运营成本的空间。可以将职能类部门集中于综合管理中心，生产技术人员集中于生产管理中心，同类型人员的管理与统筹使用更加便捷。

第二节 团队建设与管理

在团队的组织架构确定后，作为团队管理者面临的问题是如何建立、建设团队，如何对团队进行有效管理，以此带领整个团队完成团队目标。

一、人才的选拔

团队建设的第一步就是团队的组建，即选拔合适的人才，将其置于合适的岗位，把他们聚合起来，组建成为团队。

（一）“合适”的人如何定义

关于团队的组建，需要明确的第一个问题就是“什么是合适的人才”。这里的“合适”明显是一个相对概念，“合适”是对应某一具体岗位来说的。经过初期的组织架构的设计，已经明确了某一具体岗位的职责、工作内容、其在组织中的位置、与其他岗位的关系、岗位的权限、岗位任职者应具备的能力、工作完成的标准、岗位薪酬福利等。以此为依据，可以在脑海中勾勒出能胜任这个岗位的人员的“画像”，能明确地知道胜任这个岗位的人员的年龄范围、学历背景、工作经验等基础信息，符合这个“画像”的人是这个岗位的“合适”的人。

需要明确一点，并非能力超强、技能熟练、经验丰富的人就是最“合适”的那个。“合适”是一个相对概念，参照物就是岗位职责与任职资格。另外“合适”的人并不能只看能力、技能层面，还需要考察应聘者的文化性格层面。从长远来看，文化性格层

面对员工在企业中的效能影响更大。选拔人才的标准是能力、技能达标，而文化性格与企业契合是区分一般人才与优秀人才的标准，公司主体还是由占大多数的一般人才组成的，对于这一点嘉年华运营团队的负责人与人资负责人需要有清醒的认识。

（二）人才选拔过程中的要点

嘉年华运营团队在人才选拔过程中需要注意开展以下工作：

1. 信息收集

信息收集工作涉及各个方面，国家经济形势、当地消费观念与消费水平、当地对口人才市场供给情况、周边大学对口专业设置情况、当地标杆企业用人情况等，通过这些信息的收集、汇总、分析，判断自身所处位置、整体薪酬策略、用人策略等。信息收集渠道除各类政府、网络的公开渠道外，考虑信度问题，可以在招聘的同时进行调查，可以在员工离职后进行回访，可以请求对外业务部门参与信息收集工作，以便得到第一手资料。

2. 渠道开拓

人才选拔的一个重要环节就是将招聘信息扩散至适岗人群中，因此招聘渠道的选择直接决定了人才选拔的工作结果。目前的招聘渠道除传统的人才市场、招聘网站、新媒体招聘外，很多嘉年华运营团队对长期合作伙伴的重视程度一直不够。长期合作伙伴这里主要指嘉年华所在地周边的大中专院校。嘉年华项目投资方一般有政府背景，利用这一优势加强与周边院校的合作，建立实训实习基地是保证人才供给的重要手段。

3. 后备人员储备

这里所说的后备人员并非招聘进入企业后培养储备的人员。表现良好但因各类原因离职的老员工、条件优秀但因各类原因未达成契约的应聘者、对外开展业务过程中遇到的同行业从业者等，这类人员往往因为各种原因现在并未在企业中工作，但都是潜在的优秀员工人选。

4. 入职后管理

目前大部分企业，人才选拔的过程至员工办理完入职手续后结束，出现了很多问题。入职后管理包含入职后的引导、帮助融入、入职后的岗位培训、入职后的沟通交流、入职后的考核等。如此，才能大幅度降低新员工的试用期离职率，增强整个团队的凝聚力。尤其是嘉年华运营团队，受限于成本、地域限制等因素，更要做好每一位合格的新员工的入职后管理。

5. 新型工具

目前信息化、智能化两大浪潮冲击各行业，从最早的纸质档案到后来的电子表格，直到现在的人资管理系统，需要利用先进的智能化信息管理工具摆脱事务性工作，更多地利用自身专业知识参与到企业运营管理中去，通过开创新工作真正提升企业业绩与效率，控制企业成本，解决企业经营中的实际困难。

人才选拔没有捷径，人才选拔就是一项长期的工作。同时人才选拔不是某个部门、某个人的责任，是整个企业、企业负责人、企业所有人的责任。

二、统一组织目标

组织是指具有明确的目标导向和一定的协作活动，并与外部环境保持密切联系的社会实体，简单来说组织就是为了完成一定的目标而聚合起来的相互协作的集体或团体。组织目标是指一个组织未来一段时间内要实现的目的，它是管理者和组织中一切成员的行动指南，是组织决策、效率评价、协调和考核的基本依据。任何一个组织都是为一定的目标而组织起来的，目标是组织的最重要条件。无论其成员各自的目标有何不同，但一定有一个为其成员所接受的共同目标。组织目标就是组织的宗旨或纲领，它说明建立这个组织的目的性。不同组织有不同的目标。组织目标是识别组织的性质、类别和职能的基本标志。组织目标对组织的全部活动起指导和制约作用。

嘉年华运营团队作为一个营利性企业同样应遵循上述原则，应该有明确而为所有员工接受的组织目标，有明确而量化的部门与个人目标，以目标的实现作为日常工作开展的指导。

三、管理体系

（一）管理工具的选择

在企业各层级目标明确的前提下，如何协调内外部资源，组织实施并最终达成目标是需要面对的下一个难题。管理工具有很多种，并没有优劣之分，只有适合与否。

嘉年华运营团队推荐实施目标管理。目标管理是把以目标实现为前提的管理转化成以目标为控制手段的管理，它是通过使组织的成员亲自参加工作目标的制定来实现“自我控制”，并努力完成工作目标的一种管理制度。这种管理制度由于有了明确的目标作为对组织成员工作成果的考核标准，从而使对组织成员的评价和奖励做到更客观、更合理，因而可以大大激发他们为完成组织目标而努力。

目标管理制度发展至今，最广为流传的就是绩效管理。绩效管理是指各级管理者和员工为了达到组织目标共同参与的绩效计划制定、绩效辅导沟通、绩效考核评价、绩效结果应用、绩效目标提升的持续循环过程，绩效管理的目的是持续提升个人、部门和组织的绩效。从另一个角度理解，绩效管理是为了以最小的资源投入，在保证一定效率的基础上，获取最大收益而采用的一种管理方法。而在绩效管理方法中，两种最常用的管理工具就是关键绩效指标考核法（KPI）和目标与关键成果法（OKR），都是较为适宜的团队管理工具。

（二）目标管理过程中的常见问题

目前的嘉年华运营团队无论管理水平高低，或多或少都使用了一些目标管理的理论与方法，但实际运用过程中还存在各种问题。例如，目标的制定与分解盲目乐观，不合理的各级目标打击了员工的积极性；忽略了辅导与提升过程，目标管理变成了“扣钱工具”；忽视结果运用，没有体现优秀员工与一般员工的待遇差距；等等。目标管理体系并不是一成不变的，出现上述问题的原因大部分是由于管理者并未真正理解目标管理的内涵，不考虑企业实际情况，生搬硬套所谓的“标杆经验”，最后反而阻碍了企业的发展。而嘉年华运营团队的管理者，应该掌握各类管理工具的核心思想，结合嘉年华实际情况，实事求是，建设符合嘉年华发展的管理体系并不断调整完善。

四、激励体系

（一）激励的概念、原理及其心理机制

激励是指对特定的目标对象以刺激、鼓励等手段的综合运用，使其能够认同激励者的培养目标，并通过自己不断地努力达到该目标的一种过程。人的意识行动开始于人的需要以及由需要而引发的动机，人的需要的产生是由于受到某种刺激，一旦人的动机被引发出来，个体就会用积极的行动去寻求目标，以满足需要。这是人的行为规

律，是人的行为模式。需要、动机是人的行为的重要心理基础，没有需要、动机，行为就失去了动力而不复存在。因此，在管理中对人的行为进行激励可以有两个途径，第一，是通过在管理中人为地提供一些刺激因素，使人受到刺激后产生需要，转化成动机而引发人的相应行为；第二，是在管理中人为地设置一些符合人的需要的目标，以它为诱因，促使人的行为产生 。

工作动机是人们工作积极性的直接内驱力。需要是行为的必要条件，但不是充分条件。只有当需要转化成为动机后才对行为起直接的推动作用。目标是人的积极性的诱因。目标是人的行动所追求的预期结果在主观上的超前反映。 目标具有启动、导向、激励、聚合等心理功能 。

以人的需要为基础的动机和目标在激励理论的发展过程中最终形成了两种不同的激励类型，即内容激励理论与过程激励理论。其中较为常用的有马斯洛需要层次理论、双因素理论、期望理论、公平理论等。

（二）嘉年华运营团队的激励体系建设

激励应因人而异，应适度，应保证公平，应激励正确的事情。激励体系一般包含物质与精神两个层面。物质激励一般包含薪酬、福利、员工持股等多种方式；精神激励包含晋升、个人发展、荣誉等。

考虑嘉年华运营团队的实际情况，为了达到最大化的激励效果，要善于把物质激励和精神激励有效结合。如果只采用其中一种激励方式，永远无法达到有效激励员工的目的。片面强调物质激励，容易使员工产生拜金主义，增加企业的激励成本。过度的依靠精神激励只能在短期内调动员工的积极性和创造性，如果没有相应的物质激励作为保障，难以产生长期效果。因此嘉年华运营团队为了实现激励效果的最大化，应该以适度的物质激励为基础，强化精神激励的办法。

另外，同样需要重视激励体系中的执行方式。如探索适合员工需要的福利制度、重视各类社会学与心理学理论在实际工作中的运用等，同样的激励成本，以不同的形式出现，会带来不同的激励效果。

五、培训体系

培训是给有经验或无经验的受训者传授其完成某种行为必需的思维认知、基本知识和技能的过程。在一家企业中，人力资源通常是企业最重要的资源，企业所有的生产经营活动、目标、计划最终都是由人来完成的，而培训就是以各类教学实践活动为手段，引导员工熟悉和融入团队、提升员工能力与技能、提高员工绩效、促进员工与企业价值观的契合，直接或间接地提升员工与企业的价值，进而达到提升业绩、降低成本、提升效率、降低风险的目的。而嘉年华运营项目作为一个农业高科技服务平台，本身就是高知识密集型企业，更应重视团队成员价值的提升。但在培训体系的建设过程中还需注意以下几点。

（一）培训目的要明确

目前嘉年华运营团队的培训工作开展经常有两种方针。一是贴近实际，重技能类培训；一是立意高远，重理论性培训。其实两者相辅相成，缺一不可。贴近实际的技能培训产生直接推动力，是企业生存的保证，承接的是企业的战术目标；而理论性培训能增强企业底蕴，让成功可复制，承接的是企业的战略目标。因此，需要明确企业的目标到底是什么，哪些是长远目标，哪些是短期目标，为了达成这些目标还有哪些差距，为了弥补自身不足而去开展相关的培训工作。

（二）培训体系建设系统化

培训工作同样是系统性工作，培训体系内的每项工作都会对整体培训工作产生较大影响。因此，培训管理制度与流程的建设、培训的组织实施、师资力量的选择与内部讲师队伍的建设、培训课程的设置、培训效果的评价、学习资源库的建设、培训方式的选择与培训平台的建设、培训成果的运用等都需要有一个系统的考虑，如此，才能使培训的效能达到最大。

（三）学习自主化

员工通过学习提升自身价值，进而带动整个企业的价值提升是一件长期的事情。仅仅依靠企业组织的培训是远远不够的，同时被动学习的效果一般，因此需要通过各种办法引导员工主动地、自发地学习。

（1）通过企业文化的渗透建设学习型组织，引导员工自助学习；

（2）通过培训体系与薪酬、绩效等体系挂钩，激发员工自主学习的意愿；

（3）通过培训体系的完善，细化课程设置、提升课程实用性，进而激发员工自主学习的兴趣；

（4）明确地告知员工需要学习什么、通过什么途径学、去哪里学、学到什么程度，明确每位员工的学习体系，使员工的自主学习具有可实施性。

（四）培训方式多元化

目前整个社会变化越来越快，企业所面对的业务越来越复杂，各种新技术、新模式不断出现，企业培训工作的开展也应当适应外部环境、企业及员工需要的变化。传统培训模式相对来说更为系统，因此，一方面在现有传统模式下进行创新，另一方面也要积极探索新型的培训方式。如依托互联网的发展，开发新型的培训工具，充分利用碎片化时间，将员工的学习融入生活；依托人工智能与大数据的发展，通过对各类数据的汇总与分析，使得课程设置更合理，更符合企业与员工个人的需要。

（五）保证内部讲师比例

培训讲师一般有两个来源，外部师资力量，包括外部学术研究者、外部专业培训机构及其他企业中的相关工作人员；内部师资力量则是企业内各级管理人员、业务骨干等。外部讲师相对来讲理论性、系统性更强，内容更新颖，授课方式更吸引人，整体而言更专业；内部讲师则熟悉企业内外环境，熟悉企业业务，课程内容更贴近实际，但相对来说缺乏培训技巧。目前很多企业过度依赖外部讲师，最终效果并不好。外部讲师对于企业内部了解并不深入，很多外部讲师都是流程化授课，并不能贴近企业实际需要。同时，从经济角度来说，外部讲师收获的仅是培训的经济效益，而不是咨询的经济效益，其投入的精力有限。因此，嘉年华运营团队内外部讲师应该相互结合，都保证一定的比例，但逐步要发展到内部讲师为主、外部讲师为辅的状态。

（六）重视培训成果的运用

目前，很多嘉年华运营团队都忽视了培训成果的运用。这种情况发生的原因多种多样，有些是无法提供培训成果运用的资源保障，有些是培训成果与企业实际不符，但更多的是忽视了这一环节。无论是为了后进者的追赶还是为了先进者的提升，组织的培训最终还是需要以受训者为载体，使得培训成果在工作中得以转化，最终促成企业目标的实现。因此，既要重视“训”的环节，也不能遗漏“用”的环节。首先，要保证“训”的成果能够“用”，这需要在课程设置、课程内容等方面付出更多的精力，使得培训贴近实际，可以使用；其次，要保证培训结果的运用过程中所需要的各项内外部资源；最后，要通过制度建设，保证能够对培训结果的运用进行跟踪、监控、调整。

（七）培训效果可衡量

一般来说，衡量一家企业培训工作开展情况的指标有培训覆盖率、培训组织次数、培训考评分数等，但对于最重要的指标，即培训效果一直没有准确的衡量标准。培训效果的评价依托于培训成果运用，因此在培训成果的运用跟踪阶段，要注意收集相关案例，分析培训产生了哪些作用，对于工作有哪些提升。以此作为培训效果的衡量依据，反向激励培训工作的开展与培训工作的完善。

六、企业文化建设

企业文化是在一定的条件下，企业生产经营和管理活动中所创造的具有该企业特色的精神财富及其物质形态。它包括文化观念、价值观念、企业精神、道德规范、行为准则、历史传统、企业制度、文化环境、企业产品等。其中价值观是企业文化的核心。

随着人口红利的消失，劳动力市场供给出现短缺，企业越来越难找到合适的人才，用人成本也不断攀升。而另一方面，劳动者的择业就业观念受社会发展的影响与以前有了很大改变，人们对生活品质有了更高的追求，对工作本身的要求也呈现出多样化、个性化的特点。在这种情况下，大部分用人企业开始或主动或被动地开展企业文化建设的相关工作，稳定团队，提升团队凝聚力，激发员工主动性，提升工作绩效。各嘉年华运营团队同样开展了各种各样的企业文化建设工作，但仍存在很多问题，最后不但没有起到积极作用，反而加剧了企业面临的困难，嘉年华运营团队在开展企业文化建设工作过程中应注意以下误区。

（一）只讲文化，不讲物质

很多嘉年华运营团队的管理者对于企业文化的认知存在误区，希望以文化完全或大部分代替物质，最终结果当然不如意。其实，物质与文化是相辅相成的关系，二者缺一不可。此处讲的物质其实包含了企业为保证员工为企业提供劳动所提供的工资、福利、奖金等各项现金或实物收入，只有物质保证达到一定的标准，以此为基础企业文化建设工作开展才有意义和效果。这里同样要提醒，物质不但包含了眼前的短期收益，同样包含公司为吸引员工所提供的股权、期权、分红的远期收益，因此很多创业企业的低工资，并不是他们企业文化代替了物质保证，而是将远期收益代替了眼前收益。而企业文化则更像是一个“增幅器”，它是在一定物质保障的基础上，将物质保障的激励效果给予放大，使其发挥更大的作用。因此脱离物质保障谈企业文化是无源之水，而脱离企业文化只谈物质保障，物质保障发挥的作用会越来越小。对此，嘉年华运营团队的管理者需要有清醒的认识。

（二）只讲口号，不讲落地

企业文化建设工作的另一个常见误区是只讲口号，不讲落地。对于相关工作，企业自上而下没有明确的认知，利用各种宣传手段进行洗脑式文化渗透但不做任何配套工作，最终企业文化建设工作沦为员工眼中"人资部门的独角戏"，负责企业文化建设的员工劳而无功，普通员工心生厌烦。

（三）"提倡的"与"实际的"不符

倡导的企业文化与实际遵循的行为原则不相符。对比上边的两种情况，这种情况对于嘉年华运营团队的伤害更加严重。例如，奉行"不让老实人吃亏"的企业文化，但在实际中，不善于表达的"老实人"处处吃亏，晋升、加薪、外出学习的都是"善于表达"的"聪明人"，企业奉行的行为准则与实际情况不相符，员工认为受到了欺骗，导致离职率高、工作效率低。

（四）只讲"做什么"，不讲"为什么做"

在企业文化建设相关工作中，"为什么做"比"做什么"更加重要。如果仔细观察身边的企业，经常会发现一些企业在外人看来无法理解的仪式、行为、口号，却能激发其员工近乎无限的工作热情，这是因为他们说清楚了"为什么做"这个问题。所以，嘉年华运营团队在开展企业文化建设相关工作时，首要任务就是明确为什么做。

从目前各嘉年华团队的运营情况来说，在企业文化建设领域能投入的资源有限，但从发展趋势上来说，企业文化建设工作又势在必行，这样的矛盾如何解决呢？其实，企业文化不完全依赖于物质投入，更多的是要求大量精力投入，使得嘉年华运营团队的企业文化建设工作符合商业原则、符合人性原则、符合大众价值取向、符合动态发展的趋势，细心设计，贴近实际。

七、企业管理信息化

（一）实现企业管理信息化的必要性

企业管理信息化，是指在企业管理的各个活动环节中，充分利用现代信息技术建立信息网络系统，使企业的信息流、资金流、物流、工作流集成并整合，不断提高企业管理的效率和水平，实现资源的优化配置，进而提高企业经济效益和竞争能力的过程。而以目前农业嘉年华项目运营团队的实际情况来看，实现企业管理信息化能为农业嘉年华运营团队带来如下好处：

（1）减轻管理人员事务性工作的压力，能将更多精力放在企业经营管理上；

（2）降低运营公司内部交易成本，提高决策准确度；

（3）提高企业工作效率；

（4）提高企业标准化与规范化程度；

（5）能有效保护企业信息安全。

便于企业内部或企业与集团公司内其他企业间的资源整合，有效降低运营成本。因此，农业嘉年华项目运营公司进行企业管理信息化建设有较大必要。

（二）企业管理信息化的实现

目前企业管理信息化主要通过各类信息管理系统或工具的部署实施来实现，常见的企业信息管理系统包括企业资源管理（ERP）系统、客户关系管理（CRM）系统、办公自动化（OA）系统、进销存系统、项目管理系统等。但应该清楚地看到，各类管理系统只是工具，部署了企业管理系统只是硬件达标，有信息化管理系统而将其束之高阁的企业不在少数。企业管理信息化的重点在于经营管理思维与经营管理理念的转变。

（三）企业管理信息化的发展

当下，信息技术飞速发展改变着我们的传统经济结构和社会秩序，企业所处的不再是以往的物质经济环境，而是以网络为媒介、客户为中心，将企业组织结构、技术研发、生产制造、市场营销、售后服务紧密相连在一起的信息经济环境。而智能化技术的不断进步，使得企业对超大量经营管理数据的收集、整理、分析变得更加容易。因此，对于数据的深入挖掘与合理使用是企业管理信息化的未来发展方向。同样，如何更高效准确地收集各类经营管理数据、如何更科学地对数据进行深入挖掘、如何合理利用数据分析的结果是每一个农业嘉年华运营团队应该重视的一个问题。

参考文献

[1] 黄修杰. 国内外现代农业园区发展现状及其研究综述[J]. 广东农业科学，2010（7）：289-293.

[2] 亚历山大·奥斯特瓦德，伊夫·皮尼厄. 商业模式新生代[M]. 黄涛，郁婧，译. 北京：机械工业出版社，2017：434.

[3] 韩东林. 中国农业投资主体结构：演化趋势、存在问题及对策[J]. 调研世界，2007（3）：17-19.

[4] 张天柱. 中国农业嘉年华发展研究报告（2018）[R]. 北京：中国农业嘉年华产业联盟，2018.

[5] 张天柱. 农业嘉年华规划、建设与案例分析[M]. 北京：中国轻工业出版社，2018.

[6] 张天柱. 现代农业园区规划理论与实践[M]. 郑州：中原农民出版社，2016.

[7] 张科静，高阔，黄朝阳. 旅游景区的吸引力因素分析及实证研究[J]. 安徽农业科学，2008，36（34）：15121-15123.

[8] 吴丽霞. 新建旅游项目客流量分析方法初探[J]. 中国工程咨询，2013（1）：32-33.

[9] 熊元斌，黄浩. 论城市旅游的特点及发展趋势[J]. 武汉理工大学学报，2001，23（3）：61-64.

[10] 范琛. 探讨江西宜春明月山景区旅游的市场促销策略[J]. 城市旅游规划，2014（12）：148-149.

[11] 张银玲，罗东晓. 大容山国家森林公园旅游发展现状和促销手段[J]. 玉林师范学院学报，2014，35（6）：36.

[12] 刘欢. 麦积山风景区旅游营销策略研究[J]. 商业视角，2015（22）：19-20.

[13] 曲冬冬. 浅析威海华夏城景区促销宣传对策[J]. 科技视界，2014（33）：160，233.

[14] 林娜. 中粮君顶酒庄旅游促销策略[J]. 企业战略，2014（21）：26-27.

[15] 韩强. 台儿庄古城文化旅游营销策略研究[D]. 青岛：青岛大学，2017.

[16] 刘燕. 成都旅游市场分销渠道管理研究[J]. 旅游管理研究，2011（6）：59-60.

[17] 张世新，陈桂泉. 分销渠道效率评价指标研究[J]. 商场现代化，兰州，2011（14）：32-33.

[18] 盛斌子，吴小林，冯海. 渠道激励[M]. 北京：企业管理出版社，2016：166-206.

[19] 余青，吴必虎. 生态博物馆：一种民族文化持续旅游发展模式[J]. 人文地理，2001（6）：40-43.

[20] 徐舟. 旅游节庆活动的策划规划方法初探[J]. 平原大学学报，2005（1）：7-10.

[21] 史甜甜，陈少婷. 旅游景区微信公众号服务内容及用户需求分析-以广东省5A景区为例[J]. 旅游研究，2019，11（1）：26-41.

[22] 林青宁，毛世平. 中国农业科技成果转化研究进展[J]. 中国农业科技导报，2018，20（4）：1-11.

[23] 赵洪志. 水肥一体化技术优势浅析[J]. 现代农业，2017（5）：48-49.

[24] 许大全，高伟，阮军. 光质对植物生长发育的影响[J]. 植物生理学报，2015（8）：1217-1234.

[25] 刘素慧，张立伟. 红蓝光质对香椿芽苗菜营养品质的影响[J]. 中国农业气象，2015，36（3）：306-312.

[26] 魏晶晶，宋世威，刘厚诚. 红蓝光对蔬菜品质影响的研究进展[J]. 照明工程学报，2018（4）：1–7.

[27] 李俏. 农业社会化服务体系研究[D]. 杨凌：西北农林科技大学，2012.

[28] 朱晓莉，王全忠，周宏. “互联网”嵌入、专业化服务与农户响应——来自湖南益阳“田田圈”农业服务中心的经验证据[J]. 南京农业大学学报，2016，16（5）：127–135.

[29] 吕韬，陈俊红. 发达国家现代农业服务体系建设对我国的启示[J]. 广东农业科学，2011（20）：175–180.

[30] 王奎武，刘纯阳. 构建新型农业科技服务体系探析[J]. 农业现代化研究，2007，28（3）：348–349.

[31] 姜长云. 关于发展农业生产性服务业的思考[J]. 农业经济问题，2016（5）：8–11.

[32] 李瑾，郭美荣. 互联网环境下农业服务业的创新发展[J]. 华南农业大学学报，2018，17（2）：13–15.

[33] 高道才，林志强. 农业科技推广服务体制和运行机制创新研究[J]. 中国海洋大学学报，2015（1）：93–95.

[34] 胡中应，余茂辉. 社会资本视角下的农业科技服务体系创新研究[J]. 经济问题探索，2013（2）：142–144.

[35] 全锋，陈淳，孙雄松. 新形势下农业高校科技服务模式探讨[J]. 农业科技管理，2010，29（2）：49–50.

[36] 姜绍静，罗泮. 以农民专业合作社为核心的农业科技服务体系构建研究[J]. 中国科技论坛，2010（6）：127–129.

[37] 徐玲玲，朱婧. 现代农资服务体系建设[J]. 北方园艺，2018（5）：194–199.

[38] 杨敏丽，涂志强，郑诚. 农机服务产业组织结构与机制创新研究[J]. 农机化研究，2006（6）：1–3.

[39] 何冠文，张雁，王杰. 农机融资租赁业务税务问题研究[J]. 农业经济，2018（6）：6–8.

[40] 董洁芳，李斯华. 我国农机作业服务主体发展现状及趋势分析[J]. 中国农机化学报，2015，36（6）：313–314.

[41] 高小云，马笑梅，杨丽华. 农业科技企业孵化器的运营模式探讨[J]. 大农业，2017（4）：92–96.

[42] 闫凤超. 现代农业植保服务平台的建设[J]. 现代化农业，2016（1）：58–59.

[43] 冷志杰，蒋天宇，刘飞，等. 植保无人机的农业服务公司推广模式研究[J]. 农机化研究，2017（1）：6–9.

[44] 赵义平，刘爱华. 蔬菜工厂化育苗技术[M]. 沈阳：辽宁科学出版社，2017.

图 3-8　丹东农业嘉年华 LOGO 示例

图 3-9　丹东农业嘉年华主形象示例

图 3-10　金湖水漾年华导视牌示例

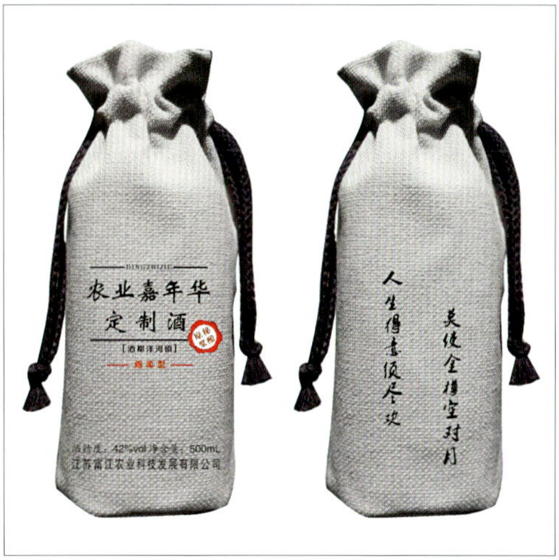

图 3-12　洋河农业嘉年华定制酒

图 3-11　丹东农业嘉年华证件系统示例